連語を使おう

文型・例文付き連語リストと練習問題

神田靖子・佐尾ちとせ・佐藤由紀子・山田あき子

古今書院

まえがき

　本書は「連語」の使い方を学ぶものです。読者の皆さんは、何かを言いたいと思って辞書を引き、言いたいことに当たる日本語の名詞を見つけても、その名詞と一緒にどの動詞を使えばよいか分からなくて困ることがあるのではないでしょうか。普通の国語辞典には名詞に続く動詞の例が載っていませんし、載っていてもわずかな上、用例が短いために実際の用法が分かりにくいことが多いと思います。例えば、「自分の経験を何かに役立てる」と言いたいと思っても、「経験」の後にどんな動詞を使えばよいのか分からないといったことがあるでしょう。その結果、「経験を使う」「経験を用いる」と言ったり書いたりしてしまいがちですが、実は、ここでは「経験をいかす」という連語を使ってほしいのです。また、「影響」には「影響する」という動詞の他に「影響を与える」「影響を及ぼす」「影響を受ける」などの連語があり、これらを使うことによって単に「影響する」と言う以上に的確な表現をすることができます。

　次ページに本書で扱う連語とはどのようなものかを記しました。収録した1700語あまりの連語は、新聞や雑誌の記事から採集したものをベースに多少の補充をしたもので、日常生活で比較的よく見聞きする連語ばかりです。

　本書は、第1部「連語リスト」と第2部「練習問題」に分かれており、第1部には連語に関する情報のページも設けました。

　第1部「連語リスト」は、名詞を五十音順に並べ、それぞれの名詞（「連語名詞」と呼びます）と結びついて連語を作る動詞・形容詞（「連語動詞」「連語形容詞」と呼びます）を挙げました。各連語には文型と例文が載せてあります。連語を使いこなすためには、その連語の意味だけでなく文型を知っていることが大切です。例えば、「関心」という名詞には「関心を寄せる」「関心を呼ぶ」という連語があります。「関心を寄せる」は「人が物事に関心を寄せる」であり、「関心を呼ぶ」は「物事が人の関心を呼ぶ」となりますが、本書ではこのことが文型を見れば簡単に分かるようになっています。また、各連語の典型的な使い方を示した例文を載せてありますから、実際にその連語がどのように使われるのかが理解できるでしょう。

　連語に関する情報には、まず凡例の後に「連語の特徴」があります。ここには連語に関する知識を得ると共に連語の面白さについても興味を持っていただけるような情報を載せてあります。連語リストの最後には、「自動詞と他動詞」「働きかけをもたない連語」についての解説と自動詞・他動詞対応リスト、連語でよく使われる動詞・形容詞およびその動詞・形容詞と結びつく名詞のリスト、「する動詞」になる名詞とならない名詞のリストなどがあります。連語を整理する場合に役立つことと思います。

　第2部「練習問題」は、名詞と動詞・形容詞の組み合わせを覚えるような機械的なものから、文章全体を連語を使って書き直すというものまで6つの部門に分かれています。それぞれの部門では、基本的で易しい問題からより高度な問題へと配列しました。巻末には解答を載せてあります。読者の皆さんは、まず連語リストの連語を勉強してから練習問題を解いてもいいですし、反対に練習問題をしながら、分からない連語を連語リストで確認してみてもいいでしょう。すでにかなり連語について知っているなら、練習問題も自分のレベルに合ったところから始めてください。

　どこから勉強を始めてもかまいません。皆さんが本書を活用し、より自然で洗練された日本語を身につけてくださることを願っています。

　2011年1月

　　　　　　　　　　　　　　　　　　　　　神田　靖子　佐尾ちとせ　佐藤由紀子　山田あき子

《**本書で扱う連語とは**》　　　　　　　　　（詳しくは「連語の特徴」を参照してください）

１．ある名詞と共に使われる一定の動詞・形容詞があり、その名詞と動詞・形容詞の組み合わせが複数あるものを連語とする。
　　例　影響　を与える／－を受ける／－を及ぼす
　　　　力　　を得る／－を貸す／－を注ぐ／－を尽くす

２．連語を構成する格助詞には以下のものがある。
　　a.「名詞＋が＋動詞」　　例　相性が合う、息が切れる、視野が広がる
　　b.「名詞＋に＋動詞」　　例　混乱に陥る、世話になる、調子にのる
　　c.「名詞＋を＋動詞」　　例　印象を与える、疑いをかける、言葉をのむ
　　d.「名詞＋が＋形容詞」　例　見通しが甘い、責任が重い、関係が深い
　　e.「名詞＋に＋形容詞」　例　能力に乏しい

したがって、名詞と動詞の組み合わせがいつも決まっていて、組み合わせ全体の比喩(ひゆ)的な意味が慣用化した「慣用句」（身体語彙(ごい)の慣用句を含む）は、一部を除いて扱っていない。
　　例　拍車をかける、白羽の矢が立つ、埒(らち)が開かない、頭が固い、腰を抜かす、目が高い

目次

まえがき i

第1部　連語リスト

凡例 3

連語の特徴 7

連語リスト 11

連語情報　その1　自動詞と他動詞 141

連語情報　その2　働きかけを持たない連語 142

自動詞・他動詞リスト 143

連語でよく使われる動詞 147

連語でよく使われる形容詞 149

「する動詞」になる名詞とならない名詞 (連語リストにあるもの) 150

第2部　練習問題　　　　　　　　　　　　　　　　　　　　　　151

練習1　名詞と動詞・形容詞の組み合わせを覚える 153

練習2　名詞を中心に連語を覚える 160

練習3　動詞・形容詞を中心に連語を覚える 169

練習4　文章の中で連語を使う 173

練習5　連語を使って文章を書き換える 180

練習6　名詞と動詞・形容詞の組み合わせを確かめる 189

解答 195

第1部　連語リスト

凡例

いのち　命（×する）（ある）	…いのち	見出し語
	…**命**	見出し語の表記
(1) 生物学的な意味の「命」	…（×する）（ある）	する・ある情報[1]
a. 生きていることを表す連語	…(1) 生物学的な～	連語名詞の意味上の分類[2]
【－がある《生きている》⇔－がない】〔Xに・は（M)命がある〕　X：人、動物	…a. 生きている～	連語の意味上の分類[2]
・人は誰でも、命がある限り、幸福で充実した生き方をしたいものだ。	…【　】	連語
b. 死ぬことを表す連語	…《　》	連語全体の意味
	…⇔	対義語
	…〔　〕	文型[4]
	…X：人、動物	X、Y情報[4]
	…・人は誰でも～	例文

いんしょう　印象（×する）（ある）		
【－がある⇔－がない】		
①《印象を与える》〔Xに・は　M印象がある〕Pという　X：人、組織／モノ／コト	…①《印象を～	同一連語の意味上の分類[2]
	…Pという	P情報[4]
【－が残る】〔X（に）は　Yに／Yに対してM印象が残る〕Pという・・・[他]－を残す	…Yに／Yに対して	〔Yに〕は〔Yに対して〕と交替可能であること
【－を持つ／－を抱く】〔Xが　Yに／Yに対して	…[他]	自他情報（対応する自動詞または他動詞）
	…**【－を持つ／－を抱く】**	／前後は類義の連語であること

きそく　規則（×する）（ある）	…※	この印以下の連語の意味や文型情報全体にかかる注
※「交通規則」「就業規則」のように規則の前に・・・		
【－則る】《規則を守る》・・・		
・多数の人間が混在している社会・・・		
＊「規則に則る」は例文のように・・・	…＊	この印の直上の連語の使用方法などに関する注

いき　息	…（＝）	自動詞と他動詞がほぼ同じ意味になるもので他動詞が働きかけを持たないもの
【－が切れる】〔Xは　Φ息が切れる〕		
X：人、動物　（＝）－を切らす☆	…☆	対応する自動詞または他動詞であるが、文型、例文などを省略したもの

1．する・ある情報

(する)……「経験する」のように「する動詞」（サ変動詞、Ⅲグループの動詞、強変化動詞）になるもの。「する動詞」になる名詞のリストが連語リストの最後にまとめて掲載してある。

(×する)…「する動詞」にならないもの。

(*する)…「額に汗する」のように、用法が限られているもの。

(ある)……「教室に机がある」のように、モノが存在するという意味ではなく、「命がある」のように、連語全体が抽象的なことの存在を表す場合。あるいは、「興味がある」のように、「持つ」という意味になる場合。

(×ある)…「犠牲がある」が誤りであるように「ある」が使えないもの。

2．連語の分類

(1)(2)… 連語名詞の意味上の分類
　　　　　例 (1) 物理的な意味の「道」、(2) 比喩的な意味の「道」

a.b. ……… 連語の意味上の分類
　　　　　例 a. 希望があることを表す連語　b. 希望がなくなることを表す連語

①② …… 一つの連語の中で意味が異なる場合の下位分類
　　　　　例【距離を空ける】①（離れる）　②（離す）

3．連語の配列

「−する」「−がある」を先頭に置き、後は「〜が＋連語述語」「〜に＋連語述語」「〜を＋連語述語」の順に配列した。類義語の場合、五十音順ではなく多用される語から並べた。述語という語は、動詞・形容詞の総称として用いている。

4．文型に関する情報

4-1　〔　〕内のX、Y等の記号について

4-1-1　X、Yなどの文の要素

§ 文の要素をX、Y、Z、Wで示した。多用される文型のみを採用した。

例〔Xが　　Yと　　Zについて　　　　（M）交渉を進める〕
　　A球団は　B球団と　選手のトレードについて　交渉を進めている。
　　　X　　　Y　　　　Z

§ 同一見出し語の連語の文型では、対応関係が分かりやすいように、極力、X、Y、Zの示すものを統一した。

例〔Xが　Yに　（M）期待をかける〕　　〔Yに　Xの　（M）期待がかかる〕
　　国民はA選手にメダルへの期待をかけている。　A選手には国民のメダルへの期待がかかっている。
　　X　　Y　　　　　　　　　　　　　　　　　Y　　　X

*〔XとY…〕XとYが集合的である場合。集合的ではない場合は〔Xが　Yと…〕とする。

例〔XとYが　　　（M）関係にある〕　　〔Xが　　　Yと　　　M関係にある〕Pという
　　サクラとバラは　近い関係にある。　　Aさんは　Bさんと　義理の兄弟という　関係にある。
　　　XとY　　　　M　　　　　　　　　X　　　Y　　　　　　　　　　　　　　P

§ Lは物理的な場所を表す。

例〔Lに　　波が打ち寄せる〕
　　海辺に　波が打ち寄せる。
　　 L

```
〔X、Y等の名詞を表す記号の内訳〕
　人　　　→人間を指し、単数、複数いずれも可
　人（複）→必ず複数の場合　　例　役員たち、村の人々、生徒と教師、ＡさんとＢさん　など
　組織　　→国、団体、会社、会、集団など
　場　　　→人間の活動の場　　例　マスコミ、インターネット、芸能界、私たちの周り、社外　など
　動物　　→イヌ、トラ、鳥　など
　モノ　　→物、人間の体の部分　例　テレビ、果物、手、足　など
　コト　　→人間の活動、行為、抽象的な事柄、現象、人の属性（性格、美貌、才能など）も含める
```

4-1-2　X、Y情報：X、Yなどの文中での役割
　例　〔Xが　Yに　（M）信頼を置く〕X：人、組織（信頼する）　Y：人／モノ／コト（信頼される）
　　　　　　　　　　　　　　　　　　　　Xは信頼している人　　Yは信頼される人、モノ、コトを表す

4-1-3　〜に／〜に対して／〜に対する
§１〔〜に対する〕は〔〜への〕を含む。
§２〔〜について〕〔として〕〔〜をめぐって〕は文型として頻出する場合のみ示した。

4-2　MとPの記号について
4-2-1　M情報：M、（M）、Φについて
　M：連語名詞の種類、程度、状態、様子などの修飾情報を表すもの
　　　　M　　　…Mが必ず必要な場合
　　　（M）　　…Mがあってもなくてもよい場合
　　　　Φ　　　…Mがあってはいけない場合

```
〔Mの内訳〕
　M＝名詞　　　　　　　　　　例　事業計画、実施計画
　M＝名詞＋の、句＋の　　　　例　私たちの計画、十年先を考慮しての計画
　M＝イ形容詞（形容詞）、ナ形容詞（形容動詞、形容名詞）
　　　　　　　　　　　　　　　例　新しい計画、奇抜な計画
　M＝連体修飾　　　　　　　　例　一生懸命考えた計画
　M＝Pという　　　　　　　　 例　今年度中に道路を開通させるという計画
```

4-2-2　P情報
Pという　　連語名詞を修飾する「名詞、句、文」などで、特に「という」を伴うことがある場合。〔Pとの〕
　　　　　を含む。
　例　〔Xが　　Wに　　　　　　　 Yに対する　　（M）気持ちを込める〕Pという
　　　 Aさんは　100本の赤いバラの花に　Bさんに対する　愛の気持ちを込めてプレゼントした。
　　　　X　　　　　W　　　　　　　　　Y　　　　　　　M

　　　　Aさんは　赤いバラに　Bさんを愛しているという　気持ちを込めて手渡した。
　　　　　X　　　　W　　　　　P

```
〔Pの内訳〕
 P＝名詞　例　台風襲来という情報
 P＝句　　例　台風襲来に備えてという覚悟
 P＝文　　例　台風が来るという情報　　台風が来るとの情報
```

　　　Pと：依頼・命令・指示などの発話の引用を表す。〔Pよう／Pように／Pようにと〕を含む。
　　　例　〔Xから　　　　Pと　　　　　（M）声があがる〕
　　　　　サポーターたちから　「オーレ！」と　声があがった。
　　　　　　　　X　　　　　　　　　P

　　　例　〔Xは　　Yに対して　Pと　　　　　　　　　　注意を促した〕
　　　　　コーチは　選手に対して　試合前は体調管理に気をつけるよう　注意を促した。
　　　　　　X　　　　Y　　　　　　　　　　　　　P

4-3　文型（4-1-2で述べたX、Y、Zなどで構成する文型）の並べ方
§　二つ以上の文型があり、文の項目が同一の場合、文型を横に並べて示した。
　例　〔Xに・は　Yに対して／Yに対する　（M）期待がある〕Pという〔Yに（は）　Xの　（M）期待がある〕Pという
　　　・A国国民には、水泳のB選手に対して金メダルを獲得してほしいという期待がある。
　　　・水泳のB選手には、全種目での金メダル獲得という国民の期待がある。
§　二つ以上の文型があり文の要素が異なる場合、それぞれの文型のすぐ下に例文を示した。
　例　〔Yが　Xに／Xに対して　Pと　Φ反省を促す〕
　　　・父親は息子に怠惰な生活をやめろと反省を促した。
　　　〔Yが　Xに／Xに対して　Zに／Zに対して／Zに対する　Φ反省を促す〕
　　　・監督は練習をさぼった部員に　さぼったことに対する反省を促した。

5．その他の記号
　・　　〔　〕内の・は、・を挟んだ助詞の一方、または両方を使うことができる。
　　　　　例）〔Xに・は　〜〕　Xに／Xは／Xには
　（　）　（　）内の助詞や語は使うことも使わないこともある。
　　　　　例）〔…YとZ（の間）の…〕　　YとZの／YとZの間の
　A、B　人間を表す場合　　　　　　Aさん、Bさん
　　　　　職業、地位などが必要な場合　A教授、俳優のB　など
　　　　　その他の機関、団体の場合　　A国、B市、C社　など
「　」　例文が会話体の場合
［自］［他］　連語動詞に対応する自動詞形、あるいは他動詞形。巻末に自他対応のリストをつけた。
（＝）　連語動詞に自動詞形、他動詞形の対応はあるが同じ意味を表す場合。
☆　　対応する自動詞形または他動詞形の連語であるが、文型、例文などを省略したもの。

連語の特徴

　「連語」には次のような特徴があります。便宜のため、「連語」を構成するものを「連語名詞／連語動詞／連語形容詞」と呼ぶことにします。

1　統語的特徴
（1）一つの連語名詞に複数の動詞、あるいは形容詞がつきます。
　　例　影響　を与える／―を及ぼす／―を受ける
　　　　力　　を得る／―を貸す／―を注ぐ／―を尽くす
　　「影響」という名詞は上記のようないろいろな連語動詞と結びつくことによって、「影響する」という動詞だけでは表せないより的確な意味を表すことができます。
　　「拍車をかける、馬が合う、埒（らち）が開かない」のように、名詞と動詞の組み合わせが一定で、組み合わせ全体が比喩的な意味を表し慣用化したものは「慣用句」と呼ばれます。慣用句の多くは本書では扱っていませんが、基本的な名詞と動詞の組み合わせでも、全体が比喩的な意味を表わし、それが慣用化した「慣用句」は少し入れてあります。例えば「水を開ける（差をつける）、水を差す（邪魔をする）、水に流す（好ましくない事柄を忘れる）」などで、それぞれ（　）内の意味で用いられます。

（2）連語には次のような文法的な特徴があります。
a. 連語名詞の前に修飾する語句をつけることができる。
　・留学が決まったＡさんは、新しい生活に大きな期待を膨らませている。〈期待を膨らませる〉
　・社員は労働時間が長すぎるという不満を持っている。〈不満を持つ〉
b. 連語名詞の前に接頭語「お／ご」をつけたり、連語動詞を敬語の形にしたりして敬語表現にすることができる。
　・社長はついに最終的なご判断を下されました。
　・先生はＡさんとお言葉を交わされて、楽しいひと時を過ごされた。〈言葉を交わす〉
しかし好ましくない状況や行為を表す連語の場合、敬語表現にはなりにくい。
　・社長は新提案を出したが社員から反発を×買われた／×お買いになった／×お求めになった。
c. 連語の間に語句をはさむことができないものが多い。
　×先生は学生に声をちょっとかけた。〈声をかける〉　×上司はＡに信頼を非常に置いている。〈信頼を置く〉
d. 多くの場合、連語動詞が連語名詞を修飾する（連語名詞と連語動詞の順を逆にした形）ことはできないが、できる連語もある。
　　できないもの：料理の腕を上げる　→×料理の上げた腕、×上げた料理の腕
　　　　　　　　　不安を募らせている→×募らせている不安
　　できるもの：社長の下した判断は正しかった〈判断を下す〉、胸に秘めた思い〈思いを秘める〉、構造改革
　　　　　　　　によって生じた格差〈格差が生じる〉

（3）連語は文体によって使われるものが異なります。
　　連語名詞や連語動詞が硬い文章に使われるものか、基本的なものかによって、レポートや論文のような「硬い表現（改まったスタイル）」に専用されるものと、軽い文章あるいは話し言葉のような「柔らかい表現（く

だけたスタイル）」において多用されるものの区別があります。
　　硬い表現（名詞も動詞も硬いもの）　　　　　　：意に介す、機が熟す、支障を来す
　　柔らかい表現（名詞も動詞も基本的なもの）　　：気にする、人気がある、相談に乗る

(4) 連語動詞が他動詞であって助詞「を」をとるものでも、連語全体では「意志的な行為」を表さず（＝他動性を失う）、自然にそのような結果になったことを表す場合があります。そのため命令形「〜しろ」や意向形「〜よう」にすることはできません。
　　例　結果を招く、反発を買う　　×結果を招け、×反発を買おう

(5) 一般的に、ある動詞は機能の異なるさまざまな助詞をとりますが、連語はある決まった助詞と結びつくことが多いです。
　　○かばんから机の上に本を出す　　×問題から結論を出す　　→問題に結論を出す
　　○蛇口から下方に水が出る　　　　×結果から差が出る　　　→結果に差が出る

2　意味的特徴

　慣用句と異なり連語には連語名詞や連語動詞のもとの意味が完全に失われることなくかなり残っていて、連語動詞が含む方向性や動きの様子などが連語の意味に反映しています。連語をやさしい言葉で言い換える場合、「影響する」「満足する」のような、連語ではない単独の動詞（ここでは単純動詞と呼びます）を他の言葉で補って説明することになります。

(1) ある連語名詞（群）につく動詞の種類には一定の傾向があります。
　連語リストの最後に載せましたが、連語を作るのに多用される動詞の種類はそれほど多くありません。
　例えば感情を表す名詞には「持つ／抱く／覚える」などがつくことが多いです。
　　例　感情・希望・期待・疑い　―を抱く／―を持つ
　　　　反発・不安・不満・満足　―を覚える
　また、身についたものや力を表す名詞には「得る／失う／高める／強まる」などがつきます。
　　例　力・信頼・信用・自信・資格　―を得る／―を高める／―が強まる／―を失う

(2) ある連語動詞につく名詞の種類には一定の傾向があります。
　「買う」は一般的には「本を買う」のように「お金を払って手に入れる」と言う意味ですが、以下のような好ましくない行為を表す名詞とともに連語を作る時は「悪い結果を招く」という意味で用いられます。また「抱える」は「鞄を抱える」の場合は「持つ」という意味ですが、以下の連語では「負担になるものを持つ」といった意味で用いられています。
　　例　反発・不信・反感*・恨み*・失笑*・顰蹙*　―を買う　（*＝本書で扱っていない連語）
　　　　問題・リスク・不満・矛盾　―を抱える
ただし、本書は名詞にどのような動詞がつくかを基準にして項目を立てていますので、あまり一般的な名詞ではない「顰蹙、失笑」などは項目として取り上げていません。連語リストの最後には、よく使われる動詞と結びつく名詞のリストを参考として挙げました。

(3) 連語の中には連語名詞や連語動詞の比喩的な（メタファー的な）意味が表れるものが多いです。

例　上の方にある状態、または上方に向う動きは「良い」意味
　　　　意識が高い、人気が上がる、信用を上げる、信用を築く、評価が高まる
　　下の方にある状態、または下方に向う動きは「悪い」意味
　　　　意識が低い、成績が落ちる、腕を落とす、信頼が崩れる、評価が低い
　　口から発せられる「水のようなもの」の意味
　　　　言葉を浴びる、批判を浴びせる、噂が流れる、情報を流す

(4) 連語動詞の持つ意味が、単純動詞では表せない細かい動作や程度を表しています。
　例　期待を抱く　　　　　　　　心の中に持って密かに期待する
　　　工夫を凝らす　　　　　　　いろいろと心を砕いて工夫する
　　　判断を下す　　　　　　　　きっぱりと最終的に判断する
　　　計画を練る　　　　　　　　より良いものを目指して十分に計画を考える
　　　不安を募らせる　　　　　　不安が次第に大きくなる
　　　注目を集める　　　　　　　多くの人から注目される
　　　人気を博す　　　　　　　　多くの人に好まれる

(5) 連語動詞の持つ意味が、受身や使役、自発、可能といった意味を表しています。
　例　注目を浴びる＝注目される　　抵抗を受ける＝抵抗される　（受身）
　　　注意を促す＝注意させる　　　反省を迫る＝反省させる　　（使役）
　　　納得がいく＝自然に納得する　記憶が薄れる＝自然に忘れる（自発）
　　　想像がつく＝想像できる　　　話がわかる＝話が理解できる（可能）

　このように、連語は単純動詞では表現できないより的確な意味を簡潔に表すためには不可欠の表現です。連語が使用される理由として、文体に応じて的確な表現をすることができる点が挙げられます。そのため、連語を学ぶ際は、それが使用される文体やスタイルに注意することが重要です。

参考文献
宮地裕（1999）『敬語・慣用句表現論―現代語の文法と表現の研究（2）』明治書院
村木新次郎（1991）『日本語動詞の諸相』ひつじ書房
―――――（2007）「コロケーションとは何か」『日本語学』26巻10号

あいしょう　相性 (×する) (×ある)

【－が合う】〔Xは　Yと　Φ相性が合う〕〔XとYは　Φ相性が合う〕X：人／モノ　Y：人／モノ／コト
・Aさんは、同じクラスのBさんと相性が合うらしく、入学以来いつも一緒にいる。
・いろいろなスポーツをしてみたが、どうも私は柔道のような格闘技とは相性が合わないようだ。
・このプロジェクトチームのメンバーは相性が合うらしく、仕事の進行が速い。

【－がいい⇔－が悪い】〔Xは　Yと　Φ相性がいい〕〔XとYは　Φ相性がいい〕X：人／モノ　Y：人
・母は、妻と相性がよく、ふたりはとても仲がいい。そのため我が家には嫁姑の問題はない。
・隣同士に住んでいるあの2人は相性がよくないらしく、これまで一度も口もきいたことがない。

あいじょう　愛情 (×する) (ある)

【－がある⇔－がない】〔Xに・は　Yに対して／Yに対する　(M)愛情がある〕〔X(に)は　Yに　(M)愛情がある〕X：人　Y：人、組織／モノ／コト
・たいていの人は、自分の育った土地に少なからぬ愛情があるはずだ。
・どんなに条件がよくても、相手に対する愛情がなければ結婚すべきではないだろう。

【－に飢える】《愛情を欲しがる》〔Yが　Xの　(M)愛情に飢える〕Y：人　X：人
・幼くして母親を亡くしたAさんは母親の愛情に飢えていたのか、母親の面影を持った女性に恋をした。

【－を抱く】〔Xが　Yに／Yに対して／Yに対する　(M)愛情を抱く〕X：人　Y：人
・ベートーベンは密かに少女に愛情を抱いていた。この曲はその少女を思いながら作曲したという。

【－を受ける】《愛される》〔Yが　Xから・の　(M)愛情を受ける〕Y：人　X：人
・私は、両親をはじめとする多くの人々の愛情を受けて、こうやって生活できることに感謝したい。

【－を注ぐ】《愛する》〔Xが　Yに　(M)愛情を注ぐ〕X：人　Y：人、動物／モノ
・事故で両親を亡くした姪を引き取ったAさんは、その子に実の親以上の愛情を注いで育てた。

あいて　相手 (×する) (×ある)

【－にする】《当事者として扱う》〔Xが　Yを　(M)相手にする〕X：人、組織　Y：人、組織、動物
[自]－になる
・かつては、一消費者が苦情を言っても、大企業が個人を相手にすることはほとんどなかった。
　＊「相手にする」という意味で「相手取る」という語がある。「相手取って～する」と使うことが多い。・薬害被害者は製薬会社と国を相手取って裁判を起こした。

【－にならない】《能力の差がありすぎて、一緒に何かをしても無駄である》〔Xが　Yの　(M)相手にならない〕X：人、組織　Y：人、組織
・プロとアマチュアでは、実力の差があまりに大きいから、アマチュアの選手はプロの選手の練習相手にならないだろう。

【－になる】《一緒に何かをする》〔Xが　Yの　(M)相手になる〕X：人、組織　Y：人、組織　[他]－にする
・囲碁を習い始めたのだがまだ下手なので、私の相手になってくれる人がいなくて困っている。

【－をする】《一緒に何かをする》〔Xが　Yの　(M)相手をする〕X：人、組織　Y：人、組織、動物
・私が子どものころ、父は日曜日になるといつも、私たち兄弟のキャッチボールの相手をしてくれた。
・犬、猫などのペットの相手をするとき、動物を勝手気ままにさせてはいけない。

あしなみ　足並み (×する) (×ある)

(1) 歩調という意味の「足並み」

【－が揃う】〔Xの／Xは　Φ足並みが揃う〕X：人(複)　[他]－を揃える
・よく練習したようで、運動会で入場行進する園児た

ちの足並みは、実によく揃っていた。

【－が乱れる】〔Xの／Xは Φ足並みが乱れる〕X：人（複） [他]－を乱す
・長時間のデモ行進で疲れてきたのか、それまで整然と歩いていた人々の足並みがかなり乱れ始めた。

【－を揃える】〔Xが Φ足並みを揃える〕X：人（複） [自]－が揃う
・兵士たちは、足並みを揃えて行進し、国王の前で敬礼した。

【－を乱す】〔Yが Xの Φ足並みを乱す〕Y：人／コト X：人（複）、組織（複） [自]－が乱れる
・オリンピックの開会式でA国選手団が旗を振りながら行進していた。一人が落とした旗を拾おうとして、選手たちの足並みを乱した。

(2) 考え方・行動という意味の「足並み」

【－が揃う】《行動が一致する》〔Xの／Xは Φ足並みが揃う〕X：人（複）、組織（複） [他]－を揃える
・今回の企画では関係部署の足並みが揃っているので、大きな問題もなく進んでいる。

【－が乱れる】《行動が一致しない》〔Xの／Xは Φ足並みが乱れる〕X：人（複）、組織（複） [他]－を乱す
・A党は新しい議案を提出するはずだったが、党内に反対意見が出て党員の足並みが乱れ始めた。

【－を揃える】《行動が一致する》〔Xが Φ足並みを揃える〕X：人（複）、組織（複） [自]－が揃う
・会社に対して待遇改善を要求するときは、社員全員が足並みを揃えて交渉した方が効果的だ。
　＊「足並みを揃える」は、例文のように「足並みを揃えて～する」と使うことが多い。

【－を乱す】《行動が一致しない》〔Yが Xの Φ足並みを乱す〕Y：人／コト X：人（複）、組織／コト [自]－が乱れる
・この仕事は皆で協力してやってきたのだが、一人の身勝手な発言が皆の足並みを乱している。

あせ　汗（＊する）（×ある）

(1) 生理的な意味の「汗」

【－が流れる】《汗が出る》〔Xは （M）汗が流れる〕X：人 [他]－を流す
・炎天下の農園で、農家の人々は流れる汗をぬぐおうともせず農作業に励んでいた。
　＊「汗が流れる」は、例文のように「流れる汗」という言い方で使うことが多い。

【－をかく】〔Xが （M）汗をかく〕X：人
・「赤ちゃんは体温が高く、よく汗をかくので、こまめに下着を替えてあげましょう」
・スポーツをして気持ちよい汗をかいた後のビールはおいしい。

【－を流す】
① 《汗をかく》〔Xが （M）汗を流す〕X：人 [自]－が流れる
・小学生のとき、夏のキャンプで友達と汗を流しながらテントを張ったことは、生涯忘れられない。
② 《汗を洗い落とす》〔Xが （M）汗を流す〕X：人
・「お疲れ様でした。まずシャワーで汗を流してください。それから食事にしましょう」

(2) 比喩的な意味の「汗」

【－する】《汗が出るほど一生懸命働く》〔Xが Φ汗する〕X：人
・親が額に汗して働いた金で子どもたちが贅沢な暮らしをしているのを見ると違和感を持つ。
　＊「汗する」は、例文のように「額に汗して～する」と使うことが多い。

【－を流す】《ある目的のために積極的に体を動かして働く》〔Xが Yに Φ汗を流す〕X：人 Y：コト
・Aさんは両国の友好実現に汗を流して、両国国民の架け橋となった。
・このイベントの成功させるために、陰で汗を流してくれた方々に心から感謝します。

あつりょく　圧力（×する）（ある）

(1) 物理的な「圧力」

【－がかかる】〔Yに （M）圧力がかかる〕Y：モノ [他]－をかける

・飛行機事故の原因は調査中だが、何らかの事情で機体の一部に異常な圧力がかかったらしい。

【－が加わる】〔Yに （M）圧力が加わる〕Y：モノ　[他] －を加える
・建物の外壁に亀裂があるが、長年の間に少しずつ圧力が加わってできたものと思われる。

【－が高まる⇔－が弱まる】〔Yの Φ圧力が高まる〕Y：モノ　[他] －を高める⇔－を弱める
・蒸気を通すパイプ内の圧力が異常に高まったことにより、パイプが破裂して事故が起こった。

【－をかける】〔Xが Yに （M）圧力をかける〕X：人／モノ　Y：モノ　[自] －がかかる
・米を炊くとき、釜に圧力をかけると速く炊ける上、粘りが出ておいしくなる。
　　＊〔X〕は文の表面に現れないことが多い。

【－を加える】〔Xが Yに （M）圧力を加える〕X：人／モノ　Y：モノ　[自] －が加わる
・プラスチックの成型は、工程の最後にプラスチック板に強い圧力を加えることによって、行われる。
　　＊〔X〕は文の表面に現れないことが多い。

【－を高める⇔－を弱める】〔Xが Yの Φ圧力を高める〕X：人／モノ　Y：場（閉ざされた空間）　[自] －が高まる⇔－が弱まる
・この安全装置は、実験装置内が一定以上の圧力になると自動的に装置内の圧力を弱める物だ。

（2）政治的な権力という意味の「圧力」

【－がある】〔Yに／Yに対して Xから・の （M）圧力がある〕Pという 〔Yに対する X（から）の （M）圧力がある〕Pという　Y：人、組織／コト　X：人、組織
・会社上層部から情報を外部に漏らすなという圧力が担当部署にあったため、記者会見は見送られた。

【－がかかる】〔Yに／Yに対して Xから・の （M）圧力がかかる〕Pという 〔Yに対する X（から）の （M）圧力がかかる〕Pという　Y：人、組織／コト　X：人、組織　[他] －をかける
・当時、政財界を巻き込む贈収賄事件は、警察にどこかから圧力がかかったらしく捜査が打ち切られた。

【－が加わる】〔Yに／Yに対して Xから・の （M）圧力が加わる〕Pという 〔Yに対する X（から）の （M）圧力が加わる〕Pという　Y：人、組織／コト　X：人、組織　[他] －を加える
・CO_2の大幅削減を打ち出した政府に対して、産業界から目標値を低くするよう圧力が加わった。

【－が強まる⇔－が弱まる】〔Yに／Yに対して Xから・の （M）圧力が強まる〕Pという 〔Yに対する X（から）の （M）圧力が強まる〕Pという　Y：人、組織／コト　X：人、組織（圧力をかける）　[他] －を強める⇔－を弱める
・日本は19世紀半ばまで欧米との国交がなかったが、諸外国からの圧力が強まり、ついに開国した。

【－をかける】〔Xが Yに／Yに対して （M）圧力をかける〕Pという　X：人、組織　Y：人、組織／コト　[自] －がかかる
・世界選手権で、A国のコーチが審判に不当な圧力をかけ、自国の選手を入賞させた疑いがあるようだ。

【－を加える】〔Xが Yに／Yに対して （M）圧力を加える〕Pという　X：人、組織　Y：人、組織／コト　[自] －が加わる
・Aという報道番組では自由な発言が少ないようだ。外部から圧力が加えられているのだろうか。

【－を強める⇔－を弱める】〔Xが Yに／Yに対して／Yに対する （M）圧力を強める〕Pという　X：人、組織（圧力をかける）　Y：人、組織／コト　[自] －が強まる⇔－が弱まる
・A国は、A国からの独立を図ろうとしている地域への圧力を強めている。

あと　後（×する）（×ある）

【－がない】《ふたたびやり直す機会がない》〔Xに・は Φ後がない〕X：人、組織
・今度あのチームに負ければ我々には後がない。絶対勝たなければならないという思いで試合に臨む。

【－にする】《場所を離れる》〔Xが Lを Φ後にする〕X：人　L：場所
・Aさんは、高校卒業と同時に故郷を後にし、大望を抱いて海外へ移住した。

【—へ引けない】《譲歩しない》〔Xが Φ後へ引けない〕X：人、組織
・大勢の人々を巻き込んで対立している二人の関係がここまでこじれてしまったら、どちらも後へ引けないだろう。
　　＊「後へ引けない」は、「後に引けない」とも言う。

【—を絶たない】《終わらず続く》〔Xが Φ後を絶たない〕X：人／コト
・法律が改正され厳しく罰せられるようになったにもかかわらず、飲酒運転が後を絶たない。
　　＊「あと」の漢字は、本来「跡を絶たない」と書いたが、近年「後を絶たない」と書くことが多い。

い　意（×する）（×ある）

※「意」は「考え、気持ち、希望」という意味の硬い言葉であり、以下の連語は硬い文体に使うことが多い。

【—に介する】《気にかける》〔Xが Yを Φ意に介する〕X：人　Y：人／コト
・経営危機に陥っても、ワンマン社長は部下の忠告を全く意に介さず、独断で事業方針を決定した。
　　＊「意に介する」は、例文のように一般的に否定形で使う。

【—にかなう】《考えや希望に合っている》〔Yが Xの Φ意にかなう〕Y：人、組織／モノ／コト　X：人、組織
・昔、長男は自由恋愛が認められず、家長の意にかなった相手としか結婚できないことが多かった。

【—に沿う】《考えや希望に合っている》〔Yが Xの Φ意に沿う〕Y：人、組織／コト　X：人、組織
・ODAによって発展途上国にさまざまな援助が行われているが、援助を受ける国の意に沿った援助になっているか、常に問い直す必要があるだろう。

【—に染まない】《気に入らない》〔Yが Xの Φ意に染まない〕Y：人、組織／モノ／コト　X：人、組織
・自分の結婚は親が勝手に決めたもので、自分の意に染まないものだったと母から聞いたことがある。

【—に反する】〔Yが Xの Φ意に反する〕Y：人、組織／コト　X：人、組織
・両親の意に反して、Aさんは大学進学をせず、調理師になるという道を選択した。

【—を強くする】《自信を深める》〔Xが Φ意を強くする〕X：人
・会議で自分の提言が通るかどうか自信がなかったが、上司や同僚たちが支持してくれたので意を強くした。

いかり　怒り（×する）（×ある）

※「怒り」は硬い言葉で、「怒りを覚える」「怒りが爆発する」は日常語ではそれぞれ「腹が立つ」「腹立たしい」などと言う。

【—が爆発する】〔Xは Zに／Zに対して （M）怒りが爆発する〕〔Zに／Zに対して／Zに対する Xの （M）怒りが爆発する〕X：人　Z：コト（怒りの原因）（＝）—を爆発させる
・客を客とも思わない店員の態度に対する客の怒りが爆発し、「店長を呼べ」という声が店中に響いた。
〔Xは Yに／Yに対して （M）怒りを爆発する〕〔Yに／Yに対して／Yに向かって Xの （M）怒りが爆発する〕X：人　Y：人、組織（怒りが向かう先）
・鬱積したものがあると、自分より弱い者に向かって怒りが爆発することがある。

【—をあらわにする】《怒っている表情を表に出す》〔Xが Zに Pと （M）怒りをあらわにする〕X：人　Z：コト（怒りの原因）
・いつもは温厚な先生だが、その学生の不真面目な受講態度に、何の目的で大学に来ているのだと怒りあらわにした。
〔Xは Yに／Yに対して／Yに向かって Pと （M）怒りをあらわにする〕〔Xは Pと Yに対する （M）怒りをあらわにする〕X：人　Y：人、組織（怒りが向かう先）
・とても汚い言葉で人をののしる工場誘致派の人々に向かって反対派の人々は怒りをあらわにした。

【—を覚える】《腹が立つ》〔Xが Zに／Zに対して／Zに対する （M）怒りを覚える〕X：人　Z：人、組織／コト（怒りの原因）

・選挙に当選したとたんに公約無視の発言をした政治家に対して激しい怒りを覚える。
・「会社の存続のためには労働者の解雇もやむを得ない」という経営者の発言に怒りを覚える。

【－を爆発させる】〔Xが　Yに／Yに対して／Yに対する／Yに向かって　(M)怒りを爆発させる〕X：人　Y：人、組織（怒りの向う先）　(＝)－が爆発する

・子どもが言い訳ばかりして謝らない。黙って聞いていた父親は、とうとう子どもに怒りを爆発させた。

【－を招く】《怒らせる》〔Zが　Xの　(M)怒りを招く〕Z：人、組織／コト（怒りの原因）　X：人

・記者のなにげない質問が大臣の怒りを招き、答えを拒否されてしまった。

いき　息（×する）（ある）

(1) 生理的な意味の「息」

【－がある】《生きている》⇔－がない〕〔Xに・は　φ息がある〕X：人、動物

・老人が突然倒れた。周囲の人は、老人にまだ息があるか、意識があるかを調べた。
・交通事故に巻き込まれた人は、救急隊員がかけつけたときには、既に息がなかった。

【－が切れる】《呼吸が苦しくなる》〔Xは　φ息が切れる〕X：人、動物　(＝)－を切らす☆

・最近、運動不足のせいか、少し走っただけで息が切れる。
　＊「息が切れる」と同じ意味で、「息切れする」という語もある。・少し走っただけで息切れする。

【－が絶える】《死ぬ》〔Xは　φ息が絶える〕X：人

・夜中にホテルの部屋で心筋梗塞を起こしたらしく、知人は、翌朝発見されたときには既に息が絶えていた。

【－が詰まる】《呼吸が十分できなくなる》〔Xは　φ息が詰まる〕X：人　[他]－を詰める

・老人は食べ物が喉にひっかかり息が詰まって死亡するという事故に遭うことがある。

【－を吸う⇔－を吐く】〔Xが　φ息を吸う〕X：人、動物

・「胸のレントゲン写真を撮りますよ。大きく息を吸って。止めて。はい終わりました」

【－をする】《呼吸をする》〔Xが　φ息をする〕X：人、動物

・救急隊員は、倒れている人が息をしているかどうかをまず確認した。

【－を詰める】《呼吸を止める》〔Xが　φ息を詰める〕X：人　[自]－が詰まる

・子どものとき、友だちと、水中でどのくらい息を詰めていられるかを競う遊びをしたものだ。

【－を弾ませる】《息づかいが早くなる》〔Xが　φ息を弾ませる〕X：人

・「お母さーん」と言って走ってきた子どもは、息を弾ませながら、幼稚園での出来事を話してくれた。
　＊「息を弾ませる」は、例文のように「息を弾ませながら～する」「息を弾ませて～する」と使うことが多い。

【－を引き取る】《死ぬ》〔Xが　φ息を引き取る〕X：人

・祖父は家族に見守られ、静かに息を引き取った。

【－を吹き返す】《止まっていた呼吸を、再びし始める》〔Xが　φ息を吹き返す〕X：人、動物

・川でおぼれた子どもに人工呼吸を続けたら、幸い息を吹き返した。

【－を吹き込む】〔Xが　Yに　φ息を吹き込む〕X：人　Y：モノ

・飲酒運転を調べるための方法は、運転者が風船に息を吹き込んでその中に含まれるアルコール濃度を検出するというものだ。

(2) 比喩的な意味の「息」

【－が合う】《気持ちがぴったり合う》〔Xは　Yとφ息が合う〕〔XとYの／XとY　φ息が合う〕X：人、動物　Y：人、動物　[他]－を合わせる

・動物のショーを見た。どの動物もトレーナーと息が合っていて、動物とは思えないほどだった。
・全国大会で優勝したコーラスグループは、全員の息が合っていて、素晴らしいハーモニーだった。

【－が切れる】《事業や行動が続かなくなる》〔Xは Φ息が切れる〕X：人、組織
・英会話教室に通い始めたのだが、宿題が多く1ヶ月もたたないうちに息が切れ、止めてしまった。
　　＊「息が切れる」と同じ意味で、「息切れする」という語がある。・起業しても、将来のビジョンが明確に描けていないと、事業が軌道に乗る前に息切れしてしまう。

【－が詰まる】《非常に緊張する》〔Xは Φ息が詰まる〕X：人（＝）－を詰める
・しつけに厳しい祖父母といると息が詰まると言って、孫たちはあまり祖父母に会いたがらない。

【－を合わせる】〔XがYと Φ息を合わせる〕〔XとYが Φ息を合わせる〕X：人 Y：人 [自]－が合う
・プロデビューすることになったロックバンドのメンバーたちは、皆で息を合わせてがんばろうと誓った。

【－を詰める／－を凝らす】《緊張する》〔Xが Φ息を詰める〕X：人（＝）－が詰まる
・世界選手権大会で、選手たちは皆、自分の競技の採点結果を息を詰めて待った。
　　＊「息を詰める」「息を凝らす」は、例文のように「息を詰めて～する」「息を凝らして～する」と使うことが多い。

【－をのむ】《非常に驚く》〔Xが Φ息をのむ〕X：人
・山頂に登ると、息をのむほどすばらしい展望が広がっていた。

【－を吹き返す】《衰えていたものが、再び力を得る》〔Xが Φ息を吹き返す〕X：人、組織／コト
・倒産寸前の会社だったが、ある商品がヒットしたおかげで売れ行きが伸び、息を吹き返した。

【－を吹き込む】《生きているかのような、生き生きとしたものにする》〔XがYに Φ息を吹き込む〕X：人 Y：モノ／コト
・新進気鋭の演奏家は音符に息を吹き込み、聴く人の心に響くすばらしい演奏をした。

いこう　意向（×する）（ある）

【－がある⇔－がない】〔Xに・は M意向がある〕Pという　X：人、組織
・オーナーには、この老舗旅館を若い人向けのリゾートホテルに改築したいという意向があるようだ。
・A社の社長はこれまでの取引先のB社とは今後取引を続ける意向はないと明言した。

【－にかなう】《考えに合う》〔Zが Xの（M）意向にかなう〕Pという　Z：モノ／コト　X：人、組織
・「当ホテルのサービスは、お客様の御意向にかなうものと自負しております」

【－に沿う】《考えに合う》〔Zが Xの（M）意向に沿う〕Pという　Z：モノ／コト　X：人、組織
・「当店では、常にお客様のご意向に沿うような商品を取り揃えております」

【－を酌む】《相手の考えに配慮する》〔Yが Xの（M）意向を酌む〕Pという　Y：人、組織（配慮する）X：人、組織（意向を持つ）
・開発部長は、新製品で勝負したいという社長の意向を酌んで、新製品開発を部下に急がせた。

【－を示す】〔Xが Yに／Yに対して M意向を示す〕Pという　X：人、組織　Y：人、組織
・監督は来期の優勝を視野に入れて、新人選手を起用し若返りを図りたいとの意向を示している。

いじ　意地（×する）（ある）

【－がある】《自分の考えを通そうという強い気持ちを持っている》〔Xに・は（M）意地がある〕Pという　X：人
・妹は、勉強のよくできる兄に負けたくないという意地があるので、ピアノのレッスンに励んでいる。
・A選手には昨年のチャンピオンとしての意地があり、タイトルを守るために必死に頑張っている。

【－が汚い】《物や金に対する欲が深い》〔Xは Φ意地が汚い〕X：人
・彼は、わずかでも利益になることなら貪欲に自分のものにする。意地の汚い人だという噂だ。
　　＊「意地が汚い」と同じ意味で、「意地汚い」という語がある。・Aさんは意地汚く、人が食べ残した物まで食べる。

【－が悪い】《不親切だ》〔Xは Φ意地が悪い〕X：人
・上司が部下に仕事のやりかたを細かく指導しないのは、教育的見地からで意地が悪いからではない。
　　＊「意地が悪い」と同じ意味で、「意地悪だ」という語（ナ形容詞）がある。・「今日の授業が休講だって知っていながら教えてくれないなんて、あなたも意地悪ね」

【－になる】《人に負けまいと頑張る》〔Xが Φ意地になる〕X：人
・A博士は実験の失敗が明らかなのにそれを認めようとしない。少々意地になっているようだ。

【－を張る】《自分の考えを通す》〔Xが Φ意地を張る〕X：人
・「自分でも悪かったと思っているんだったら、意地を張らずに謝ったほうがいいんじゃない」
　　＊「意地を張る」には「（自分の考えを通すために）無理に我慢をしている」というニュアンスがある。

いしき　意識 (する)(ある)

(1) 生理的な意味の「意識」

【－がある⇔－がない】〔Xに・は Φ意識がある〕X：人
・Aさんは自転車から落ちて頭を強く打ち病院に運ばれたが、意識があるから大丈夫だろう。
・山で遭難した人が救助されたが、発見されたときには意識がなかったらしい。

【－を失う】〔Xが Φ意識を失う〕X：人
・Aさんは暑い日中、ジョギングしていて倒れ、意識を失ってしまった。熱中症にかかったそうだ。

【－を回復する】〔Xが Φ意識を回復する〕X：人
（＝）－が回復する☆
・海で溺れた子どもは救助されたときは、意識がなかったが、救急隊員の懸命な手当てで、まもなく意識を回復した。

(2) 何かに対する考えや意見という意味の「意識」
※1 「問題意識」「職業意識」「プロ意識」「帰属意識」のように「〜意識」と使うことが多い。

※2 環境、人権の保護など、生活の向上や美徳とされている事柄に関することが多い。

【－がある⇔－がない】〔Xに・は Yに対して／Yに対する M意識がある〕Pという〔X（に）は Yに M意識がある〕Pという　X：人　Y：人、組織／モノ／コト
・年配の人の中には、パソコンに対して難しくて使えないという苦手意識がある人が多い。
・Aさんには「平和のために自分にできることをしよう」などという意識は少しもないようだ。

【－が薄い⇔－が強い】〔Xは Yに対する (M)意識が薄い〕Pという〔Yに対する Xの (M)意識が薄い〕Pという　X：人、組織　Y：コト
・つい最近まで、人々は農作物の安全性に対する意識が薄く、大量の除草剤を便利に使用していた。
・A国は動物愛護に対する意識が強く、動物を保護するための法律が数多くある。

【－が高い⇔－が低い】〔Xは Yに対する (M)意識が高い〕Pという〔Yに対する Xの (M)意識が高い〕Pという　X：人、組織　Y：コト
・A湖周辺の住民は湖の水質保全に対する意識が高く、家庭排水には特に気を使っているそうだ。
・Aさんは個人情報に対する意識が低く、電話番号やアドレスなどを許可なく他人に教えるので困る。

【－が高まる】〔Xは Yに対する (M)意識が高まる〕Pという〔Yに対する Xの (M)意識が高まる〕Pという　X：人、組織　Y：コト　[他]－を高める
・住民の間で資源の再利用に対する意識が高まり、ペットボトルの回収率が上がった。
　　＊例文のように〔X〕が複数のときは、「Xの間で」と使うことが多い。

【－が強まる】〔Xに・は Yに対する M意識が強まる〕Pという〔Yに対する Xの M意識が強まる〕Pという　X：人、組織　Y：コト　[他]－を強める
・野球の試合でA校はB校にここ何回か負け続けているせいか、B校に対するA校チームの苦手意識が強まっているようだ。

【－を高める】〔Xが　Yに対する　(M)意識を高める〕Pという　〔Yに対する　Xの　(M)意識を高める〕Pという　X：人、組織　Y：コト　[自]－が高まる
・政治に対する若者の参加意識を高めるために、政治家との座談会を開いた。
〔Zが　Xの　Yに対する　(M)意識を高める〕Pという　Z：コト　X：人、組織　Y：コト　[自]－が高まる
・教育の普及がA国の女性たちの男女平等に対する意識を高めることになった。

【－を強める】〔Xは　Yに対する　(M)意識を強める〕Pという　X：人、組織　Y：コト　[自]－が強まる
・学生の間でしか通用しないような学生言葉は、仲間意識を強めるために使われているようだ。

(3) 注意という意味の「意識」
【－する】
①《気づく、注意する》〔Xが　Yを　(M)意識する〕X：人　Y：人／モノ／コト
・日本語の先生に注意されてから、アクセントを意識して話を聞くようになった。
②《人に好意を持つ》〔Xが　Yを　(M)意識する〕X：人　Y：人
・AさんはなにかというとBさんと同じグループになりたがる。AさんはBさんを意識しているようだ。

【－が向く】《自然に注意するようになる》〔Xが　Yに　(M)意識が向く〕X：人　Y：モノ／コト　[他]－を向ける
・子どもを産んでから食品の安全性に気を使うようになり、生産地にも意識が向くようになった。

【－を向ける】《特に注意する》〔Xが　Yに　(M)意識を向ける〕X：人　Y：モノ／コト　[自]－が向く
・漢字の学習では、形と読み方を覚えるだけではなく、筆順にも意識を向けてほしい。

いのち　命　(×する) (ある)

(1) 生物学的な意味の「命」
a．生きていることを表す連語
【－がある《生きている》⇔－がない】〔Xに・は(M)命がある〕X：人、動物
・人は誰でも、命がある限り、幸福で充実した生き方をしたいものだ。
・銀行強盗は「動くと命がないぞ」と、その場にいた人々を脅した。
　＊〔X〕がモノの場合もある。・古来日本人は「万物には命がある」という考えを持っている。

b．死ぬことを表す連語
【－を失う】《病気などが原因で死ぬ》〔Xが　(M)命を失う〕X：人
・風邪(かぜ)で命を失うこともあるのだから、たかが風邪だと軽く思わずきちんと治療したほうがよい。
　＊「命を失う」は、類語の「命を落とす」ほど、その死が不本意というニュアンスはない。

【－を奪う】《死なせる、殺す》〔Yが　Xの　(M)命を奪う〕Y：人／コト　X：人、動物
・2001年のハリケーンは、50万ヘクタールの農地に被害を与え、7人の尊い命を奪った。
・無差別爆撃によって多くの罪のない子どもの命が奪われた。
　＊1「命を奪う」は、2番目の例文のように〔Yに　Xの　(M)命が奪われる〕〔Xは　Yに　(M)命を奪われる〕と受身表現を使うことが多い。
　＊2　この連語は、生きている人の意志に反して死なせるという意味である。

【－を落とす】《事故など不本意なことが原因で死ぬ》〔Xが　(M)命を落とす〕X：人
・ボタンやコインを間違って飲み込んだために幼い命を落とす子どもが毎年数百人いるそうだ。

【－を捨てる】《自分の意志で死ぬ》〔Xが　(M)命を捨てる〕X：人
・国のために命を捨てるつもりはないが、私はこの国と人々を愛している。
　＊「命を捨てる」は、例文のように「国のために」「組織を守るために」などと使うことが多い。

【−を絶つ】《死ぬ》〔Xが （M）命を絶つ〕X：人
・画家Aは、自分らしい作品が描けなくなったことを苦にして、自ら命を絶った。
・山頂には、吹雪のために道に迷って遭難し命を絶った人のための鎮魂の碑が建っている。
　　＊「命を絶つ」は、「自殺する」という意味で使うことが多いが、2番目の例文のように遭難などの場合にも使う。

【−を縮める】〔Yが　Xの　Φ命を縮める〕Y：人／モノ／コト　X：人
・Aさんが42歳で急死した。大企業の経営者という激務がAさんの命を縮めたようだ。

(2) 比喩(ひゆ)的な意味の「命」

【−が縮む】《非常に怖い》〔Xは　Φ命が縮む〕X：人
・初めて冬山に登ったとき、もう少しで足を滑らせて落ちそうになり、命が縮む思いがした。

【−を賭(か)ける】《死んでもよいという気持ちで何かをする》〔Xが　Yに　（M）命を賭ける〕X：人　Y：コト
・生涯の研究成果をまとめた直後に亡くなられたA先生は、学問に命を賭けていらっしゃったと言えよう。
　　＊「命を賭けて〜する」と同じ意味で、「命がけで〜する」という表現がある。・消防士は命がけで火事現場に残された人を救い出した。

いめーじ　イメージ (する)(ある)

【−する】〔Xが　Yを　Φイメージする〕X：人　Y：人／モノ／コト
・この町は、未来都市をイメージして設計された。
・20年後に自分がどんなふうになっているか、全然イメージできない。

【−がある】
①《イメージを与える》〔Yに・は　Mイメージがある〕Pという　Y：人、組織／モノ／コト
・映画スターのAは外見からまじめで堅苦しいイメージがあるが、実際はおもしろい人である。
②《イメージを持つ》〔Xに・は　Yに対して／Yに対する　Mイメージがある〕Pという　〔X（に）は　Yに　Mイメージがある〕Pという　X：人　Y：人、組織／モノ／コト
・私はA国に対して豊かな国だというイメージがある。

【−がアップする】《印象がよくなる》⇔−がダウンする〕〔Xの／Xは　（M）イメージがアップする〕Pという　X：人、組織／モノ／コト
・女優Aは、ヘアスタイルを変えてから、イメージがアップした。
・一度不良品を出すと企業イメージがダウンするので、各企業は製品管理には十分注意している。
　　＊「イメージがアップする⇔イメージがダウンする」と同じ意味で、「イメージアップする」「イメージダウンする」という語がある。・この店は内装を変えてイメージアップすることにより、女性客が増えた。・コマーシャルに出ていた俳優が不祥事を起こしたため、商品は大幅にイメージダウンした。

【−が傷つく】〔Xの／Xは　（M）イメージが傷つく〕Pという　X：人、組織／モノ／コト　[他]−を傷つける
・党首が豪邸に住んでいては労働者の味方というA党のイメージが傷ついてしまう。

【−を傷つける】《イメージに悪い影響を与える》〔Yが　Xの　（M）イメージを傷つける〕Pという　Y：人／モノ／コト　X：人、組織／モノ／コト　[自]−が傷つく
・薬物を使用して優勝したA選手は、公明正大をモットーとするスポーツ界のイメージを傷つけた。

【−を損なう】《よいイメージを失わせる》〔Yが　Xの　（M）イメージを損なう〕Pという　Y：モノ／コト　X：人、組織／モノ／コト
・A社は低価格商品の販売を計画していたが自社の「高級ブランド」というイメージを損なうとして、発売中止を決定した。

【−を払拭(ふっしょく)する】《良くないイメージを消し、新しいものにする》〔Yが　Xの／Xに対する　Mイメージを払拭する〕Pという　Y：人、組織／モノ／コト　X：人、組織／モノ／コト
・全社を挙げての福祉活動は、A社に対する利益優先の会社というマイナスイメージを払拭した。

・Aホテルは、今までの狭いビジネスホテルというイメージを払拭するため、改装することにした。

【－を持つ／－を抱く】〔XがYに／に対してMイメージを持つ〕Pという　X：人　Y：人、組織／モノ／コト
・A大学は、受験生に、A大学に対してどのようなイメージを持っているかを調査した。
・服飾関係の仕事に華やかなイメージを抱いて、自分もデザイナーになりたいと思う少女が多い。

いよく　意欲（×する）（ある）

【－がある⇔－がない】〔Xに・は（M）意欲がある〕Pという　X：人
・将来、国際的に活躍したいという意欲があるなら、学生時代に一度は海外で生活してみるべきだ。
・彼は、病気で入院してから、働く意欲がなくなってしまったようだ。

【－が溢れる】《意欲が強い》〔Xに・は（M）意欲が溢れる〕Pという　X：人／コト
・A校の選手たちの表情には、ライバルのB校に勝ちたいという意欲が溢れているようだ。

【－が欠ける】《意欲が弱い》〔Xに・は（M）意欲が欠ける〕Pという　X：人／コト
・志願者Aの志望理由書には、是非この会社で働きたいという意欲が欠けている。

【－が湧く】《意欲が出てくる》〔Xに・は（M）意欲が湧く〕Pという　X：人
・ノーベル賞受賞者の話を聞いて、私にも将来科学を勉強しようという強い意欲が湧いてきた。

【－に溢れる】《意欲が強い》〔Xが（M）意欲に溢れる〕Pという　X：人／コト
・今年の新入社員は、仕事を通じて社会に貢献したいという意欲に溢れた若者ばかりのようだ。
・新市長の演説は、市政改革への強い意欲に溢れていて好評だった。

【－に欠ける】《意欲が弱い》〔Xが（M）意欲に欠ける〕Pという　X：人／コト
・最近の子どもたちは、頑張ってよい成績を取ろうとする意欲に欠けているようにみえる。

・あの患者がなかなか回復しないのは、病気を治したいという強い意欲に欠けているからだ。

【－に燃える】《強い気持ちがある》〔Xが（M）意欲に燃える〕Pという　X：人
・A校の選手たちは、ライバルのB校に勝ちたいという意欲に燃え、厳しい練習に耐えている。

いわかん　違和感（×する）（ある）

【－がある⇔－がない】〔Xに・はYに対して／Yに対する（M）違和感がある〕Pという〔X（に）はYに（M）違和感がある〕Pという　X：人／モノ／コト
・若い世代は日本語の歌詞の中に英語のフレーズが入っていることに対して違和感がないようだ。

【－を与える】〔XがYに／Yに対して（M）違和感を与える〕Pという　X：人／モノ／コト　Y：人／モノ／コト
・古都の玄関となる駅前に建つモダンなガラス張りの建物は、古い町並みに違和感を与えている。

【－を覚える】〔XはYに／Yに対して（M）違和感を覚える〕Pという　X：人　Y：人／モノ／コト
・私は「花に水をあげる」や「犬にエサをあげる」のような「あげる」の使い方に対して、植物や動物を人間と同等に扱っているようで違和感を覚える。
　＊「違和感を覚える」は、「違和感を持つ」より硬い表現である。

【－を持つ／－を抱く】〔XがYに／Yに対して（M）違和感を持つ〕X：人　Y：人／モノ／コト
・派手な服装で葬儀に現れたAさんに、悲しみにつつまれた参列者たちは違和感を持ったようだ。

いんしょう　印象（×する）（ある）

【－がある⇔－がない】
①《印象を与える》〔Yに・はM印象がある〕Pという　Y：人、組織／モノ／コト
・画家Aの作品には、心の叫びをキャンバスにぶつけているかのような鮮烈な印象がある。
②《印象を持つ》〔Xに・はYに対してM印象があ

る〕Pという　X：人　Y：人、／組織／モノ／コト
・外国人には日本人に対して親切で真面目(まじめ)だという印象があるようだ。

【－が強い⇔－が薄い】〔Yは　M印象が強い〕Pという　Y：人、組織／モノ／コト
・サッカー選手だったAさんはスポーツマンという印象が強かったが、今は太って昔の面影はない。

【－が残る】〔Xに・は　Yの　(M)印象が残る〕Pという〔X(に)は　Yに／Yに対して　M印象が残る〕Pという　X：人　Y：人、組織／モノ／コト　[他] －を残す
・被災した村の人々には、ボランティアで来てくれたAさんの爽(さわ)やかな印象が残っている。
・Aさんの悪口を言う人は多いが、私は親切にしてもらったので、Aさんによい印象が残っている。

【－にない】《特に記憶に残っていない》〔Xに・はYが　Φ印象にない〕X：人　Y：人、組織／モノ／コト
・小学校のときのクラスメートだということだが、私にはAさんのことがほとんど印象にない。
　　＊〔Y〕が人の場合、例文のように「Yのこと」になる場合が多い。

【－に残る】〔Yが　Xの　Φ印象に残る〕Y：人、組織／モノ／コト　X：人
・Aさんとは一度しか会ったことがないが、上品な話し方が私の印象に残っている。

【－を与える】〔Yが　Xに　M印象を与える〕Pという　Y：人、組織／モノ／コト　X：人
・面接のときは人事担当者に悪い印象を与えないよう、身なりや言葉遣いに注意しなければならない。

【－を受ける】〔Xが　Yから　M印象を受ける〕Pという　X：人、組織／モノ／コト　Y：人
・初対面のとき、私はAさんから陽気な人という印象を受けたのだが、実は内向的な人だった。

【－を残す】〔Yが　Xに　M印象を残す〕Pという　Y：人、組織／モノ／コト　X：人　[自] －が残る
・我が家にホームステイしていたAさんは、その人柄で私たちに強い印象を残して帰っていった。

【－を持つ／－を抱く】〔Xが　Yに／Yに対してM印象を持つ〕Pという　X：人　Y：人、組織／モノ／コト
・日本人が東アジア諸国に対してどのような印象を抱いているかを調べるアンケートを実施した。

いんぱくと　インパクト（×する）（ある）

【－がある⇔－がない】〔Xに・は　(M)インパクトがある〕X：モノ／コト
・この映画は、主人公の回想シーンをモノクロにすることによってインパクトのある作品になった。
・Aさんのスピーチはよくまとまっていたが、テーマに新しさがなかったので、インパクトはなかった。

【－が強い／－が強烈だ／－が大きい⇔－が弱い／－が希薄だ／－が小さい】〔Xは　(M)インパクトが強い〕X：モノ／コト
・作家Aの自由恋愛を描いた小説は、古風な道徳が生きていた当時の社会にとってインパクトが強いものだった。
・髪を赤や緑に染め、顔に派手な化粧をしたロック歌手が聴き手に与えたインパクトは強烈だった。
・当たり前のことを書いたのでは広告の文章としてインパクトが弱いので、もっと工夫が必要だ。

【－を持つ】〔Xが　(M)インパクトを持つ〕X：モノ／コト
・人気ロック歌手Aの新しい曲は、世代を問わず人々の心をつかむインパクトを持っている。

うたがい　疑い（×する）（ある）

a．疑うことを表す連語
【－がある⇔－がない】〔Yに・は　M疑いがある〕Pという　Y：人、組織／モノ／コト（疑われる）
・昨夜の交通事故の加害者には酒を飲んで運転していた疑いがあると見て、警察が捜査している。
・インクの色と数字の形が少し違っているので、この千円札は偽札だという疑いがある。
・熱があり頭が痛かったが、医者からはただの風邪(かぜ)で、インフルエンザの疑いはないと言われた。

【－がかかる】《疑われる》〔Yに／Yに対して／Yに対する　M疑いがかかる〕Pという　Y：人、組織

あ

［他］－をかける
・A市の市長に、建設業者から賄賂（わいろ）を受け取ってその業者に便宜を図ったという疑いがかかっている。
〔Yに／Yに対して　Pと（M）疑いがかかる〕Y：人、組織　［他］－をかける
・A市の市長に、建設業者から賄賂（わいろ）を受け取ったのではないかと疑いがかかっている。

【－が濃い／－が強い】〔Yは　M疑いが濃い〕Pという　Y：人、組織／モノ／コト（疑われる）
・Aさんが購入した有名画家の絵は、偽物である疑いが強いと言われ、Aさんは再鑑定を依頼した。
・B市で連続して発生している火事は放火の疑いが濃いようだ。

【－が強まる】〔Yは（M）疑いが強まる〕Pという〔Yに／Yに対して／Yに対する（M）疑いが強まる〕Pという　Y：人、組織／モノ／コト（疑われる）（＝）－を強める
・捜査の結果、A社に対してインサイダー取引が行われた疑いがさらに強まった。

【－が出る】〔Yに／Yに対して／Yに対する（M）疑いが出る〕Pという　Y：人、組織／モノ／コト（疑われる）
・景気の回復が見られない現在、政府の景気浮揚対策の実効性に疑いが出てきた。

【－が深まる】〔Yは（M）疑いが深まる〕Pという〔Yに／Yに対して／Yに対する（M）疑いが深まる〕Pという　Y：人、組織／モノ／コト（疑われる）（＝）－を深める
・A博士が提供した幻の動物といわれる生物の写真は、合成写真ではないかとの疑いが深まっている。
〔Yに／Yに対して　Pと（M）疑いが深まる〕Y：人、組織／モノ／コト（疑われる）［他］－を深める
・たくさんの薬を処方されているが、副作用はないのかと疑いが深まる。

【－をかける】《疑う》〔Xが　Yに／Yに対して　M疑いをかける〕Pという　X：人、組織（疑う）Y：人、組織／モノ／コト（疑われる）［自］－がかかる
・満員電車で、全く身に覚えのないことなのに、痴漢（ちかん）の疑いをかけられて迷惑した。
〔Xが　Yに／Yに対して　Pと（M）疑いをかける〕X：人、組織（疑う）Y：人、組織／モノ／コト（疑われる）
・空港で麻薬犬をかまっていたら、係官から麻薬を所持しているのではないかと疑いをかけられた。
　　＊「疑いをかける」は、例文のように〔Yは　Xから　Pと（M）疑いをかけられる〕と受身表現を使うことが多い。

【－を強める】〔Xが　Yに／Yに対して／Yに対する　M疑いを強める〕Pという　X：人、組織（疑う）Y：人、組織／モノ／コト（疑われる）（＝）－が強まる
・会員たちは幹部に対して、会の資金を私的に流用しているのではないかという疑いを強めている。
〔Xが　Yに／Yに対して　Pと（M）疑いを強める〕X：人、組織（疑う）Y：人、組織／モノ／コト（疑われる）［自］－が強まる
・容疑者Aは自白したというが、刑事Bは本当にこのAが実行犯なのかと疑いを強めている。

【－を挟む】《疑いの気持ちを持つ》〔Xが　Yに／Yに対して／Yに対する（M）疑いを挟む〕Pという　X：人（疑う）Y：人、組織／モノ／コト（疑われる）
・さまざまな証拠があるので、ここがあの歴史的事件の舞台だったことに誰も疑いを挟む余地がない。
〔Xが　Yに／Yに対して　Pと（M）疑いを挟む〕X：人（疑う）Y：人、組織／モノ／コト（疑われる）
・A将軍についての史料を調べていくうち、A将軍を偉大な人物だとする通説に、事実は違うのではないかと疑いを挟んだ。

【－を深める】〔Xが　Yに／Yに対して／Yに対する　M疑いを深める〕Pという　X：人、組織／モノ／コト（疑われる）Y：人、組織（疑う）（＝）－が深まる
・Aさんの妻は、夫が浮気をしているのではないかという夫への疑いを深めている。
〔Xが　Yに／Yに対して　Pと（M）疑いを深める〕X：人、組織／モノ／コト（疑われる）Y：人、組織（疑う）［自］－が深まる
・この小説は、ある青年が自分は両親と血がつながっていないのではないかと疑いを深め、苦悩する姿が

主題だ。

【－を持つ／－を抱く】〔Xが　Yに／Yに対して／Yに対する　M疑いを持つ〕Pという　X：人、組織（疑う）　Y：人、組織／モノ／コト（疑われる）

・A大学の研究者は、先に発表されたB教授の実験結果が捏造ではないかという疑いを持っている。

〔Xが　Yに／Yに対して　Pと　（M）疑いを持つ〕X：人、組織（疑う）　Y：人、組織／モノ／コト（疑われる）

・A先生の説明は非論理的で、誰もがその内容に対して間違っているのではないかと疑いを抱いた。

b．疑わないことを表す連語

【－が消える】〔Xの／Xは　Yに対する　（M）疑いが消える〕Pという　X：人、組織（疑う）　Y：人、組織／モノ／コト（疑われる）　[他] －を消す

・クローン作物は人体に問題がないと言うが、その安全性に対する人々の疑いが消えたわけではない。
・決定的証拠は見つかっていないが、私はAさんが犯人ではないかという疑いが消えてはいない。

【－が晴れる】《疑いがなくなる》〔Xの／Xは　Yに対する　（M）疑いが晴れる〕Pという　X：人、組織（疑う）　Y：人、組織／モノ／コト（疑われる）　[他] －を晴らす

・万引きを疑われたが、レシートを見せて他の店で買ったことを証明したら警備員の疑いが晴れた。

〔Yの／Yに対する　（M）疑いが晴れる〕Pという　Y：人、組織／モノ／コト（疑われる）　[他] －を晴らす

・友人のAが電車の中でスリに間違えられたが、一緒にいた私が証言をして、Aの疑いは晴れた。

【－を消す】〔Zが　Yに対する　Xの　（M）疑いを消す〕Pという　Z：人、組織／モノ／コト　Y：人、組織（疑われる）　X：人、組織（疑う）　[自] －が消える

・新しい証拠の出現が、Aに対する、事件の犯人ではないかという警察の疑いを消すことになりそうだ。
・親友の証言が、私がいじめ事件に関わっているのではないかという教師の疑いを消してくれた。
　　＊〔Z〕が〔Y〕と同一であることがある。・学生Aは、試験中に不正行為をしただろうという教師の疑いを消そうと必死に抗弁した。

【－を晴らす】《疑いがなくなる》〔Zが　Yに対する　Xの　（M）疑いを晴らす〕Pという　Z：人、組織／モノ／コト　Y：人、組織（疑われる）　X：人、組織（疑う）　[自] －が晴れる

・身に覚えのないことで疑われていたAさんは、無実が証明されて、自分に対する周囲の疑いを晴らすことができた。
・弁護士は、A容疑者のアリバイを証明して、Aに対する警察の疑いを晴らすことができた。
　　＊1〔Z〕が〔Y〕と同一であることがある。
　　　・私は今、私に対する疑いを晴らすために証人を探している。
　　＊2〔X〕（疑っている人、組織）は言わないこともある。・身に覚えのない罪に問われたAさんは、無実が証明されて、疑いを晴らすことができた。

うわさ　噂 (する) (ある)

【－する】〔Xが　Pと　M噂する〕X：人（複）

・社員は、やり手の営業本部長のBが副社長のAを飛び越えて次期社長になるだろうと噂している。

【－がある⇔－がない】〔Yに・は　M噂がある〕Pという　Y：人、組織／モノ／コト

・「Aさんと付き合い始めたんだって？　あの人には、婚約者がいるという噂があるけれど、大丈夫？」
・Bさんは品行方正、謹厳実直の見本のような人で悪い噂はまったくない。
　　＊「噂がない」の代わりに「噂を聞いたことがない」とも言う。

【－が立つ】〔Z（の間）に　M噂が立つ〕Pという　Z：人（複）、組織／場　（＝） －を立てる

・政界に、議員Aが不正に政治資金を集めているという噂が立っている。

〔Yに　M噂が立つ〕Pという　Y：人、組織／モノ／コト　（＝） －を立てる

・議員Aに不正に政治資金が流れているという噂が立っている。

【－が飛び交う】《人々が噂する》〔Z（の間）に M噂が飛び交う〕Pという　Z：人（複）、組織／場
・社員の間に、新しく赴任してきた部長Aは非常に厳しい上司だとの噂が飛び交っている。
〔Yに　M噂が飛び交う〕Pという　Y：人、組織／モノ／コト
・部長Aに栄転の噂が飛び交っているが、本当の話だろうか。

【－が流れる】《人々が噂する》〔Z（の間）に M噂が流れる〕Pという　Z：人（複）、組織／場　[他]－を流す
・ちまたに、A社は経営が悪化し近々倒産するという噂が流れたため、A社の株価は暴落した。
〔Yに　M噂が流れる〕Pという　Y：人、組織／モノ／コト　[他]－を流す
・A国の高速鉄道の方式にB国式を採用するのではないかという噂が流れた。

【－が広まる】〔Z（の間）に　M噂が広まる〕Pという　Z：人（複）、組織／場　[他]－を広める
・Aさんと一回食事をしただけなのに、社員の間に、Aさんは私の恋人だという噂が広まっている。
〔Yに　M噂が広まる〕Pという　Y：人、組織／モノ／コト　[他]－を広める
・ある食品にダイエット効果があるという噂が広まると、それを買い求める人で長蛇の列ができる。

【－になる】〔Yが　Pと　Zの　(M)噂になる〕Y：人／モノ／コト　Z：人（複）、組織／場
・口コミの威力は大きい。ある店の料理がおいしいと人々の噂になると、その店に客が押しかける。

【－にのぼる】〔Yが　Pと　Zの　(M)噂にのぼる〕Y：人／モノ／コト　Z：人（複）、組織／場
・最近、郊外に豪邸を建てたAさんは、町の人々の噂にのぼっている。

【－をする】〔Xが　Pと　(M)噂をする〕X：人（複）
・近所の人が、うちは仲のいい家族だと噂をしているそうだ。

【－を立てる】〔Xが　Pと　(M)噂を立てる〕〔Xが　(M)噂を立てる〕Pという　X：人（複）　(＝)－が立つ
・Aさんは、B社から声がかかり近々転職するらしいと事実無根の噂を立てられ、迷惑しているそうだ。
　＊「噂を立てる」は、例文のように〔Yが　Xに　Pと　(M)噂を立てられる〕と受身表現を使うことが多い。その場合、〔Y〕は人、組織であり、〔X〕は文の表面に現れないことが多い。

【－を流す】〔Xが　Zに　(M)噂を流す〕Pという〔Xが　Pと　Zに　(M)噂を流す〕X：人、組織　Z：人（複）、組織／場　[自]－が流れる
・AさんはBさんに嫉妬して、BさんとCさんが密かに付き合っていると社内に噂を流した。

【－を広める】〔Xが　Z（の間）に　(M)噂を広める〕Pという〔Xが　Pと　Z（の間）に　(M)噂を広める〕X：人、組織（広める）Z：人（複）、組織／場　[自]－が広まる
・俳優Aは、世間にわざと自分のスキャンダラスな噂を広めて、注目を集めようとした。

えいきょう　影響（する）（ある）

【－する】〔Xが　Yに　Φ影響する〕X：モノ／コト　Y：人、組織／モノ／コト
・大人の言動が子どもたちの行動規範に影響することは明らかである。

【－がある⇔－がない】〔Xは　Yに／Yに対して／Yに対する　(M)影響がある〕Pという〔Yに／Yに対して　Xの　(M)影響がある〕Pという　X：モノ／コト　Y：人、組織／モノ／コト
・携帯電話やパソコンから出る電磁波は人体に悪い影響があると言われている。
・南太平洋で地震が起こったが、日本に地震の影響はないそうだ。

【－が大きい／－が強い⇔－が小さい／－が弱い】〔Xは　Yに／Yに対して／Yに対する　(M)影響が大きい〕Pという〔Yに対する　Xの　(M)影響が大きい〕Pという　X：人、組織／モノ／コト　Y：人、組織／モノ／コト
・風邪薬は胎児に対する影響が大きいと思われているが、むしろタバコの影響のほうが強いそうだ。
・子供の精神的発達に対するテレビの影響は非常に大

きいと言われている。

【ーが及ぶ】〔Yに Xの (M)影響が及ぶ〕Y：人、組織／モノ／コト　X：人、組織／モノ／コト　(＝)ーを及ぼす
・グローバル化した現代では、一国で起こった事件の影響が世界各国に及ぶことがある。
　　＊　例文のように、〔Xの (M)影響が Yに及ぶ〕という語順になることが多い。

【ーが強まる⇔ーが弱まる】〔Xの Yに対する (M)影響が強まる〕X：人、組織／モノ／コト　Y：人、組織／モノ／コト　(＝)ーを強める⇔ーを弱める
・株価の下落など金融危機の実体経済に対する影響が急速に強まってきているそうだ。

【ーが出る】〔Yに Xの (M)影響が出る〕Pという　Y：人、組織／モノ／コト　X：モノ／コト
・都内で発生した大規模停電により、交通機関が完全にストップし、およそ10万人に影響が出た。

【ーを与える】〔Xが Yに (M)影響を与える〕Pという　X：人、組織／モノ／コト　Y：人、組織／モノ／コト
・心地よいと感じられる音、たとえば美しい音楽などは、人の心によい影響を与える。

【ーを受ける】〔Yが Xに／Xの／Xから(の) (M)影響を受ける〕Pという　Y：人、組織／モノ／コト　X：人、組織／モノ／コト
・子供は身近な人の影響を受けて育つので、子供を取り巻く環境を整えることは大切である。
・日本文化は古くは中国大陸から、近世以降は西欧から、多大な影響を受けて育まれてきた。
　　＊「影響を色濃く受ける」という表現があり、〔Yが Xから 影響を色濃く受ける〕と使う。・日本の陶磁器は、中国・朝鮮文化の影響を色濃く受けながらも独特の発展を遂げてきた。

【ーを及ぼす】〔Xが Yに／Yに対して (M)影響を及ぼす〕Pという　X：人、組織／モノ／コト　Y：人、組織／モノ／コト　(＝)ーが及ぶ
・グローバル化した現代では、外国で起こった事件が国内の経済にまで多大な影響を及ぼしてしまう。

【ーを強める⇔ーを弱める】〔Xが Yに対して／Yに対する (M)影響を強める〕X：人、組織／モノ／コト　Y：人、組織／モノ／コト　(＝)ーが強まる⇔ーが弱まる
・抜群の営業成績を上げて以来、Aさんの発言は営業部の方針決定への影響を強めている。
　　＊「影響を強める⇔影響を弱める」は、「影響力を強める⇔影響力を弱める」と使うことが多い。

おもい　思い（×する）（ある）

(1) 感情・意図・予想というような意味の「思い」
a. 自分の中に思っていることがあることを表す連語

【ーがある⇔ーがない】〔Xに・は M思いがある〕Pという　X：人
・母校の校舎取り壊しについては、卒業生のそれぞれにさまざまな思いがあるだろう。
・Aさんには、生涯、金持ちになろうとか出世して故郷に錦を飾ろうなどという思いはなかった。

【ーが募る】《思いが強くなる》〔Xに・は M思いが募る〕Pという　X：人　(＝)ーを募らせる☆
・来日直後の留学生の中には、家族に会いたいという思いが募って、体調を崩す人もいる。

【ーが強い】〔Xの／Xは M思いが強い〕Pという　X：人
・選手たちの絶対に優勝するという思いが強ければ強いほど、苦しい練習にも耐えることができる。

【ーが強まる】〔Xの／Xは M思いが強まる〕Pという　X：人　(＝)ーを強める
・Aさんは周りの友人が皆結婚し幸せそうな様子を見て、結婚への思いが強まったと言った。

【ーもかけない】《全く予期しない》〔Xに・は Yが Φ思いもかけない〕X：人　Y：コト
・昔の恋人から手紙が来るなどということは私には思いもかけなかったことで、本当に驚いた。
〔X(に)は Pとは Φ思いもかけない〕X：人
・私には司法試験に合格するとは思いもかけなかったことだ。

＊1 「思いもかけない」は、〔思いもかけない＋名詞〕の形で使うことが多い。・思いもかけない人・思いもかけないこと

＊2 この連語は、文末では現在形を使わない。
・あの人から誕生日にプレゼントをもらうとは思いもかけなかった。

【－も寄らない】《全く予期しない》〔Ｘに・は　Ｙが　∅思いも寄らない〕Ｘ：人　Ｙ：コト
・私たち同級生には、学年一番の成績のＡさんの大学入試不合格は思いも寄らないことだった。

〔Ｘ（に）は　Ｐとは　∅思いも寄らない〕Ｘ：人
・まじめで評判のよかったＡさんがあんな不正を働くとは、同僚たちには思いも寄らないことだった。

＊1 「思いも寄らない」は、〔思いも寄らない＋名詞〕の形で使うことが多い。・思いも寄らない出来事

＊2 この連語は、文末では現在形を使わない。
・トウモロコシがガソリンの代わりになるなどということは思いも寄らなかった。

【－を抱く】〔Ｘが　Ｍ思いを抱く〕Ｐという　Ｘ：人
・南極点への単独踏破を果たしたＡさんは、子供のときからずっと南極に行ってみたいという思いを抱いていたそうだ。

【－をする】《気持ちを持つ》〔Ｘが　Ｍ思いをする〕Ｘ：人
・根も葉もない噂を信じて友人を疑ってしまった。その友人はどんなに辛い思いをしたことだろう。
・「今回の旅行では、本当に楽しい思いをさせていただきました。有難うございました」
　　＊〔Ｍ〕には「辛い」「悲しい」「苦しい」「楽しい」「幸せな」などの感情形容詞を使う。

【－を強める】〔Ｘが　Ｍ思いを強める〕Ｐという　Ｘ：人　（＝）－が強まる
・宇宙ステーションでの宇宙飛行士の活動を見て、Ａさんは宇宙に行ってみたいという思いを強めた。

【－を胸に秘める】〔Ｘが　Ｍ思いを胸に秘める〕Ｐという　Ｘ：人
・詩人Ａは、望郷の思いを胸に秘めて多くの詩を書いてきたと語った。
・オリンピックが閉幕した。選手たちは、喜びや悔しさ、それぞれの思いを胸に秘めて帰国した。
　　＊「思いを胸に秘める」は、「思いを心の内に秘める」とも言う。

b．自分の思っていたことが現実になることを表す連語

【－がかなう】《実現する》〔Ｘの／Ｘは　（Ｍ）思いがかなう〕Ｐという　Ｘ：人　［他］－をかなえる
・自分のしたいことを強く心に念じ、そのための努力を惜しまなければ、必ずその人の思いはかなう。

【－をかなえる】《実現する》〔Ｚが　Ｘの　（Ｍ）思いをかなえる〕Ｐという　Ｚ：人、組織　Ｘ：人　［自］－がかなう
・Ａさんは、アメリカで勉強したいというＢさんの思いをかなえるために、資金援助をすることにした。

〔Ｘが　（Ｍ）思いをかなえる〕Ｘ：人
・100ｍ走で大会記録を達成したＡ選手は、10秒の壁を越えたいという思いがかなえられて喜んだ。

【－を遂げる】〔Ｘが　Ｍ思いを遂げる〕Ｐという　Ｘ：人
・子どもの頃から憧れ、夢にまで見たエベレストの頂上に立った。長年の思いが遂げられた瞬間だった。

c．感情をこめて深く考えることを表す連語

【－をはせる】《遠く、手の届かないところにあるもののことを思う》〔Ｘが　Ｙに　（Ｍ）思いをはせる〕Ｘ：人　Ｙ：人／モノ／コト
・雄大なピラミッドを目の前にして、紀元前3000年の古代エジプトの人々に思いをはせた。

【－をめぐらす】《深く気持ちをこめて考える》〔Ｘが　Ｙに　（Ｍ）思いをめぐらす〕Ｘ：人　Ｙ：人／モノ／コト
・小さいころのアルバムを見ながら、子供の頃住んでいた街に思いをめぐらした。

(2) 恋愛感情という意味の「思い」

【－を胸に秘める】《密かに恋愛感情を持つ》〔Ｘが　Ｙへの　（Ｍ）思いを胸に秘める〕Ｘ：人　Ｙ：人
・自由な恋愛など認められなかった時代に生きた祖母は、他の男性への熱い思いを胸に秘めたまま祖父と

結婚したそうだ。

【－を寄せる】《恋愛感情を持つ》〔Xが Yに （M）思いを寄せる〕X：人　Y：人
・この小説は、親友の妻に思いを寄せつつもプラトニックな関係を貫いた男性が主人公になっている。

かくさ　格差（×する）（ある）

【－がある⇔－がない】〔X（の間）に （M）格差がある〕Pという　X：人（複）、組織（複）／コト（複）
・かつて国民の9割が中流だと言われていた日本だが、現在は生活レベルに大きな格差があるようだ。
・共産主義を標榜し平等を謳うA国も、現在は国民の間に大きな所得格差があると言われている。

【－が拡大する／－が広がる⇔－が縮小する／－が縮まる】〔X（の間）に （M）格差が拡大する〕Pという　X：人（複）、組織（複）／コト（複）
[他] －を拡大する☆／－を広げる☆⇔－を縮小する☆／－を縮める☆
・教育に熱心な家庭と無関心な家庭とがあり、子どもの間の知的格差が拡大しているようだ。
・政府が国民の所得格差を縮小させようと次々と政策を打ち出した結果、格差は縮まってきたそうだ。

【－が生じる】〔X（の間）に （M）格差が生じる〕Pという　X：人（複）、組織（複）／コト（複）
・医師が都市部の大病院に集中する傾向があり、都市部と地方の間に医療格差が生じている。

【－を生む】〔Yが X（の間）に （M）格差を生む〕Pという　Y：コト　X：人（複）、組織（複）／コト
・所得格差が教育格差や学歴格差といった新たな格差を生んでいる。負のスパイラルである。

【－を是正する】〔X（の間）の （M）格差を是正する〕X：人（複）、組織（複）／コト（複）
・正規雇用の拡大を促進し、就業者間の所得格差を是正する必要がある。

かくしん　確信（する）（ある）

【－する】〔Xが Pと Φ確信する〕X：人、組織
・工場長は、新しい機械を導入すれば生産効率が伸びると確信しているようだ。
〔Xが Yを Φ確信する〕X：人、組織　Y：コト
・母親は自分の娘がいつの日か大女優になるであろうことを確信していた。

【－がある⇔－がない】〔X（に）は Yに （M）確信がある〕Pという　X：人、組織　Y：コト
・「大阪市の去年の人口は、たしか260万人だったと思いますが、確信があるわけではありません」

【－が強い／－が高い⇔－が弱い／－が低い】
〔Xの／Xは （M）確信が強い〕Pという　X：人
・検察庁は政治家Aが汚職事件に関わったという確信が強いようで、近々Aの事情聴取をするらしい。
　　＊「確信が大きい」「確信が深い」とは言わない。
　　　また、「確信が強い」より「強い確信がある」
　　　「強い確信を抱く」「強い確信を持つ」などと
　　　使うことが多い。

【－が強まる】〔Xは （M）確信が強まる〕Pという　X：人　（＝）－を強める
・Aさんは、市場調査の結果から、自社の新製品は若者に必ず受けるという確信が強まったと語った。

【－が深まる】〔Xは （M）確信が深まる〕Pという　X：人　（＝）－を深める
・病理サンプルを検査した結果、ある物質がこの病気を起こす原因であるという確信が深まった。

【－が揺らぐ】〔Xの／Xは Yに対する （M）確信が揺らぐ〕Pという　X：人　Y：コト
・かつて日本は治安のよい国だったが、最近の凶悪事件によって安全神話への確信が揺らいでいる。
・年をとったのか、風邪一つ引かないのが自慢だった私の健康に対する確信が揺らぎ始めている。

【－に満ちる】〔Xは （M）確信に満ちる〕Pという　X：人／コト（人の行為、表情や態度）
・Aさんは、この分野は将来的に必ず発展するという確信に満ちた発言をした。
・今回の計画について説明する彼の表情は、計画が絶対に成功するという確信に満ちていた。
　　＊1「確信に満ちる」は、2番目の例のように、
　　　〔X〕には人の表情、様子などを表す語を

＊2　この連語は、「確信に満ちた様子で／確信に満ちた表情で／確信に満ちた口調で～する」と使うことが多い。

【－を抱く／－を持つ】〔Ｘが　Ｙに　（Ｍ）確信を抱く〕Ｐという　Ｘ：人、組織　Ｙ：コト
・バイオ燃料の開発チームは、幾多の実験を経て実用化できるという確信を抱いた。
・鑑定家は、発見された絵に、これこそが本物であるという強い確信を持った。

【－を得る】〔Ｘが　Ｙに　（Ｍ）確信を得る〕Ｐという　Ｘ：人、組織　Ｙ：コト
・これまで連続して人工衛星の打ち上げに成功し、我が社は商業衛星の打ち上げの成功に確信を得た。

【－を強める】〔Ｘが　（Ｍ）確信を強める〕Ｐという　Ｘ：人、組織　（＝）－が強まる
・面接試験の際、入社後の希望を具体的に聞かれたので、この会社に採用されるという確信を強めた。

【－を深める】〔Ｘが　（Ｍ）確信を深める〕Ｐという　Ｘ：人、組織　（＝）－が深まる
・Ａ教授は、実験を繰り返した結果、仮説が正しいという確信を深めていった。

かげ　影・陰（×する）（ある）

【－がある】《性格に複雑な様子が伺える》〔Ｘに・は　Φ陰がある〕Ｘ：人
・陽気で明るい役の多かった女優Ａが、新作映画では陰のある役を演じて評判になっている。
　＊「かげがある」の「かげ」の漢字表記は、「陰」を使う。

【－が薄い】《目立たない》〔Ｘは　Φ影が薄い〕Ｘ：人
・高校時代、同級生だったＡさんは、教室にいるのかいないのかわからないような影が薄い人だった。

【－を落とす】《悪い影響を与える》〔Ｙが　Ｘに　（Ｍ）影を落とす〕Ｙ：コト　Ｘ：人／コト／場
・表面的には明るく振舞っているＡさんだが、過去の辛い思い出がＡさんの心に影を落としているように見える。
・所得格差が、貧困ゆえに進学できないといった状況を生み出し、教育現場に暗い影を落としている。

【－を潜める】《姿が見えない》〔Ｘは　Ｚから　Φ影を潜める〕Ｘ：人／モノ／コト　Ｚ：場
・政治改革の先頭に立っていたＡさんだが、病に倒れ政治の表舞台から影を潜めている。
・長い間、影を潜めていた結核が、このところ流行の兆しを見せている。

かっき　活気（×する）（ある）

【－がある⇔－がない】〔Ｘに・は　（Ｍ）活気がある〕Ｘ：人、組織／コト／場
・Ａクラスは、積極的に質問をしたり意見を言ったりする学生が多く、活気があるクラスだ。
・もう300年も続いているという村祭も、都会に出る若者が増え、年々活気がなくなっているようだ。

【－が溢れる】〔Ｘに・は　Φ活気が溢れる〕Ｘ：人、組織／コト／場
・朝の市場は、忙しく動き回る人や飛び交う声などで活気が溢れている。

【－が満ちる】〔Ｘに・は　Φ活気が満ちる〕Ｘ：人、組織／コト／場
・順調に伸びている会社は、社内全体に活気が満ちている。

【－に溢れる】〔Ｘが　Φ活気に溢れる〕Ｘ：人、組織／コト／場
・Ａ地域は、周辺に学校が多いため、いつも学生と若者が目立つ活気に溢れた町だ。

【－に満ちる】〔Ｘが　Φ活気に満ちる〕Ｘ：人、組織／コト／場所
・リハーサル会場は、メンバーがそれぞれのパートの練習に励んでいて、活気に満ちていた。

【－を失う】〔Ｘが　Φ活気を失う〕Ｘ：人、組織／コト／場所
・町内にある商店街は、近郊に大型スーパーが出来たことで閉店した店が多く活気を失ってしまった。

かのうせい　可能性（×する）（ある）

【－がある⇔－がない】〔Xに・は　M可能性がある〕Pという　X：人／モノ／コト
・腰痛は重大な病気が原因だという可能性もあるから、早めに医者の診察を受けた方がよい。

【－が高い／－が強い／－が大きい／－が濃い⇔－が低い／－が弱い／－が少ない／－が薄い】〔Xは　M可能性が高い〕Pという　X：人／モノ／コト
・天気予報によると、台風は九州に上陸する可能性が高いとのことだ。
・今度の台風は雨量も少なく速度も速いので、洪水の可能性は低そうだ。

【－が高まる／－が強まる⇔－が弱まる】〔Xに・は　M可能性が高まる〕Pという　X：人／モノ／コト　（＝）－を高める／－を強める
・A湖で見つかったなぞの魚は、新種の魚類である可能性が高まった。

【－を高める／－を強める】〔Xが　M可能性を高める〕Pという　X：人／モノ／コト　（＝）－が高まる／－が強まる
・CO_2排出量の規制が地球温暖化防止の可能性を高めると言われている。

【－を秘める】〔Xが　M可能性を秘める〕Pという　X：人／モノ／コト
・子どもは将来いろいろな方面に伸びる可能性を秘めているから、何でもさせてみるべきだ。
　＊「可能性を秘める」は、「潜在的な能力を持つ」という意味では、〔M〕で可能性の内容を明示しない用法もある。・青年は可能性を秘めている。

【－を持つ】〔Xが　M可能性を持つ〕Pという　X：人／モノ／コト
・新しく作り出された万能細胞は、どの臓器の細胞にも変化して成長する可能性を持っている。

かんかく　感覚（×する）（ある）

(1) 身体的な「感覚」
【－がある⇔－がない】
①《身体の一部の感覚》〔Xに・は　Zの　Φ感覚がある〕X：人　Z：モノ（身体の部位）
・零下10度にもなる戸外に1時間いたので凍えてしまって、私は今、指先の感覚がない。
・Aさんは病気をしてから、右手の感覚がなくなったそうだ。

②《あることが与える感覚》〔Wに・は　M感覚がある〕W：モノ／コト
・スキューバ・ダイビングには、不安定な感じがあり宇宙遊泳しているような感覚がある。
　＊「感覚がある」は、例文のように〔M〕が文になる場合には、「ような」を用いると良い。

【－が鋭い⇔－が鈍い】〔Xの／Xは　Yに対する　Φ感覚が鋭い〕X：人、動物　Y：コト（感じる刺激）
・イヌは匂いに対する感覚が鋭いので、空港の税関で麻薬を見つけるなど犯罪捜査にも活躍する。
・長い間、車の運転をしなかったので、スピードに対する感覚が鈍っているようだ。
　＊〔Y〕には「匂い」「味」「光」「スピード」のような人間の感覚に対する刺激を表す語を使うことが多い。

〔Xは　Zの　Φ感覚が鋭い〕X：人、動物　Z：モノ（身体の部位）
・一流の料理人は舌の感覚が鋭く、ちょっとした舌ざわりの違いを言い当てることができる。
・老人になると指先の感覚が鈍くなり、持っているものを落としてしまうようなことがある。

【－が麻痺する】《感覚が鈍くなる》〔Xは　Yの／Yに対する　Φ感覚が麻痺する〕X：人　Y：コト（感じる刺激）
・年中エアコンの効いた部屋で生活していると、暑さ寒さに対する感覚が麻痺してくるようだ。

〔Xは　Zの　Φ感覚が麻痺する〕X：人　Z：モノ（身体の部位）
・歯医者で麻酔をされた後、しばらく唇の感覚が麻痺してしまい、うまく口を閉じられなかった。

【－を抱く／－を持つ】〔Xが　M感覚を抱く〕X：人
・水の上に浮かんでいると浮力のために無重力の環境にいるような変な感覚を抱くことがある。
　＊「感覚を抱く」は、例文のように〔M〕が文に

か

なる場合には、「ような」を用いると良い。

【－を失う】〔Xが　Yの／Yに対する　Φ感覚を失う〕X：人、動物　Y：コト（感じる刺激）
・電磁波の影響か、方向感覚を失う伝書鳩が多くなっているそうだ。
　　＊「感覚」の代わりに「味覚」「臭覚」「聴覚」「触覚」が使える。・Aさんは交通事故のため脳を損傷し、味覚を失ったそうだ。

〔Xが　Zの　Φ感覚を失う〕X：人、動物　Z：モノ（身体の部位）
・雪の中を１時間歩いたら、寒さのため手足の感覚を失った。

(2) センスという意味の「感覚」
※「バランス感覚」「金銭感覚」「国際感覚」などのように、「何に対する感覚か」を表す語と共に使うことがある。

【－がある⇔－がない】〔Xに・は　M感覚がある〕Pという　X：人
・彼にはバランス感覚があるから、双方の意見を取り入れてバランスのとれた結論を導くだろう。

【－が鋭い⇔－が鈍い】〔Xは　M感覚が鋭い〕Pという　X：人
・A社の社長は経営感覚が鋭く商機を見る目を持っているので、最近、会社は急成長している。

【－が麻痺する】《感覚が鈍くなる》〔Xは　M感覚が麻痺する〕X：人
・Aさんは若い頃から大金を稼ぎ派手な生活をしてきたせいか、金銭感覚が麻痺しているようだ。

【－を磨く】《感覚をよくする》〔Xが　Yの／Yに対する　M感覚を磨く〕X：人　Y：コト（感じる刺激）
・デザイナーAさんの成功の鍵は、天与の才能もあるが常に美の感覚を磨く努力をしてきたことだ。

かんけい　関係 (する)(ある)

【－する】〔Xが　Yに／Yと　Φ関係する〕〔XとYが　Φ関係する〕X：人、組織／コト　Y：人、組織／コト
・最近の研究によって、ある種のたんぱく質の働きが脳の機能に関係することがわかってきた。
・今回のプロジェクトは全社的なものであり、社員全員に関係する。
・私の現在の仕事と大学時代の専門は関係しており、勉強したことがかなり役立っている。

※　以下の連語では「信頼関係」「敵対関係」「友好関係」「外交関係」「人間関係」「親子関係」などのように、「何の関係か」「どんな関係か」を表す語と共に使うことがある。

【－がある⇔－がない】〔Xに・は　Yと　M関係がある〕Pという〔XとYに・は　M関係がある〕Pという〔XとY（の間）に（は）　M関係がある〕Pという　X：人、組織／モノ／コト　Y：人、組織／モノ／コト
・AさんはBさんと高校の同級生であるが、義理の兄弟という関係もある。
・サクラとバラは見たところは似ていないが、分類学的には非常に近い関係がある。
・日照時間と農作物の収穫高の間には、日照時間が長いと収穫高が上がるという明らかな関係がある。

【－が深い⇔－が浅い／－が薄い】〔Xは　Yと（の）　Φ関係が深い〕〔XとYの／XとYは　(M)関係が深い〕X：人、組織／モノ／コト　Y：人、組織／モノ／コト
・化学の一分野である有機物理化学は薬学と関係が深く、薬学の要請で発展してきたものと言える。
・１、２歳ごろの食生活と３歳を過ぎてからの虫歯の数は関係が深いそうだ。

【－にある⇔－にない】〔Xが　Yと　M関係にある〕Pという〔XとYが　M関係にある〕Pという　X：人、組織／モノ／コト　Y：人、組織／モノ／コト
・日本は中国と一衣帯水の関係にある。
・学生と教師が互いに信頼し合う関係にないならば、教育は成り立たないのではないだろうか。

【－を築く】〔Xが　Yと(の)　(M)関係を築く〕Pという〔XとYが　(M)関係を築く〕Pという　X：人、組織　Y：人、組織
・製造業のA社は流通業のB社と長年にわたって良好な関係を築いてきた。

【−を断つ／−を切る】〔Xが　Yと（の）（M）関係を断つ〕Pという〔XとYが（M）関係を断つ〕Pという　X：人、組織　Y：人、組織　[自] −が切れる☆
・人は、血縁以外の人間関係なら断つことができるが、血縁との関係を切ることはできない。

【−を保つ／−を維持する】〔Xが　Yと（の）（M）関係を保つ〕Pという〔XとYが（M）関係を保つ〕Pという　X：人、組織　Y：人、組織／モノ
・A国もB国も大統領が交代したが、両国は従来の関係を保っていくにちがいない。
・上司が部下との良好な人間関係を維持するためには、仕事以外の場での付き合いも重要だ。
〔Zが　XとY（の間）の（M）関係を保つ〕Pという　Z：人、組織／コト　X：人、組織　Y：人、組織
・毎朝のちょっとした挨拶が同じマンションの住民の間のよい関係を保つのに役立っている。
・国連はA国とB国の平和的な関係を維持するために国連軍を派遣することを決めた。

【−を持つ】〔Xが　Yと（の）（M）関係を持つ〕Pという〔XとYが（M）関係を持つ〕Pという　X：人、組織　Y：人、組織
・A国はB国との外交関係を持っていないため、両国の交渉には仲介国が必要だ。
・A社とB社が協力関係を持つようになって以来、両社の業績が上がっている。

かんじょう　感情（×する）（ある）

【−がある⇔−がない】〔X（に）は　Yに／Yに対して／Yに対する　M感情がある〕Pという〔XにYに対して／Yに対する　M感情がある〕Pという　X：人、組織　Y：人、組織／モノ／コト
・首相が訪問するA国には根強い反日感情があるため、政府も細心の準備を進めている。
・同僚とはいえAさんとは一緒に仕事をしたことがないので、私はAさんに対してどんな感情もない。

【−に走る】《理性を失う》〔Xが　Φ感情に走る〕X：人
・AさんとBさんは今後の方針について対立し激論になったが、感情に走ることなく冷静に結論に至った。

【−を害する】《不愉快な気持ちになる》〔Xが　Φ感情を害する〕X：人（不愉快になる）
・Aさんは、宿泊したホテルのスタッフの対応がよくなかったと言って、ひどく感情を害した。
〔Yが　Xの　Φ感情を害する〕Y：人／コト（不愉快にさせる）　X：人（不愉快になる）
・政治家の不用意な発言が、他国の人々の感情を害することがよくある。

かんしん　関心（×する）（ある）

【−がある⇔−がない】〔Xに・は　Yに対して／Yに対する（M）関心がある〕〔X（に）は　Yに（M）関心がある〕X：人、組織　Y：人、組織／モノ／コト
・「あなたは資産運用に関心がありますか」という質問にほとんどの人が「ある」と答えた。
・政治に対して関心がないという人が多くなり、選挙のたびに、投票率が下がっている。

【−が集まる】〔Yに／Yに対して／Yに対する　Xの（M）関心が集まる〕Y：人、組織／モノ／コト　X：人、組織　[他] −を集める
・最近は年金や介護の問題など老後の生活に関することに人々の大きな関心が集まっている。

【−が高い／−が強い／−が深い⇔−が低い／−が薄い】〔Xは　Yに／Yに対して／Yに対する　Φ関心が高い〕〔Yに／Yに対して／Yに対する　Xの（M）関心が高い〕X：人、組織　Y：人、組織／モノ／コト
・地球温暖化への危機感から、どの自治体もリサイクルに対して関心が高い。
・今内閣は国内政策には関心を示すが、対外関係に対する関心は薄いようだ。
・調査によると、A国では日本のマンガへの若者の関心が非常に高いという結果が出た。
　＊「関心が強い」「関心が薄い」とは言うが、「関心が弱い」「関心が浅い」「関心が濃い」とは言わない。また、「低い関心がある」「薄い関心がある」とも言わない。

【−が高まる／−が強まる／−が深まる】〔Xは　Yに／Yに対して／Yに対する　Φ関心が高ま

る〕〔Yに／Yに対して／Yに対する　Xの　(M)関心が高まる〕X：人、組織　Y：人、組織／モノ／コト　[他]－を高める／(＝)－を強める☆／－を深める

・新聞では片隅に小さく扱われていた事件だったが、テレビで映像を見てから私はその事件に対して関心が深まった。
・A国でオリンピックが開催されることになり、オリンピックに対する国民の関心が高まっている。

【－を集める】〔Yが　Xの　(M)関心を集める〕Y：人、組織／モノ／コト　X：人、組織　[自]－が集まる

・A国の大統領選挙が世界中の関心を集めており、各国の報道関係者がA国で取材している。

【－を失う】〔Xが　Yに／Yに対して／Yに対する　(M)関心を失う〕X：人、組織　Y：人、組織／モノ／コト

・この事件も一応の決着を見たが、世間がこの問題に対して関心を失うのが一番怖いことだ。
・俳優Aに手紙を書きたいという一心で始めた韓国語だが、Aへの熱がさめるとともに韓国語に対する関心も失ってしまった。

【－を示す】〔Xが　Yに／Yに対して／Yに対する　(M)関心を示す〕X：人、組織　Y：人、組織／モノ／コト

・学生たちが外交史に対する関心を示したので、A教授は講義内容に取り入れることにした。

【－を高める】〔Zが　Xの　Yに対する　Φ関心を高める〕X：人、組織　Y：人、組織／モノ／コト　[自]－が高まる

・A先生は、子どもたちの理科に対する関心を高めようとイラストやDVDを使った教材を自作している。

【－を深める】〔Xが　Yに／Yに対して／Yに対する　Φ関心を深める〕X：人、組織　Y：人、組織／モノ／コト　(＝)－が深まる

・Aさんは、高校時代に日本の小説を英訳で読んで以来、日本文学に対する関心を深めたそうだ。

【－を引く】〔Yが　Xの　(M)関心を引く〕Y：人、組織／モノ／コト　X：人、組織

・ネット時代に顧客の関心を引く新聞広告を作るには、どのような工夫が必要だろうか。

〔Zが　Xに／Xの　Yに対する　Φ関心を引く〕Z：人、組織（関心を引くように仕向ける）　X：人、組織　Y：人、組織／モノ／コト

・母は、食事中に遊んでしまう私に食べ物への関心を引こうと、いろいろ苦心したと言っていた。

【－を持つ／を抱く】〔Xが　Yに／Yに対して／Yに対する　(M)関心を持つ〕X：人、組織　Y：人、組織／モノ／コト

・うちの子は、恐竜に対して関心を持ち徹底的に調べているが、関心がないことは全く無視している。
・古代文明に大きな関心を抱いている両親は、定年退職後、世界中の遺跡を訪ね歩いている。

【－を寄せる】〔Xが　Yに／Yに対して　(M)関心を寄せる〕X：人、組織　Y：人、組織／モノ／コト

・被災地に義援金を送る活動に多くの人々が関心を寄せており、予想以上の寄付金が集まった。

【－を呼ぶ】〔Yが　Xの（間に）(M)関心を呼ぶ〕Y：人、組織／モノ／コト　X：人、組織

・新しく開発された次世代型携帯電話が若者の大きな関心を呼んでいる。

かんどう　感動（する）（ある）

【－する】〔Xが　Yに　Φ感動する〕X：人　Y：人／モノ／コト

・この映画を見た人はだれでも、どんなひどい目にあっても周囲の人に対して優しさを忘れない主人公の姿に感動するだろう。

【－がある⇔－がない】〔Yに・は　(M)感動がある〕Y：モノ／コト

・本から得た知識でなく、実際に体験してみたことには必ず感動があるものだ。
・この小説に感動がないのは、ストーリーが現実離れしていて読む人の心に訴えないためだ。

【－が大きい／－が強い／－が深い】〔Yが　Xにとって　Φ感動が大きい〕Y：コト　X：人

・動物を自然界で見ることは、子どもたちにとって感動が大きいにちがいない。

【－を与える】〔Yが　Xに　M感動を与える〕Y：人／モノ／コト　X：人
・主人公の懸命に生きる姿が世界中の人々に感動を与えたようで、この映画が優秀賞に輝いた。
・少年と子馬の心の交流を描いたこの短編小説は、読者に深い感動を与えるものである。
　　＊「感動を与える」は、例文のように〔M〕に程度を表す語を使うことが多い。

【－を覚える】〔Xが　Yに　(M)感動を覚える〕X：人　Y：モノ／コト
・自分の財産を投げ出して学校を作り、教育に献身したAさんの話に感動を覚えた。

【－を呼ぶ】〔Yが　Xの　(M)感動を呼ぶ〕Y：モノ／コト　X：人（複）
・さまざまな障がいを乗り越えて難しい国家試験に合格したAさんの奮闘は人々の感動を呼んだ。

かんめい　感銘 (する)(×ある)

【－する】〔Xが　Yに　Φ感銘する〕X：人　Y：人／モノ／コト
・私はA先生の伝記を読み、その高遠な思想と生き方に感銘した。

【－を与える】〔Yが　Xに　(M)感銘を与える〕Y：人／モノ／コト　X：人
・宗主国からの弾圧にくじけず祖国の独立のために命を捧げた青年たちの話は人々に感銘を与えた。

【－を受ける】〔Xが　Yに　(M)感銘を受ける〕X：人　Y：人／モノ／コト
・Aさんは教育熱心な高校時代の恩師に非常に感銘を受けて、自分も教師になろうと決心した。

【－を覚える】〔Xが　Yに　(M)感銘を覚える〕X：人　Y：人／モノ／コト
・Aさんは発展途上国で医療奉仕をしている医者の活動に深い感銘を覚え、協力を申し出た。

き　機 (×する)(×ある)

【－が熟す】《よい時になる》〔Yの　Φ機が熟す〕Y：コト
・A社とB社はここ数年多方面にわたる事業を共同で展開してきたが、合併の機が熟したとして公表した。

【－に乗ずる】《よい機会を利用する》〔Xが　Φ機に乗ずる〕X：人、組織
・俳優Aの成功は、才能があり、チャンスをとらえ機に乗ずることが巧みだったことによる。

【－を逸する】《機会を活かさない》〔Xが　Φ機を逸する〕X：人、組織
・見たかった国宝の仏像が一週間だけ公開されていたが、その間忙しくとうとう機を逸してしまった。

【－を捉える】《良い機会をつかむ》〔Xが　Φ機を捉える〕X：人、組織
・上司に言いにくい依頼はいつでもできるわけではない。機を捉えて話すことにしよう。
　　＊「機を捉える」は、例文のように「機を捉えて〜する」と使うことが多い。

【－を逃がす】〔Xが　Φ機を逃がす〕X：人、組織
・毎年春になると桜で有名なA公園に行こうと思いながら、仕事に追われて機を逃がしてしまう。
・サッカーのA選手は、敵のゴールキーパーが微妙に移動した一瞬を捉え、機を逃がさずシュートを決めた。

きおく　記憶 (する)(ある)

【－する】〔Xが　Yを　Φ記憶する〕X：人　Y：人、組織／モノ／コト
・戦争や天災で家族を失った人々は、悲惨な体験をいつまでも記憶していることだろう。

〔Xが　Pと　Φ記憶する〕X：人
・30年前にはこの辺りには田んぼと林があったと記憶しているのだが、今は何も残っていない。

【－がある⇔－がない】〔XはYに(M)記憶がある〕Pという　X：人　Y：人、組織／モノ／コト
・私は今日のパーティーで会ったAさんに記憶があるが、前に会ったのがいつか思い出せない。
・夕べは飲みすぎて酔っていたので、何をしゃべったのか記憶がない。

【－が薄れる】《記憶がはっきりしなくなる》〔Xの／Xは　(M)記憶が薄れる〕X：人

・今夏訪れたバリ島はすばらしかった。私の記憶が薄れる前にノートに旅行の記録を書いておこう。
・90歳になる祖父は歳とともに昔の記憶が薄れてきたようで、若いころの苦労話もしなくなった。

【－に新しい】《よく覚えている》〔Yが　Xの　Φ記憶に新しい〕Y：人、組織／モノ／コト　X：人
・ロケットの打ち上げ失敗は多くの国にあるが、A国での事故はまだ人々の記憶に新しい。

【－にない】《覚えていない》〔Xに・は　Yが　Φ記憶にない〕〔Yが　Xの　Φ記憶にない〕X：人　Y：人、組織／モノ／コト
・兄は銀行通帳を私に預けたというのだが、私にはそのことが全然記憶にない。
・「私が1000万円受け取ったと報道されていますが、私の記憶にはございません」

【－を失う】〔Xが　（M）記憶を失う〕X：人
・交通事故に遭ったAさんは、事故のショックから、それまでの全ての記憶を失ってしまった。

きかい　機会（×する）（ある）

【－がある⇔－がない】〔Xに・は　M機会がある〕X：人
・「A先生と一度お話ししてみたいと思っているのですが、なかなかお会いする機会がなくて」

【－に恵まれる】〔Xが　M機会に恵まれる〕X：人
・私は高名な柔道師範に特訓を受ける機会に恵まれ、技術面、精神面ともに大変勉強になった。

【－を与える】〔Yが　Xに　M機会を与える〕Y：人、組織（機会を与える）　X：人（機会を得る）
・当校は生徒に自分で考え、計画を立て、自分たちの力で実行する機会を与えている。

【－を窺う】《良い機会がないかと探す》〔Xが　M機会を窺う〕X：人
・Aチームは反撃の機会を窺っていたが、チャンスを捉えて猛攻撃を開始した。
　＊「機会を窺う」は、「反撃の／攻撃の／復讐の／再挑戦の機会を窺う」のように自分から積極的に相手を攻めるというような意味で使うことが多い。

【－を得る】〔Xが　M機会を得る〕X：人
・日本文学の研究をしているA先生は、日本での発表の機会を得て来日した。

【－を見送る】《よい機会を今回は使わない》〔Xが　M機会を見送る〕X：人
・映画に出演する機会を得た。この機会を見送ったら次のチャンスはないと思い端役だったが受けた。

きき　危機（×する）（×ある）

a．危険な状態にあることを表す連語

【－が迫る】《危険な状態がすぐ近くまで来る》〔Xに　（M）危機が迫る〕Pという　X：人、組織／コト
・交渉が決裂したためA、B両国に戦争の危機が迫っていたが、C国の仲介で戦争はまぬかれた。

【－に直面する／－に見舞われる／－に陥る】〔Xが　（M）危機に直面する〕Pという　X：人、組織／コト
・地球温暖化の影響で海面が上昇していることにより、南太平洋の島は水没の危機に直面している。
・日本の現在の食料自給率では、10年以内に食料危機に見舞われるのではないかと危惧される。
・A国で起こったローンの焦げ付き問題が世界に波及し、各国が深刻な金融危機に陥っている。

【－に瀕する】〔Xが　（M）危機に瀕する〕Pという　X：人、組織／コト
・ワシントン条約というのは絶滅の危機に瀕している生物を保護するための国際条約である。
　＊「危機」はどれも重大な状況だが、特に「危機に瀕する」は非常に重大な場合に使う。

【－を招く】〔Yが　Xに　（M）危機を招く〕Pという　Y：コト　X：人、組織／コト
・設備投資の拡大によりA社は経営不振に陥っている。景気の見通しの甘さがA社に経営危機を招く結果となった。

b．危険な状態から逃れたり、危険な状態を避けたりすることを表す連語

【−を回避する】《危機に遭わないようにする》〔Xが （M）危機を回避する〕Pという　X：人、組織／コト
・リスクマネジメントとは、会社などが事前に危機を回避するための方策を考えることである。

【−を切り抜ける】〔Xが （M）危機を切り抜ける〕Pという　X：人、組織／コト
・この物語は、少年たちが一致団結して危機を切り抜け、成長していくというファンタジーだ。

【−を脱する】〔Xが （M）危機を脱する〕Pという　X：人、組織／コト
・我が社は倒産の危機にあったが、何とか銀行から融資を受けられ、危機を脱することができた。

【−を乗り越える】〔Xが （M）危機を乗り越える〕Pという　X：人、組織／コト
・急激な不況のため、製造業各社は経営危機をいかに乗り越えるか、対応策を練っている。

きけん　危険（×する）（ある）

【−がある⇔−がない】〔Yに・は （M）危険がある〕Pという　Y：モノ／コト
・住所やカード番号などの個人情報を入力したパソコンは、盗まれると情報が流出する危険がある。
・「16時25分にA県で震度4強の地震がありましたが、この地方には津波の危険はないでしょう」

【−が大きい／−高い】〔Yは （M）危険が大きい〕Pという　Y：モノ／コト
・大雨の後は、樹木の少ない山間部は土砂崩れの危険が大きいので十分な警戒が必要だ。
　　＊「危険が大きい」「危険が高い」は、「危険性が大きい」「危険性が高い」と使うことが多い。・晴天続きで空気が乾燥している。火事になる危険性が高いので火の取り扱いには注意してほしい。

【−が迫る】〔Yに （M）危険が迫る〕Pという　Y：人、組織／モノ／コト
・朝からの総雨量が100ミリを超えたので、住民にA川の氾濫という危険が迫ってきた。

【−が伴う】〔Yに・は （M）危険が伴う〕Pという　Y：コト　（＝）−を伴う
・春山登山には雪崩の危険が伴う。

【−にさらす】〔Xが　Yを （M）危険にさらす〕Pという　X：人／コト　Y：人、組織／モノ／コト
・パソコンの共用は個人情報を流出の危険にさらすことになりかねない。
　　＊「危険にさらす」は、〔Yが （M）危険にさらされる〕のように受身表現を使うことが多い。・現代の子どもたちは、交通事故、誘拐など、一歩外へ出るとさまざまな危険にさらされている。

【−を冒す】《危険なことをする》〔Xが （M）危険を冒す〕Pという　X：人、組織
・冒険家は十分に準備をして冒険に臨むのだが、たまには危険を冒すことも辞さないものだ。

【−を伴う】〔Yが （M）危険を伴う〕Pという　Y：コト　（＝）−が伴う
・新しいことに挑戦するのは多少の危険を伴うが、何もしないより価値があるのではないか。

【−をはらむ】〔Yが （M）危険をはらむ〕Pという　Y：コト
・この企画は失敗するかもしれない危険をはらんでいるが、やってみる価値はあると思う。

きず　傷（×する）（ある）

※「きず」の漢字表記には「傷」「瑕」「疵」がある。体の「きず」は「傷」で、それ以外は「瑕」「疵」であるが、本書では「キズ」と書く。

(1) 物理的な意味の「きず」

【−がある⇔−がない】〔Xに・は　Yに （M）きずがある〕X：人、動物／モノ　Y：モノ（人、動物／モノの一部）
・このテーブルには脚にキズがある。
・「お皿や茶碗を買うとき、キズがないかどうか、よく調べたほうがいいですよ」
・森の中を歩き回って帰ってきたら、足に無数の小さな傷があることに気づいた。

【−がつく】〔Xに （M）きずがつく〕X：モノ　[他]−をつける

・引越しのときに家具にキズがついてしまった。

〔Xは　Yに　(M)きずがつく〕X：人、動物／モノ　Y：モノ（人、動物／モノの一部）［他］-をつける

・長時間パソコンを操作すると目の角膜に傷がつきドライアイになってしまうそうだ。

【-が深い⇔-が浅い】〔Xは　(M)きずが深い〕
X：人、動物／モノ

・包丁で手を切ってしまった。かなり傷が深かったので病院へ行って縫ってもらった。

【-を負う】〔Xが　Yに　(M)きずを負う〕X：人、動物　Y：モノ（人、動物の一部）

・家の飼い猫が外で他の猫と喧嘩をしたらしく、首に傷を負って帰ってきた。

　　＊「かすり傷を負う」という表現がある。「かすり傷」とは「ちょっとした傷」という意味である。

【-をつける】〔Zが　Xに　(M)きずをつける〕Z：人／モノ／コト（きずをつける）　X：人／モノ　［自］-がつく

・引越しの際、運送業者が大切な家具にキズをつけてしまった。

・この土地の少数民族には、ある植物のトゲを使って顔に傷をつけ、刺青をするという風習がある。

〔Zが　Xの　Yに　きずをつける〕Z：人／モノ／コト　X：人／モノ　Y：モノ（人やモノの一部）　［自］-がつく

・デモ隊の投石がこの歴史的建造物の壁に大きなきずをつけたと報道された。

(2) 比喩的な意味の「きず」

【-がある／-がない】〔X（に）は　Yに　φきずがある〕X：人　Y：コト

・Aさんは若いときにちょっとした失敗で解雇された。今でも「私は経歴にキズがある」と気にしている。

【-がつく】〔Xは　Yに　φきずがつく〕X：人　Y：コト　［他］-をつける☆

・会社で処分を受けると職歴にキズがつくものだ。

【-が深い⇔-が浅い】〔Xの／Xは　φきずが深い〕X：人

・「ご主人との関係が修復できないなら、キズが浅いうちに離婚したほうがいいんじゃないかな」

【-を負う】〔Xが　Yに　(M)きずを負う〕X：人　Y：モノ（人の心）

・不慮の事故に巻き込まれた人たちは、たとえ直接の被害がなくても心に深い傷を負ってしまう。

ぎせい　犠牲（×する）（×ある）

【-が大きい⇔-が少ない】〔Yは　Xの／Xに　(M)犠牲が大きい〕Pという　Y：コト　X：人、組織／モノ／コト

・工場の海外移転は我が社のノウハウが流出するという犠牲が大きい。

・どのような大義があるにせよ、戦争は子どもたちの将来に犠牲が大きい。

【-が出る】〔Xに　(M)犠牲が出る〕Pという　X：人、組織／モノ／コト　（＝）-を出す

・インド洋での大津波によって、インド洋周辺の国には、30万人以上の住民が被災するという大きな犠牲が出た。

【-にする】〔Yが　Xを　φ犠牲にする〕Y：人、組織／コト　X：人、組織／モノ／コト　［自］-になる

・Aさんは収入を得るため、家族との団欒を犠牲にし、身を粉にして働いた。

・この政策は多くの労働者を犠牲にして、一部の人々だけが豊かになるという結果を招きかねない。

【-になる／-となる】〔Xが　Yの　φ犠牲になる〕X：人、組織　Y：人、組織／モノ／コト　［他］-にする

・多くの国で子供が戦争や貧困の犠牲になっている。

・A地方で起こった地震では、崩壊した建物の犠牲になった人が多かった。

【-を出す】〔Yが　Xに　(M)犠牲を出す〕Pという　Y：人、組織／モノ／コト　X：人、組織　（＝）-が出る

・このトンネル工事では落盤、出水などによって工事関係者に多くの犠牲を出した歴史がある。

・7、8世紀の遣唐使は、航海中に多くの若い学問僧や留学生を失うという犠牲を出しながら、大陸から

進んだ文化を日本に持ち帰った。
【－を払う】〔Xが （M）犠牲を払う〕Pという　X：人、組織
・電力発電用のダム建設のために、この村の人々は集団移住という犠牲を払った。

きそく　規則（×する）（ある）

※「交通規則」「就業規則」のように規則の前に「何の規則か」を表す語がつくことがある。

【－がある⇔－がない】〔Yに・は （M）規則がある〕Pという　Y：組織／コト
・A女子高校には、制服を着て繁華街に行ってはいけないという規則がある。
・日本語の動詞や形容詞の活用に規則があることは、古くから知られている。

【－に則る】《規則を守る》〔Xが （M）規則に則る〕Pという　X：人、組織
・多数の人間が混在している社会だからこそ、社会の規則に則って暮らして行かなければならない。
　　＊「規則に則る」は、例文のように「規則に則って～する」と使うことが多い。

【－を守る】〔Xが （M）規則を守る〕Pという　X：人、組織
・スポーツ選手がルールを守るように、人は社会の規則を守るべきだ。

【－を破る】〔Xが （M）規則を破る〕Pという　X：人、組織
・生徒が学校のいろいろな規則を破らないように指導することも、中学、高校の教師の大切な役割だ。

きたい　期待（する）（ある）

a. 期待があることを表す連語

【－する】〔Xが Yに／Yに対して Zを Φ期待する〕X：人、組織　Y：人、組織　Z：コト（期待の内容）
・高校教師は、生徒が大学入試で全員合格することを期待している。
・A国国民は新大統領に対し、経済立て直しを期待している。

〔Xが Pと Φ期待する〕X：人、組織
・家族は新しい治療法が効果を上げてA子の病気が治ると期待している。
・人々は主要国会議に、不況から脱するため国家のエゴを捨てて協調するように期待している。
　　＊「期待する」は「望ましいことの実現を願う」という意味である。「望ましくないことの実現」の場合は、「予想する」「予測する」を使う。・気象庁は今年の夏は冷夏になるだろうと予測している。

【－がある⇔－がない】〔Xに・は （M）期待がある〕Pという　X：人、組織（期待する）
・選手たちには、全国大会に出場できるだろうという期待があったが、地区予選で負けてしまった。

〔Xに・は Yに対して／Yに対する （M）期待がある〕Pという 〔X（に）は Yに （M）期待がある〕Pという 〔Yに／Yに対して／Yに対する Xの （M）期待がある〕Pという　X：人、組織（期待する）　Y：人、組織／コト（期待される）
・A国国民には、水泳のB選手に対して金メダル獲得の期待がある。
・水泳のA選手には、全種目での金メダル獲得という国民の期待がある。

【－が集まる】〔Yに Xの （M）期待が集まる〕Pという 〔Yに Pと Xの （M）期待が集まる〕
Y：人、組織／モノ／コト　X：人、組織　（＝）
－を集める
・まだ16歳の少女にオリンピックで優勝をという国民の期待が集まっている。

【－がかかる】〔Yに／Yに対して／Yに対する Xの （M）期待がかかる〕Pという 〔Yに／Yに対して Pと Xの （M）期待がかかる〕Y：人、組織／モノ／コト　X：人、組織　[他] －をかける
・この地方特産の果物を使った商品に対して、町おこしに役立てたいという住民の期待がかかっている。
・企画を通すには若い人々の新鮮な発想力が不可欠だ。是非よいアイディアを出してほしいと新人に社内の期待がかかっている。

【－が高まる／－が強まる】〔Yに／Yに対して／Yに対する Xの（M）期待が高まる〕Pという〔Yに／Yに対して Pと Xの（M）期待が高まる〕Y：人、組織／モノ／コト X：人、組織（＝）－を高める☆⇔－を強める☆
・大統領の新経済政策に多くの国民の期待が高まっている。

【－が膨らむ】〔Xに・は Yに対して／Yに対する（M）期待が膨らむ〕Pという〔Xは Yに（M）期待が膨らむ〕Pという〔Yに／Yに対して／Yに対する Xの（M）期待が膨らむ〕Pという〔Yに／Yに対して Pと Xの（M）期待が膨らむ〕X：人、組織 Y：人、組織／モノ／コト（＝）－を膨らませる
・これまで優勝のなかった競技に有望な新人が現れ、私たちには金メダルへの期待が膨らんでいる。
・新交通システムに対する市民の期待が膨らんでいる。

【－に応える】〔Yが Xの（M）期待に応える〕Pという Y：人、組織／モノ／コト X：人、組織
・Aさんは親の期待に応えて難関の大学に合格した。

【－を集める】〔Yが Xの（M）期待を集める〕Pという Y：人、組織／モノ／コト（期待される）X：人、組織（期待する）（＝）－が集まる
・バイオテクノロジーを利用した新薬の開発は、多くの難病に苦しむ人々の期待を集めている。

【－を抱く／－を持つ】〔Xが Yに／Yに対して／Yに対する（M）期待を抱く〕Pという〔Xが Yに／Yに対して Pと（M）期待を抱く〕X：人、組織 Y：人、組織／モノ／コト
・市民は、新市長に市の財政状態改善の期待を抱いている。
・この町の人々は高速道路の開通に、町の経済の活性化につながってほしいと期待を抱いている。

【－をかける】〔Xが Yに／Yに対して／Yに対する（M）期待をかける〕Pという〔Xが Yに／Yに対して Pと（M）期待をかける〕X：人、組織 Y：人、組織／モノ／コト ［自］－がかかる
・代替エネルギーが求められている昨今、資源の少ない国は太陽光発電に大いに期待をかけている。

【－を込める】〔Xが Yに／Yに対して／Yに対する（M）期待を込める〕Pという〔Xが Yに／Yに対して Pと（M）期待を込める〕X：人、組織 Y：人、組織／モノ／コト ［自］－がこもる☆
・両国の国民は首脳同士の会談に両国関係改善への期待を込めて成り行きを見守っている。

【－を膨らませる】《大きい期待を持つ》〔Xが Yに／Yに対して／Yに対する（M）期待を膨らませる〕Pという〔Xが Yに／Yに対して Pと（M）期待を膨らませる〕X：人、組織 Y：人、組織／モノ／コト（＝）－が膨らむ
・Aさんは大学生活に対して期待を膨らませて入学してきた。
・Aちゃんは3歳だが上手にピアノが弾ける。両親は、Aちゃんに将来プロのピアニストになれるのではないかと期待を膨らませている。

【－を寄せる】〔Xが Yに／Yに対して／Yに対する（M）期待を寄せる〕Pという〔Xが Yに／Yに対して Pと（M）期待を寄せる〕X：人、組織 Y：人、組織／モノ／コト
・度重なる洪水の被害にあってきた住民は、護岸工事に期待を寄せている。
・「我が社は君たち新入社員に社の発展に寄与してくれるものと大きな期待を寄せています」

b．期待が実現しないことを表す連語

【－が外れる】《期待したとおりにならない》〔Xの Yに対する（M）期待が外れる〕Pという X：人、組織 Y：人、組織／モノ／コト
・土地の名物料理だからおいしいだろうと思って食べてみたところ期待が外れた。

【－に反する】〔Yが Xの（M）期待に反する〕Pという Y：人、組織／モノ／コト X：人、組織
・ベストセラー作家の作品だから期待して読み始めたが、期待に反してたいした作品ではなかった。
　＊「期待に反する」は、例文のように「期待に反して～する」と使うことが多い。

【－を裏切る】〔Yが Xの（M）期待を裏切る〕Pという Y：人、組織／モノ／コト X：人、組織
・優勝候補だったチームが入賞さえできなかった。監

督は「期待を裏切って申し訳ない」と謝った。

c．期待の程度を表す連語

【−が大きい／−が高い／−強い⇔−が小さい／−が低い】〔Xは　Yに／Yに対して／Yに対する　(M)期待が大きい〕Pという　〔Yに対して／Yに対するXのⓂ期待が大きい〕Pという　X：人、組織　Y：人、組織／モノ／コト
・難病に苦しんでいる患者たちは、新薬の開発に対する期待が高い。
・変革を標榜して発足したA党への国民の期待は大きい。是非公約を実行し成果を挙げてほしい。

きのう　機能（する）（ある）

【−する】〔Xが　Yとして　Ⓜ機能する〕X：組織／モノ／コト　Y：組織／モノ／コト
・A市ではボランティアが外国人に日本語を教える活動をしている。民間ボランティア団体が日本語教育機関として機能しているわけだ。

【−がある⇔−がない】〔Xに・は　(M)機能がある〕Pという　X：組織／モノ／コト
・携帯電話のファンクションキーにはいろいろな機能がある。
・所得税の累進課税は国民の所得を再分配し、貧富の差を小さくするという機能もある。

【−が回復する】〔Xの／Xは　(M)機能が回復する〕Pという　X：人、組織／モノ／コト　（＝）−を回復する
・システムトラブルでATM（現金自動預け払い機）がダウンしていたが、夕方には全ての機能が回復した。

【−を失う】〔Xが　(M)機能を失う〕Pという　X：人、組織／モノ／コト
・Aさんは事故にあって脳を損傷したため、言語機能を失った。
・A国は経済が破綻し政治が腐敗しているため、国家が国民生活を守るという機能を失っている。

【−を回復する】〔Xが　(M)機能を回復する〕Pという　X：人、組織／モノ／コト　（＝）−が回復する

・Aさんは病気により右半身に麻痺が残ったため、歩行機能を回復するリハビリ訓練を受けている。

【−を果たす】〔Xが　(M)機能を果たす〕Pという　X：人、組織／モノ／コト
・国連事務総長は、A，B両国の紛争解決の仲介者としての機能を果たすため、両国首脳と会談した。
・試験は学生の能力測定機能を持っているほか、授業の善し悪しを判定する機能も果たしている。

【−を持つ】〔Xが　(M)機能を持つ〕Pという　X：組織／モノ／コト
・胃液は消化を助けるという機能を持っている。

きはく　気迫（×する）（ある）

【−がある⇔−がない】〔Xに・は　(M)気迫がある〕Pという　X：人／コト（人の姿や言動）
・Aさんの剣道の構えには相手を寄せ付けない気迫がある。
・辣腕経営者として名を知られたA会長の顔つきには自分こそ業界のリーダーだという気迫がある。

【−に圧倒される】〔YがXの　(M)気迫に圧倒される〕Pという　Y：人　X：人／コト（人の姿や言動）
・柔道の試合で、私は畳の上に上がったときから相手の気迫に圧倒され、自分の力を出し切れなかった。

【−に溢れる】〔Xが　(M)気迫に溢れる〕Pという　X：人／コト（人の姿や言動）
・A大統領の就任演説は気迫に溢れ、国の安定のため誠心誠意働くという熱意が伝わった。

【−に押される】〔YがXの　(M)気迫に押される〕Pという　Y：人　X：人／コト（人の姿や言動）
・私は反対意見を述べる友だちの気迫に押され、思わず自分の意見を引っ込めてしまった。

【−に欠ける】〔Xが　(M)気迫に欠ける〕Pという　X：人／コト（人の姿や言動）
・Aさんは営業職だが「必ず売る」という気迫に欠けるところがあるため今ひとつ成績がよくない。

【−に満ちる】〔Xが　(M)気迫に満ちる〕Pという　X：人／コト（人の姿や言動）
・土俵上の力士は紅潮している。相手を絶対負かすと

いう気迫に満ちている。

【−を持つ】〔Xが （M）気迫を持つ〕Pという　X：人／コト（人の姿や言動）
・私たちのチームは全員絶対に負けないという気迫を持って試合に臨んだ。

きぼう　希望（する）（ある）

(1) 要望するという意味の「希望」

【−する】〔Xが Zを Φ希望する〕X：人、組織　Z：コト
・A校では、進学を希望する人のためのコースと、就職を希望する人のためのコースがある。

〔Xが Yに Zを Φ希望する〕X：人、組織　Y：人、組織　Z：コト
・新入社員Aは会社に営業部勤務を希望したが、実際には総務部に配属された。

〔Xが Yに Pと Φ希望する〕X：人、組織　Y：人、組織
・育児中のAさんは会社に毎日4時半に退社したいと希望しているが、なかなか実現しない。

【−がある⇔−がない】〔Xは Zに （M）希望がある〕Pという　X：人、組織　Z：コト
・企業では、社員が転勤先に希望があっても、聞き入れられることは少ない。

【−がかなう】《要望が実現する》〔Xの Yに対する （M）希望がかなう〕Pという　X：人、組織　Y：人、組織　[他]−をかなえる
・社員の会社側に対する社内保育所設置の希望がかない、開所されることになった。

【−に応じる】《要望通りにする》〔Yが Xの （M）希望に応じる〕Pという　Y：人、組織　X：人、組織
・スポーツクラブでは通勤途上でも利用したいという客の希望に応じて、早朝コースを開設した。

【−に応える】《相手からの働きかけがあって行動をする》〔Yが Xの （M）希望に応える〕Pという　Y：人、組織　X：人、組織
・歌手のAはコンサートで聴衆の希望に応え、客席に下りて来て歌いながら握手をして回った。

【−をかなえる】〔Yが Xの （M）希望をかなえる〕Pという　Y：人、組織　X：人、組織　[自]−がかなう
・会社は社員側の希望をかなえ年休を3日増やした。

(2) 夢や将来の望みという意味の「希望」

【−がある⇔−がない】〔Xに・は （M）希望がある〕Pという　X：人、組織（希望を持つ人）／コト
・子どもの頃から歴史に関心の深いAさんには、学者になりたいという希望がある。
・今は大変な状況にあっても、この国の若者たちの未来に希望がないわけではない。

【−がかなう】《夢が実現する》〔Xの／Xは （M）希望がかなう〕Pという　X：人、組織　[他]−をかなえる
・Aさんは店長として15年勤めた店を退職し、自分の店を持った今、長年の希望がかなったことに感激している。

【−が満ち溢れる】《夢がたくさんある》〔Xに・は （M）希望が満ち溢れる〕X：人／コト
・新入生や新社会人の表情には若者らしい希望が満ち溢れている。

【−に満ち溢れる】《夢がたくさんある》〔Xが （M）希望に満ち溢れる〕X：人／コト
・若者には、人生は希望に満ち溢れており、将来、どんなことでも実現できるように見えるものだ。
　　＊「希望に満ち溢れる」は、名詞の前に使うときは「希望に満ち溢れた」という形になる。
　　・Aさんの20代は夢と希望に満ち溢れた時期であり、アメリカに渡っていろいろなことにチャレンジをしていた。

【−を抱く／−を持つ】〔Xが Yに （M）希望を抱く〕Pという　X：人　Y：人／モノ／コト
・私はリズム感に優れた我が子に、ダンサーとして大成してほしいという強い希望を抱いている。

【−を失う】〔Xが Yに Φ希望を失う〕X：人　Y：人／モノ／コト
・このまま症状が進むと失明するという医者の診断を聞いて、Aさんは人生に希望を失った。

【－をかなえる】〔Xが （M）希望をかなえる〕P という　X：人　[自]－がかなう
・私は日本へ留学したいという希望をかなえるため、日本語の勉強を始めた。
〔Yが　Xの　（M）希望をかなえる〕Pという　Y：人、組織／モノ／コト　X：人　[自]－がかなう
・父は、私の留学したいという希望をかなえるため、全面的に支援をしてくれた。
・婦人参政権の実現が、女性たちの長年の政治に参加したいという希望をかなえてくれた。

ぎむ　義務 （×する）（ある）

【－がある⇔－がない】〔Xに・は （M）義務がある〕Pという　X：人、組織
・軍隊に入らなければならないという義務がある国とそうではない国がある。
【－を負う】〔Xが　Yに／Yに対して／Yに対する （M）義務を負う〕Pという　X：人、組織（義務がある）Y：人、組織
・賃貸借契約においては、貸し手と借り手の両者が相手に対して契約を履行する義務を負う。
【－を課す】《義務を与える》〔Yが　Xに／Xに対して （M）義務を課す〕Pという　Y：人、組織／コト（義務を課す）　X：人、組織（義務がある）
・日本国憲法は、国民に「教育の義務」、「勤労の義務」、「納税の義務」を課している。
【－を果たす】《義務を行う》〔Xが　Yに対して／Yに対する （M）義務を果たす〕Pという　X：人、組織　Y：人、組織
・事故の加害者はそれが不可抗力であっても被害者に対して賠償の義務を果たさなければならない。

きもち　気持ち （×する）（ある）

【－がある⇔－がない】〔Xに・は （M）気持ちがある〕Pという　X：人
・倒産した会社の社長に詫びる気持ちがあるのなら、債権者にきちんと謝罪してほしい。
・働かなければならないという気持ちがないのか、積極的に仕事を見つけようとしない者が多い。
【－が高ぶる】《興奮する》〔Xが　Zに　Φ気持ちが高ぶる〕X：人　Z：人／モノ／コト
・出展した絵画展で一等賞を取ったという知らせに気持ちが高ぶり、その日はなかなか寝付けなかった。
【－が強い⇔－が弱い】〔Xは （M）気持ちが強い〕Pという　X：人
・自分の家を持ちたいという気持ちが強い人が多い。
・「きっと歩ける、頑張ろう」という気持ちが弱いと、リハビリの効果が上がらない。
【－が強まる⇔－が弱まる】〔Xは （M）気持ちが強まる〕Pという　X：人　（＝）－を強める
・医者をモデルにしたドラマを見て、医者になりたいという気持ちが強まった。
【－を込める】〔Xが　Wに　Yに対する （M）気持ちを込める〕Pという　X：人　W：モノ／コト　Y：人／コト　[自]－がこもる☆
・Aさんは100本の赤いバラの花にBさんに対する愛の気持ちを込めてプレゼントした。
・私はおもてなしに対する感謝の気持ちを込めてお礼の手紙を書いた。
　＊「気持ちを込める」は、例文のように「気持ちを込めて～する」と使うことが多い。
【－を強める】〔Xは （M）気持ちを強める〕Pという　X：人　（＝）－が強まる
・海岸に流れ着いているゴミを見て、環境保全のNPOに参加しようという気持ちを強めた。

ぎもん　疑問 （×する）（ある）

【－がある⇔－がない】〔X（に）は　Yに （M）疑問がある〕Pという　X：人／コト　Y：コト
・学生は試験の成績に疑問があったので、先生に問い合わせた。
〔Xに・は （M）疑問がある〕Pという　X：人／コト
・弁護団にはこの判決は法解釈が誤っているのではないかという疑問があり、控訴した。
【－が生じる／－が湧く】〔X（に）は　Yに （M）疑問が生じる〕Pという　X：人　Y：コト
・消費税率引き上げに関する大臣の答弁を聴いてい

・Aは潔白を主張したが、Aの話を聞いた私にはAこそが真犯人ではないかという疑問が生じた。

【－を抱く／－を持つ】〔Xが Yに（M）疑問を持つ〕Pという X：人 Y：コト

・実際に事故の現場を見た私は、この事件に関する新聞記事の信憑性に疑問を抱いている。

きょういく　教育（する）（ある）

【－する】〔Xが Yを ⓪教育する〕X：人、組織／コト Y：人

・最近はマナーの悪い保護者が多い。教師は子どもたちだけでなく親も教育しなければならない。

【－がある⇔－がない】《高次の教育を受けている》〔Yは（M）教育がある〕Y：人

・博士号を持っているほどの教育があっても、仕事に就けないケースがある。
・「私は教育がない」と謙遜している人の中にも、多くの面で高い能力を持っている人がいる。

【－を受ける】〔Yが Xの／Xから（M）教育を受ける〕Pという Y：人 X：人、組織／コト

・スポーツ選手の中には幼少期から有名なコーチの英才教育を受けている人もいる。

【－を授ける／－を施す】〔Xが Yに（M）教育を授ける〕Pという X：人、組織 Y：人

・明治時代に創立されたA学院は、当時は教育など不要だと考えられていた女子に、男子と同等の教育を施すことを目指していた。

　　＊「教育を授ける」「教育を施す」は硬い表現である。日常語としては「教育をする」を使う。

きょうみ　興味（×する）（ある）

【－がある⇔－がない】〔Xは Yに（M）興味がある〕X：人 Y：人／モノ／コト

・わたしは商品のデザインにとても興味があるので、よくいろいろな展示会に行く。

【－が出てくる】〔Xは Yに／Yに対して／Yに対する（M）興味が出てくる〕X：人 Y：人／モノ／コト

・伝統工芸の話を聞いているうちに、私は工芸の歴史に興味が出てきた。

【－を失う】〔Xが Yに／Yに対して／Yに対する（M）興味を失う〕X：人 Y：人／モノ／コト

・私は以前はアメリカ映画に興味があったが、最近はすっかり興味を失ってしまった。

【－を覚える】《興味を持つ》〔Xが Yに／Yに対して（M）興味を覚える〕X：人 Y：人／モノ／コト

・サルが堅いクルミの実を食べているのを見て、どのように実を取り出すのかに興味を覚えた。

【－を示す】〔Xが Yに（M）興味を示す〕X：人 Y：人／モノ／コト

・乳児は音が出るものや動くものに強い興味を示すので、そのようなおもちゃを与えるとよい。

【－を引く】〔Yが Xの（M）興味を引く〕Y：人／モノ／コト X：人

・自動車ショーに展示された真っ赤なスポーツカーが来場者の興味を引いた。
・日本のアニメやマンガに興味を引かれて、日本語の勉強を始める学生が増えた。

　　＊「興味を引く」は、例文のように〔Xが Yに興味を引かれる〕と受身表現を使うことが多い。

【－を持つ／－を抱く】〔Xが Yに（M）興味を持つ〕X：人 Y：人／モノ／コト

・Aさんは株に興味を持っていたが、大損して以来すっかり興味を失ってしまったようだ。
・Aさんは伝説に出てくる不思議な湖に興味を抱き、実際にその土地へ行ってみた。

きょり　距離（×する）（ある）

（１）物理的な意味の「距離」

【－がある《遠い》⇔－がない《近い》〔XがYから（M）距離がある〕〔Xから Yまで（M）距離がある〕〔XとYの間に（M）距離がある〕X：人／モノ Y：人／モノ

・選手村が競技場から相当の距離がある点が、五輪候

補地として名乗りを上げたＡ市の難点だ。
- マラソン競技は古代ギリシャの故事にならって、スタートからゴールまで42キロ余の距離がある。
- Ａ空港から市内まではたいした距離はない。タクシーで20分くらいだ。
- Ａ大学の東キャンパスと西キャンパスの間には歩いて15分ほどの距離がある。

【－が空く／－が開く】《離れる》〔Ｘは　Ｙ（との間）に　（Ｍ）距離が空く〕〔ＸとＹ（の間）に　（Ｍ）距離が空く〕Ｘ：人／モノ　Ｙ：人／モノ　[他]－を空ける

- ゴール間近になってＡ選手がラストスパートをかけたため、続く選手との間にみるみる距離が空いた。
- 200メートル背泳で、2位の選手が遅れ気味となり1位の選手と2位の選手の間に距離が空いた。

【－が縮まる】〔ＸとＹと（の間）の　（Ｍ）距離が縮まる〕Ｘ：人／モノ　Ｙ：人／モノ　[他]－を縮める

- かつては山裾を回る道しかなかったが、トンネルの完成によってＡ町とＢ町の距離が縮まった。

【－を空ける】

①《離れる》〔Ｘが　Ｙ（との間）に　（Ｍ）距離を空ける〕Ｘ：人　Ｙ：人　（＝）－が空く
- マラソンで、1位の選手は2位の選手との間に100メートルの距離を空けて優勝した。

②《離す》〔Ｚが　ＸとＹ（の間）に　（Ｍ）距離を空ける〕Ｚ：人　Ｘ：人／モノ　Ｙ：人／モノ　[自]－が空く
- コンビニの出店計画を練っているとき、Ａ店とＢ点との間にもっと距離を空けたほうがいいという意見が出た。

【－を置く】

①《離れる》〔Ｘが　Ｙ（との間に）　（Ｍ）距離を置く〕Ｘ：人　Ｙ：人／モノ
- 「これから体操をします。前後左右の人との間に腕を動かせるくらいの距離を置いて立ってください」

②《離す》〔Ｚが　ＸとＹ（の間）に　（Ｍ）距離を置く〕Ｚ：人　Ｘ：人／モノ　Ｙ：人／モノ
- 「この花はすぐに大きくなるので、苗と苗の間に20センチ以上の距離を置いて植えてください」

【－を縮める】

①《近づく》〔Ｘが　Ｙと（の）　（Ｍ）距離を縮める〕Ｘ：人／モノ　Ｙ：人／モノ　[自]－が縮まる
- ボート競技でＡチームが先頭を行くＢチームとの距離を縮めてきた。もうすぐ追いつきそうだ。

②《近づける》〔Ｚが　ＸとＹ（と）の／ＸとＹ（と）の間の　（Ｍ）距離を縮める〕Ｚ：人　Ｘ：人／モノ　Ｙ：人／モノ　[自]－が縮まる
- 「Ａさん、右の絵と左の絵の間の距離をもう少し縮めてください」「はい、わかりました」

【－をとる】

①《意図的に離れる》〔Ｘが　Ｙと（の間に）　（Ｍ）距離をとる〕Ｘ：人　Ｙ：人／モノ
- 車は急に止まれないので、事故防止のために前の車との間に十分な距離をとらなければならない。

②《離す》〔Ｚが　ＸとＹ（との間）に　（Ｍ）距離をとる〕Ｚ：人　Ｘ：人／モノ　Ｙ：人／モノ
- 鮮明な画像を得るためにはスクリーンと映写機との間に適切な距離をとるとよい。

（2）心理的・比喩的な意味の「距離」

【－がある《心理的に遠い》⇔－がない】〔Ｘは　Ｙと（の間に）　（Ｍ）距離がある〕〔ＸとＹ（と）に／ＸとＹ（と）の間に　（Ｍ）距離がある〕Ｘ：人、組織／コト　Ｙ：人、組織

- 新入生は入学当初は先輩たちと距離があったが、一緒に部活をするうちに距離が縮まっていった。
- 飲み会や食事会を頻繁に行ったからか、上司と部下との間に距離がなくなり風通しが良くなった。
- 政治家は国益と言うが、政治家の考え方と国民の感じ方の間に大きな距離があることが多い。

【－が縮まる】〔Ｘは　Ｙと（の）／Ｙとの間の　（Ｍ）距離が縮まる〕〔ＸとＹ（と）の／ＸとＹ（と）の間の　（Ｍ）距離が縮まる〕Ｘ：人、組織／コト　Ｙ：人、組織／コト　[他]－を縮める

- Ａ部長とＢ部長は経営戦略の見解が異なっていたが、最近両者の考え方の距離が縮まってきた。
- 歴史的には政治経済の体制が異なっていたが、21世紀に入って自由主義国の経済活動と社会主義国の経済活動の距離がだいぶ縮まってきたようだ。

【―を置く】〔Xが Yと（の間に）(M) 距離を置く〕X：人、組織　Y：人、組織
・Aさんとの付き合いが深くなりすぎないように、僕は意識的にAさんと距離を置いている。

【―を縮める】
① 《近づく》〔Xが Yと（の）／Yとの間の (M) 距離を縮める〕X：人、組織／コト　Y：人、組織／コト　[自]―が縮まる
・先生は生徒との距離を縮めたいと望み、積極的にコミュニケーションを図ろうと努力している。

② 《近づける》〔Zが XとY（と）の (M) 距離を縮める〕Z：人、組織／コト　X：人、組織／コト　Y：人、組織／コト　[自]―が縮まる
・通信手段の発達が我が国と世界の国々との距離を縮めるのに貢献している。
・二年生部員が、一年生部員と三年生部員の距離を縮める役割を果たすことが期待されている。

【―をとる】《離れる》〔Xが Yと（の間に）(M) 距離をとる〕X：人、組織　Y：人、組織
・社内の人間関係に巻き込まれたくない。先輩、同僚との間に一定の距離をとって付き合っている。

きろく　記録 (する) (ある)

(1) 書き留めることという意味の「記録」

【―する】〔Xが Yに Zを Pと Φ 記録する〕X：人、組織　Y：モノ（記録の媒体）　Z：コト（記録されること）
・作家Aは、1935年12月1日の日記に、作家仲間との銀座での会食を楽しかったと記録している。
・紙が発明される以前の昔の人々は竹や木の板にさまざまなことを記録した。

【―がある⇔―がない】〔Yに (M) 記録がある〕Pという　Y：モノ
・古代の遺跡から出てきた石板には、当時すでに麦を栽培していたという記録がある。

【―が残る】〔Yに (M) 記録が残る〕Pという　Y：モノ　[他]―を残す
・江戸時代の文書に、この地方で飢饉があったという記録が残っている。

【―に残す】〔Xが Zを (M) 記録に残す〕X：人、組織　Z：コト（記録されること）
・古代中国では、王朝の歴史を正史として記録に残すことが行われた。
・A国との外交交渉に当たった担当者は、その交渉内容を公文書として役所の記録に残していた。

【―に残る】〔Zが (M) 記録に残る〕Z：コト（記録されること）
・IT技術の発達により、性別、年齢層、購入商品などの顧客情報が店の記録に残るようになった。

【―を残す】〔Xが Yに (M) 記録を残す〕Pという　X：人、組織　Y：モノ　[自]―が残る
・マルコ・ポーロは、『東方見聞録』という書物に東方への旅の記録を残している。

(2) 成績や結果という意味の「記録」

【―がある《記録を持っている》⇔―がない】〔Xに (M) 記録がある〕Pという　X：人、組織
・A選手には24時間耐久レースを戦い抜き、3年連続優勝したというすばらしい記録がある。
・陸上短距離のA選手には高校までは目立った記録はなかったが、大学に進学後の活躍は素晴らしい。

【―が出る】
〔Xに (M) 記録が出る〕Pという　X：人／コト　[他]―を出す
・体操の世界選手権大会で伸び盛りのA選手に自己最高記録が出た。
・水泳の100メートル自由形競泳に世界新記録が出た。
〔Zは (M) 記録が出る〕Z：モノ（記録が出るという特性を持つ）
・室内のプールは屋外のプールより記録が出やすいと言われている。

【―に並ぶ】《他の記録と同列になる》〔Xが Yの (M) 記録に並ぶ〕Pという　X：人／コト　Y：人／コト
・新作のアニメ映画は人気が高く、上映開始以来2ヵ月で興行収入がこれまでの記録に並んだ。

【―を打ち立てる】〔Xが (M) 記録を打ち立てる〕Pという　X：人、組織／コト
・このミュージカルは人気が高く、19年にわたって

連続上演されるという記録を打ち立てている。

【－を更新する】〔Xが （M）記録を更新する〕X：人、組織／コト
・オリンピックの陸上 100ｍ競争で、Ａ選手はまたもや自己の持つ世界記録を更新した。

【－を樹立する】《世界的、国家的な新しい記録を作る》〔Xが （M）記録を樹立する〕Pという　X：人、組織／コト
・Ａチームは男子自由形 400 メートルリレーで世界記録を樹立した。
・Ａ社は今年、大型車の生産台数が創業以来の記録を樹立したことを社内外に喧伝（けんでん）している。

【－を出す】〔Xが （M）記録を出す〕Pという　X：人、組織／コト　[自]－が出る
・今回の上演については、連続上演記録を出そうと意気込んでいたのだが、夢はかなわなかった。

【－を塗り替える】《記録を変える》〔Xが （M）記録を塗り替える〕Pという　X：人、組織／コト
・Ａ国では好調に経済成長が続いており、好況持続期間の記録を塗り替えるのではないだろうか。

【－を残す】〔Xが （M）記録を残す〕Pという　X：人、組織／コト　[自]－が残る☆
・Ａ国での万国博覧会の観客動員数は史上最多の記録を残した。

【－を伸ばす】〔Xが （M）記録を伸ばす〕Pという　X：人、組織／コト　[自]－が伸びる☆
・俳優Ａは今も健在で、世界最高齢の俳優としての記録を伸ばし続けている。

【－を持つ】〔Xが （M）記録を持つ〕Pという　X：人、組織／コト
・米国はノーベル賞受賞者数世界第一位という記録を持っている。
・映画『サウンド・オブ・ミュージック』の上映は世界各地でロングランの記録を持っている。

ぎろん　議論（する）（ある）

【－する】〔Xが　Yと　Zについて　Φ議論する〕〔XとYが　Zについて　Φ議論する〕X：人、組織　Y：人、組織　Z：コト（議論のテーマ）

・首相は関係閣僚とＡ国の国内紛争への対応について議論した。
・安全保障理事会のメンバーが紛争地域へ国連軍を派遣するかをめぐって議論している。

【－がある】〔XとYの間で／XとYの間に　Zをめぐって （M）議論がある〕Pという　X：人、組織　Y：人、組織　Z：コト（議論のテーマ）
・Ａ校では校長とＢ先生との間で生徒指導をめぐって議論があった。
・このシンポジウムでは漁業資源の国際管理は可能かという議論があった。

【－が沸騰する】〔XとYの間で　Zをめぐって （M）議論が沸騰する〕X：人、組織　Y：人、組織　Z：コト（議論のテーマ）
・生命は偉大な知性によって創造されたとする説が発表されて以来、研究者の間でその信憑性（しんぴょうせい）をめぐって議論が沸騰している。

【－を重ねる】〔Xが　Yと　Zをめぐって （M）議論を重ねる〕X：人、組織　Y：人、組織　Z：コト（議論のテーマ）
・監督は映画の出演者と演技や演出をめぐって何回も慎重な議論を重ねて撮影に臨んだ。

〔XとYが　Zをめぐって （M）議論を重ねる〕X：人、組織　Y：人、組織　Z：コト（議論のテーマ）
・映画制作のスタッフは、ワンカットワンカット何回も議論を重ねて撮影を進めていった。

【－を交わす】《互いに意見を交換する》〔Xが　Yと　Zをめぐって （M）議論を交わす〕〔XとYが　Zをめぐって （M）議論を交わす〕X：人、組織　Y：人、組織　Z：コト（議論のテーマ）
・国際会議の席上、先進工業国は発展途上国と CO_2 排出量の規制をめぐって激しい議論を交わした。
・テレビ演説会で、大統領候補者ＡとＢは外交政策をめぐって議論を交わした。

【－を呼ぶ】《多くの人が議論をするようになる》〔Xの間で　Zが （M）議論を呼ぶ〕X：人（複）、組織　Z：コト（議論のテーマ）
・その地域の住民の間で、新空港の建設の是非が議論を呼んでいる。

〔Xで　Zが （M）議論を呼ぶ〕X：組織／場　Z：

コト（議論のテーマ）
・A国では、文化遺産の管理を民間に委託するかどうかが熱い議論を呼んでいる。

きんちょう　緊張 (する)（×ある）

(1) 精神的な意味の「緊張」

【－する】〔Xが Φ緊張する〕X：人
・何度も飛行機に乗っているが、飛行機が離陸するときは、いつでも緊張する。

【－から解放する】《緊張を取り除く》〔Yが Xを (M) 緊張から解放する〕Y：人／コト　X：人
・コーチの「試合を楽しめ」という言葉が選手たちを緊張から解放した。
　＊「緊張から解放する」は、〔Xが Yによって (M) 緊張から解放される〕のように受身表現を使うことが多い。・試合が終わり、私たちはやっと緊張から解放された。

【－が収まる】《緊張がなくなる》〔Xの／Xは (M) 緊張が収まる〕X：人　[他]－を収める
・試合直前は非常に緊張していたが、家族の写真を見たら緊張が収まり平常心を取り戻せた。

【－が高まる】〔Xの／Xは Φ緊張が高まる〕X：人　[他]－を高める
・スピーチコンテストで、順番が近づくにつれて私は緊張が高まって手が震えはじめた。
・競技が始まる直前になると選手たちの緊張が高まってくるのがテレビを見ていても分かった。
　＊「私は緊張が高まる」とは言うが、「私の緊張が高まる」とは言わない。

【－が解ける】《緊張がなくなる》〔Xの／Xは (M) 緊張が解ける〕X：人　[他]－を解く
・プレゼンが終わり緊張が解けたのか、急に眠くなってきた。

【－がほぐれる】《緊張が少しなくなる》〔Xの／Xは (M) 緊張がほぐれる〕X：人　[他]－をほぐす
・試験会場で受験生は緊張の面持ちだったが、試験官の優しそうな顔を見て緊張がほぐれたようだ。

【－を収める】〔Yが Xの (M) 緊張を収める〕Y：人　X：人（緊張している）　[自]－が収まる
・ベテランの俳優でも初日は舞台の袖で深呼吸などをして緊張を収めるそうだ。
　＊「緊張を収める」は、例文のように〔X〕〔Y〕が同一人物の場合〔Y〕のみを示す。

【－を高める】〔Yが Xの (M) 緊張を高める〕Y：人／コト　X：人（緊張している）　[自]－が高まる
・試合に臨む前に集中力を高め、緊張もある程度高めておくことが重要である。

【－を解く】《緊張を取り除く》〔Yが Xの (M) 緊張を解く〕Y：人／コト　X：人　[自]－が解ける
・看護師さんは診察前の子どもの緊張を解こうと、おもちゃを持ってきて話しかけている。

【－をほぐす】《緊張を少なくしたり、なくしたりする》〔Yが Xの Φ緊張をほぐす〕Y：人／モノ／コト　X：人（緊張している）　[自]－がほぐれる
・医者は患者の緊張をほぐすために、静かな音楽を流し優しい言葉で問いかけるようにしている。
　＊1「緊張をほぐす」は筋肉の緊張にも使える。
　　・水泳を始める前に、筋肉の緊張をほぐすために準備体操をしたほうがいい。
　＊2〔Y〕と〔X〕が同一人物の場合、〔Y〕のみを示す。〔Yが Y自身の (M) 緊張をほぐす〕のように使う・Aさんは自分自身の緊張をほぐすために深呼吸した。

(2) 今にも争いが起こりそうな状態という意味の「緊張」

【－が収まる】〔Xの／Xは (M) 緊張が収まる〕X：人（複）、組織／場　[他]－を収める☆
・反政府運動のデモは3日目には鎮静化し、首都は緊張が収まった。
・交渉の結果和平が成立し、一触即発だったA国とB国の緊張が収まった。

【－が高まる】〔Xの／Xは (M) 緊張が高まる〕X：人（複）、組織／場　（＝）－を高める
・部族間の対立が激化し、周辺の地域は緊張が高まっている。

【－が解ける】《緊張がなくなる》〔Xの／Xは (M) 緊張が解ける〕X：人（複）、組織／場　[他]－を解く

・国連による調停があったが、長年対立を続けてきた両国間の緊張が解けるには時間がかかるだろう。

【－を高める】〔YがXの（M）緊張を高める〕Y：人、組織／コト　X：人（複）、組織／場　（＝）－高まる

・A国のB地域における兵力の増強が、隣接する地域の緊張を高めることとなった。

【－を解く】〔YがXの（M）緊張を解く〕Y：人、組織／コト　X：人（複）、組織／場　[自]－が解ける

・A地域での緊張を解くために、国連の事務総長が関係国の首脳と協議をしている。

【－を招く】〔YがXに（M）緊張を招く〕Y：モノ／コト　X：人（複）、組織／場（緊張する）

・A国首脳の誤った歴史認識に関する発言が、関係諸国に緊張を招いた。

くべつ　区別（する）（ある）

【－する】〔XがYを Ⓜ区別する〕X：人、組織（区別する）　Y：人（複）、組織（複）／モノ（複）／コト（複）（区別される）

・リンゴ農家の人はリンゴを大きさと糖度で区別して等級を分けている。

〔XがWとZを Ⓜ区別する〕X：人、組織（区別する）　W：人、組織／モノ／コト　Z：人、組織／モノ／コト

・何かの計画を作るときには、長期的な戦略と短期的な戦術を区別した方がよい。

【－がある⇔－がない】〔Yに・は WとZの（M）区別がある〕Pという　Y：人（複）、組織（複）／モノ（複）／コト（複）（区別される）　W：人、組織／モノ／コト　Z：人、組織／モノ／コト

・インドの仏教では、仏像に男性と女性の明確な区別がある。

〔WとZ（の間）に・は（M）区別がある〕Pという　W：人、組織／モノ／コト　Z：人、組織／モノ／コト

・アルファベットの大文字と小文字には、用法上の区別がある。

【－がつく】

① 《識別する力がある》〔XはWとZの（M）区別がつく〕X：人（識別する）　W：人、組織／モノ／コト（種類）　Z：人、組織／モノ／コト（種類）　[他]－をつける

・二人は双子だが、どこか違うところがあるので、両親は姉と妹の区別がつくと言う。

② 《明らかに異なる》〔WはZと（の）（M）区別がつく〕〔WとZ（と）の／WとZ（と）は（M）区別がつく〕W：人、組織／モノ／コト　Z：人、組織／モノ／コト　[他]－をつける

・韓国の硬貨は日本の硬貨と区別がつかないことがあり、間違って自販機で使われることがある。

・ドラマには「このドラマはフィクションです」と断りがあるにもかかわらず、現実と虚構の区別がつかず、そのストーリーを信じてしまう人がいる。

【－をつける】〔XがWとZに／WとZの（M）区別をつける〕X：人　W：人、組織／モノ／コト　[自]－がつく

・西欧の文化では、子どもの世界と大人の世界にはっきりとした区別をつける傾向が強いようだ。

けいかく　計画（する）（ある）

【－する】〔XがYを Ⓜ計画する〕X：人、組織　Y：コト

・私の勤めている会社は創業50周年の祝賀パーティーを計画している。

※　以下の連語は、「旅行計画」「研究計画」「資金計画」などのように、「何の計画か」を表す語と共に使うことがある。

【－がある⇔－がない】〔Xに M計画がある〕Pという　X：人、組織

・アジア進出を目指すA社には、新工場を建設し輸出を拡大するという事業計画がある。

【－が狂う】《計画通りにいかない》〔Xの／Xは M計画が狂う〕Pという　X：人、組織／コト

・すしのチェーン店A屋は、今期の決算が赤字になったため、店舗数拡大の計画が狂ってしまった。

・道路建設は地震災害のために今年度中に開通させるという計画が狂っている。

【－を立てる】《計画する》〔Xが M計画を立てる〕Pという　X：人、組織　[自]－が立つ☆
・Aさんは、来年英語の勉強のために英国へ留学する計画を立てている。

【－を練る】《いろいろ計画を考える》〔Xが M計画を練る〕Pという　X：人、組織
・防災委員会では河川の氾濫に備え、人的被害を最小限に食い止めるための防災計画を練っている。

けいけん　経験（する）（ある）

【－する】〔Xが　Yを　Φ経験する〕X：人　Y：コト
・私は高校生のときに海外でホームステイを経験し、少しは視野が広がったと思う。

※　以下の連語は、「人生経験」「実務経験」「恋愛経験」「留学経験」などのように、「何の経験か」「どんな経験か」を表す語と共に使うことが多い。

【－がある⇔－がない】〔Xに・は　(M)経験がある〕Pという　X：人、組織
・農村育ちの私には中学生のとき海で溺れかかったという苦い経験がある。
・友人のAさんは語学学校で外国語を教えた経験があるそうだが、私は家庭教師の経験しかない。

【－が豊かだ／－が豊富だ】《経験が多い》⇔**－が浅い**〔Xは (M)経験が豊かだ〕Pという　X：人、組織
・Aさんは、人前で話すという経験が豊かなので、聞き手を引きつける術を心得ている。
・私は小学校の教師をしているが、教育経験が浅く、なかなか児童に集中力を維持させられない。

【－をいかす】《経験を役立てる》〔Xが (M)経験をいかす〕Pという　X：人、組織　[自]－がいきる☆
・Aさんは長年高校で英語教師をしていた経験をいかして、退職後は観光通訳として活躍している。

【－を積む】《たくさん経験をする》〔Xが (M)経験を積む〕Pという　X：人
・A国では、ボランティアなどをしていろいろな経験を積むことは高く評価されているそうだ。

けいこう　傾向（×する）（ある）

※　以下の連語は、「増加傾向」「減少傾向」「上昇傾向」「下降傾向」「温暖化傾向」などのような変化を表す語と共に使うことが多い。

【－がある】〔Xに・は　M傾向がある〕Pという　X：人、組織／モノ／コト
・最近の若者には、テレビばかり見て難しい本は読まないという傾向があるようだ。

【－が見られる】〔Xに・は　M傾向が見られる〕Pという　X：人、組織／モノ／コト（分野）
・最近の電気製品には軽小短薄、つまり「軽く小さく短く薄い物」が好まれるという傾向が見られる。

【－にある】〔Xが　M傾向にある〕Pという　X：人、組織／モノ／コト
・地球的視野に立つと、人口が増える傾向にある国のほうが減る傾向にある国を上回るそうだ。

【－を見せる】〔Xが　M傾向を見せる〕Pという　X：人、組織／モノ／コト
・不況に見舞われているA国では物価が下がりつつあり、経済はデフレ傾向を見せている。

けいやく　契約（する）（ある）

【－する】〔Xが　Yと　(M)契約する〕〔XとYが (M)契約する〕X：人、組織　Y：人、組織
・ボランティアとして歌っていたAさんは、歌の才能を認められB社と契約し、プロの歌手になった。
・動画サイトのA、B両社が楽曲の利用許可に関して契約した。

【－がある⇔－がない】〔Xは　Yと（の間に）(M)契約がある〕Pという　〔XとY（の間）に　(M)契約がある〕Pという　X：人、組織　Y：組織
・女優AはB社との間に、同業他社のコマーシャルには出演しないという契約がある。

・女優AとB社の間には、同業他社のコマーシャルには出演しないという契約がある。

【―を交わす】〔Xが Yと （M）契約を交わす〕Pという 〔XとYが （M）契約を交わす〕Pという X：人、組織　Y：人、組織

・A社は有名プロゴルファーBと、Bの公式スポンサーになるという3年契約を交わした。
・アパートを借りるときは、貸主と借主が賃貸契約を交わす。
　　＊「契約を交わす」は「契約をする」と同じ意味だが、より公式、公的な場合に使う。

【―をする】〔Xが Yと （M）契約をする〕Pという 〔XとYが （M）契約をする〕Pという X：人、組織　Y：人、組織

・台所のあちこちが傷んできたので、リフォームをすることにして、建築会社と工事契約をした。
・新たに入団する選手と球団が契約をして、その後両者は記者会見に臨んだ。

【―を破棄する】〔Xが Yと（の）（M）契約を破棄する〕Pという X：人、組織　Y：人、組織

・A、B両社は昨年合併の契約を結んだが、A社はB社との契約を破棄したいという意向を示した。

【―を結ぶ】〔Xが Yと （M）契約を結ぶ〕Pという 〔XとYが （M）契約を結ぶ〕Pという X：人、組織　Y：人、組織

・入居者は不動産屋と賃貸料の支払日、退去時の取り決めなどを含んだ賃貸借契約を結んだ。
・A社とB社は新製品の開発に当たり技術提携の契約を結んだ。

けが（怪我）（する）（×ある）

【―する】〔Xが Yを けがする〕X：人　Y：モノ（身体の部位）
・私は転んで足をけがして2ヵ月間も入院したことがある。

【―を負う】〔Xが Yに （M）けがを負う〕Pという X：人　Y：モノ（身体の部位）
・私は交通事故で頭に10針も縫わなければならないという大きなけがを負った。

＊「大けがを負う」という表現がある。

【―をする】〔Xが Yに （M）けがをする〕Pという X：人　Y：モノ（身体の部位）
・私はスキーで足にひどいけがをし、しばらく病院通いをした経験がある。

けっか　結果 （×する）（×ある）

【―が出る】〔Yに （M）結果が出る〕Pという　Y：コト [他]―を出す
・テレビコマーシャルのおかげで、売上倍増という結果が出た。

【―を出す】〔Xが Yに （M）結果を出す〕Pという X：人、組織／コト　Y：コト [自]―が出る
・私たち研究班は新製品の製品検査の結果を早く出すように上司に言われている。
　　＊　スポーツ界では、〔M〕を伴わず「結果を出す」だけで「良い成績を出す」という意味で使われる。・オリンピック選手のAは、これまでの努力の甲斐あって、レースで結果を出した。

【―を招く】〔Zが （M）結果を招く〕Pという　Z：コト
・改革政策を強引に推し進めたA大臣の政策が、結局は、政局の混乱という結果を招くことになった。
　　＊「結果を招く」は、例文のように喜ばしくない結果について使うことが多い。

【―をもたらす】〔Zが Yに （M）結果をもたらす〕Pという　Z：コト　Y：コト
・景気低迷による税収の落ち込みが、政府に予算案の見直しを迫るという結果をもたらしている。

けっしん　決心 （する）（×ある）

【―する】〔Xが Yを φ決心する〕X：人　Y：コト（決心の内容）
・この病気を治すには手術が最良の方法だと聞いて、私は手術を受けることを決心した。

〔Xが Pと φ決心する〕X：人
・いつか独立して自分の会社を持ちたいと考えてい

た。景気が上向いている今がチャンスだと思い、今の職場を退職をしようと決心した。

【ーが固い】《決心が変わらない》〔Xの／Xは （M）決心が固い〕Pという　X：人
・弟が会社を辞めて俳優になることに両親は猛反対したが、弟の決心は固かった。

【ーが固まる】《はっきり決まる》〔Xの／Xは （M）決心が固まる〕Pという　X：人　[他] ーを固める
・私は卒業後の進路について就職か進学か悩んでいたが、いろいろ考えた末、やっと大学院で勉強をする決心が固まった。

【ーが鈍る】《決心が正しいかどうか不安になる》〔Xの／Xは （M）決心が鈍る〕Pという　X：人
・経営状態を見るとどうしても人員整理をせざるをえないが、社員の反応を想像すると決心が鈍る。

【ーが揺らぐ】《決心したことを続けるかやめるか悩む》〔Xは （M）決心が揺らぐ〕Pという　X：人
・勤めを辞め自分の会社を設立したいのだが、本当にできるかと考えると決心が揺らいでしまう。

【ーを固める】《はっきり決める》〔Xが （M）決心を固める〕Pという　X：人　[自] ーが固まる
・私は直接、人と関わる仕事をしたいと思い、会社を辞めて大学の医学部に入りなおす決心を固めた。

【ーをする】〔Xが （M）決心をする〕Pという　X：人
・Aさんは風邪を引いたのをきっかけに、タバコをやめる決心をした。
〔Xが　Pと　（M）決心をする〕X：人
・ギャンブルに負けて大きな借金を作ったBさんは、家族に泣かれ、もう二度としないと決心をした。

けっちゃく　決着（する）（×ある）

【ーする】〔Yが　Φ決着する〕Y：コト
・裁判所で調停が成立し、両者の離婚問題はやっと決着した。

【ーがつく】〔Yに・は　Φ決着がつく〕Y：コト　[他] ーをつける
・テニスの試合でA選手とB選手の対戦は両者の実力が拮抗していて、なかなか決着がつかなかった。

【ーをつける】〔XがYに　Φ決着をつける〕X：人、組織　Y：コト　[自] ーがつく
・国連は、A、B両国間の国境線の問題に端を発した紛争に決着をつけようとしている。

【ーを見る】〔Yが　Φ決着を見る〕Y：コト
・長い間、相続問題でもめていた兄弟たちの争いも、第三者の仲介によりやっと決着を見た。

けつろん　結論（する）（×ある）

【ーする】〔Xが　Pと　Φ結論する〕X：人、組織
・A社の取締役会は、役員の報酬を10パーセントカットすると結論した。

【ーが出る】〔Yに （M）結論が出る〕Pという　Y：コト（議論や検討のテーマ）　[他] ーを出す
・国によって異なる柔道規則の解釈に、ルールを一部改正して統一しようという結論が出た。

【ーに達する】〔Xが （M）結論に達する〕Pという　X：人、組織
・環境委員会は調査の結果、予想以上のスピードで温暖化が進んでいるという結論に達した。

【ーを下す】《きっぱりと結論を出す》〔Xが　Yに （M）結論を下す〕Pという　X：人、組織　Y：コト（議論や検討のテーマ）　[自] ーが下る☆
・財政難のA市は、赤字が増え続けている市立病院の存廃に閉鎖という結論を下した。

【ーを先送りする】《結論を出さず先に延ばす》〔Xが　Yの／Yについて（の） Φ結論を先送りする〕X：人、組織　Y：コト（結論を出すべき検討事項）
・所属していた党を離脱した議員たちは新党結成に踏み切るかどうかについて、結論を先送りした。

【ーを出す】〔Xが　Yに （M）結論を出す〕Pという　X：人、組織　Y：コト（議論や検討のテーマ）　[自] ーが出る
・「議論も煮詰まってきたようですから、どの作品を金賞にするかに結論を出しましょう」

【ーを導く】《結論に持っていく》〔Xが （M）結論を導く〕Pという　X：人
・現在の科学によって、電磁波が絶対に無害であるという結論を導くのは不可能だ。

・帰納法(きのうほう)というのは一つ一つの具体例を検証して、結論を導く方法である。

けねん　懸念 (する)(ある)

【－する】〔Xが　Yを　Φ懸念する〕X：人、組織　Y：コト（懸念の内容）
・同業他社にも似たような製品があるので、社長は新製品の売れ行きを懸念している。
〔Xが　Pと　Φ懸念する〕X：人、組織
・学内で講演会を開催する予定だが、主催者は聴衆が集まらないのではないかと懸念している。

【－がある】〔Xは　Yに　(M)懸念がある〕Pという　X：人、組織／コト　Y：コト（懸念の内容）
・政府は、A市でサミットを開くことに懸念がある。セキュリティの点が不安だからだ。
・温暖化防止対策会議で議決された二酸化炭素25％削減のための対策はその実効性に懸念がある。

【－が強い】〔X（の間）で　Yに／Yに対して／Yに対する　(M)懸念が強い〕Pという　X：人（複）、組織（複）　Y：コト（懸念の内容）
・政財界では政府が立案した財政再建計画に対し、本当に景気回復につながるのかという懸念が強い。

【－が強まる】〔X（の間）に／X（の間）で　Yに／Yに対して／Yに対する　(M)懸念が強まる〕Pという　X：人（複）、組織（複）　Y：コト（懸念の内容）（＝）－を強める
・周辺地域の工事のため頻繁にトラックが通るようになった。保護者の間で児童の通学の安全性に対する懸念が強まっている。

【－を抱く】〔Xが　Yに／Yに対して／Yに対する　(M)懸念を抱く〕Pという　X：人、組織　Y：コト（懸念の内容）
・A国指導者の軍備を増強するという発言内容に、周辺諸国の国民は強い懸念を抱いた。
・海抜の低い国々は、温暖化によって国が水没してしまうのではないかという強い懸念を抱いている。
〔Xが　Yに／Yに対して　Pと　(M)懸念を抱く〕X：人、組織　Y：コト（懸念の内容）
・多くの国民は裁判員制度に法律の素人(しろうと)が人を裁くのかと懸念を抱いている。

【－を示す】〔Xが　Yに／Yに対して／Yに対する　(M)懸念を示す〕Pという　X：人、組織　Y：コト（懸念の内容）
・A国政府はB国の不況に対し、自国にも波及するのではないかという懸念を示した。
〔Xが　Yに／Yに対して　Pと　(M)懸念を示す〕X：人、組織　Y：コト（懸念の内容）
・経済評論家たちは、政府の金利政策に対し、本当に有効な景気対策となるのかと懸念を示している。

【－を強める】〔Xが　Yに／Yに対して／Yに対する　(M)懸念を強める〕Pという　X：人、組織　Y：コト（懸念の内容）（＝）－が強まる
・WHO（世界保健機構）は、新型インフルエンザの人間への感染の拡大に懸念を強めている。
〔Xが　Yに／Yに対して　Pと　Φ懸念を強める〕X：人、組織　Y：コト（懸念の内容）（＝）－が強まる
・A社は、相次ぐリコールに顧客離れが進むのではないかという懸念を強めている。

【－を表明する】〔Xが　Yに／Yに対して／Yに対する　(M)懸念を表明する〕Pという　X：人、組織　Y：コト（懸念の内容）
・各国の首脳は、景気後退に対し失業率が大幅に上昇するのではないかという懸念を表明している。
〔Xが　Yに／Yに対して　Pと　(M)懸念を表明する〕X：人、組織　Y：コト
・A大学の学長は学生の間で起こった大麻事件に憂慮すべき事態だと懸念を表明した。

けはい　気配 (×する)(ある)

【－がない】《様子がない》〔Yに・は　M気配がない〕Y：人／モノ／コト（気配が発生するところ）
・うちの子はもうすぐ1歳になるのに、歯が生えてくる気配がまったくない。
・隣の部屋に泥棒が入ったと聞いた。だが、私の部屋には泥棒が入った気配はなくほっとした。
・日照りが続いている。雨が降る気配は全然ない。
　＊「気配がある」という表現はあまり使わない。

【－がする】《人やものがあったり、近づいたりすることを感じる》〔M気配がする〕
・だれかが後ろからついてくる気配がしたので振り向くと大きな犬だった。
　　＊「気配がする」は、〔X〕〔Y〕などを伴わずに使う。

【－が漂う】〔Yに・は　M気配が漂う〕Y：場所／コト（人の態度や表情）
・まだ8月末だが、先週訪れた北海道の湖には既に秋の気配が漂っていた。
・芸術ホールのロビーに巨大な壁画を完成させた画家Aの表情や振る舞いには大家の気配が漂っていた。

【－を感じる】〔Xが　M気配を感じる〕X：人
・人はだれかに見られていると、必ずそういう気配を感じるものだ。

げんかい　限界 (×する)(ある)

【－がある⇔－がない】〔Xに・は　(M) 限界がある〕X：人、組織／モノ／コト
・若い人でも体力には限界があるから、3日連続で徹夜をするなどというのは無謀だ。
・警察には限界があるので、すべての交通違反を取り締まることは不可能だ。

【－にくる】〔Xの／Xが　M限界にくる〕X：人、組織／モノ／コト
・スポーツ選手は、若くても体力の限界にきたと言って引退する人が多い。
・生活が苦しく生きてゆく限界にきたと言って、Aさんは自らの命を絶った。

【－を超える】〔Xの／Xが　(M) 限界を超える〕X：人、組織／モノ／コト
・酸素なしでエベレストのような高山に登るのは、人間の限界を超えることだ。
・人間の体は不思議で、痛みやしびれも限界を超えると何も感じなくなるらしい。
・大雨で保水能力の限界を超えたダム湖は、下流への放水を開始した。

けんり　権利 (×する)(ある)

a．権利があるという意味の連語

【－がある】〔Xに・は　(M) 権利がある〕Pという　X：人、組織
・私には日本国籍がないので立候補する権利はないが、日本政府に対し言いたいことはたくさんある。

【－を得る】〔Xが　Yから　(M) 権利を得る〕X：人、組織　Y：人、組織（権利を与える）
・小説に感動した映画監督Aは著者から原作を映画化する独占的権利を得た。

【－を行使する】〔Xが　(M) 権利を行使する〕Pという　X：人、組織
・国民は知る権利を行使し、税金がどのように利用されているのか情報公開を求めることができる。

【－を守る】〔Xが　(M) 権利を守る〕Pという　X：人、組織
・「子どもの権利条約」は世界の子どもたちの生きる権利を守るために作られた。

b．権利をなくすという意味の連語

【－がない】〔Xに・は　(M) 権利がない〕Pという　X：人、組織
・日本では選挙権は20歳以上と定められているので、未成年者には政治に参加する権利がない。

【－を失う】〔Xが　(M) 権利を失う〕Pという　X：人、組織
・期間内に手続きをしないと、割引の特典を受ける権利を失うことになる。

【－を侵害する】〔Yが　Xの　(M) 権利を侵害する〕Pという　Y：人／モノ／コト　X：人、組織
・家で騒音を出している人は、近隣住民の静かに暮らす権利を侵害していることになる。

こうか　効果 (×する)(ある)

a．効果がある、効果が出るという意味の連語

【－がある】〔XはYに　(M) 効果がある〕Pという　X：モノ／コト　Y：人、動物／モノ／コト（効

果の及ぶ対象）
・この殺虫剤は蚊やハエに効果がある。
・この化粧品は特殊成分が肌に水分を補うため、みずみずしい肌を保つのに効果があるそうだ。
・小さい子どもと接することは、変化の少ない高齢者の生活に活気をもたらすという効果がある。

【ーが上がる】〔Xは　Yに　(M)効果が上がる〕X：モノ／コト　Y：人／モノ／コト（効果の及ぶ対象）［他］ーを上げる
・適度な運動は、食事の量を減らすことより、体重の減量に大きな効果が上がる。
・単語を覚えるには、その単語だけを覚えるより、文中での使い方を知る方がより効果が上がる。

【ーが高い】〔Xは　Yに　Φ効果が高い〕X：モノ／コト　Y：人、動物／モノ／コト（効果の及ぶ対象）
・この薬用石鹸は、脂性でにきびに悩む人に効果が高い。
〔Xは　(M)効果が高い〕Pという　X：モノ／コト
・この防音材は外部に音が漏れるのを防ぐという効果が高く、楽器演奏をする人に喜ばれている。

【ーが高まる】〔Xは　Yに／Yの　Φ効果が高まる〕X：モノ／コト　Y：モノ／コト（効果の及ぶ対象）［他］ーを高める
・手術後すぐに歩くことは、術後の快復に効果が高まるということが知られている。
　＊〔Xは〕の代わりに〔Xによって〕と使うこともある。・塩を使うことによって、染料の定着に効果が高まる。

【ーが出る】〔Xは　Yに　(M)効果が出る〕X：モノ／コト　Y：人／モノ／コト（効果の及ぶ対象）［他］ーを出す☆
・減税は消費の拡大に少なからぬ効果が出ると期待されている。
〔Xは　(M)効果が出る〕Pという　X：モノ／コト［他］ーを出す
・この新薬は、ガン細胞を小さくする効果が出ることが分かってきた。

【ーを上げる】〔Xが　Yに／Yの　(M)効果を上げる〕Pという　X：モノ／コト　Y：コト（効果のおよぶ対象）［自］ーが上がる
・このソフトは迷惑メール対策に効果を上げるということで、うちの会社で採用することが決まった。

【ーを高める】〔Xが　Yの　(M)効果を高める〕Pという　X：モノ／コト　Y：コト（効果のおよぶ対象）［自］ーが高まる
・油はビタミンA吸収の効果を高めるので、ニンジンは油で炒めたり揚げたりするとよい。

【ーを発揮する】〔Xが　Yに　(M)効果を発揮する〕X：モノ／コト　Y：コト（効果のおよぶ対象）
・地球温暖化防止のための排ガス規制が、徐々にCO$_2$の減少に効果を発揮している。
〔Xが　(M)効果を発揮する〕Pという　X：モノ／コト
・マスクの使用がウィルスの拡散を防止するという効果を発揮する。

【ーをもたらす】〔Xが　Yに／Yに対して　(M)効果をもたらす〕X：モノ／コト　Y：人／モノ／コト
・実験的に使った新薬が重い症状の患者に劇的な効果をもたらし、実用化の見通しが立った。
・都市の緑化促進は、都市部の気温が上昇するヒートアイランド現象に効果をもたらすと期待される。
〔Xが　(M)効果をもたらす〕Pという　X：モノ／コト
・学会での研究発表は、情報交換に留まらず研究者間の相互理解を促進するという効果をもたらす。

b．効果が少ない、効果がないという意味の連語

【ーが薄い】〔Xは　Yに　Φ効果が薄い〕X：モノ／コト　Y：人／モノ／コト
・細胞を活性化させるこのサプリメントはなぜか男性には効果が薄いと言われている。
・経済状況が低迷している現在、一時的な対策は経済活性化に効果が薄いと見る人が多い。

【ーが疑わしい】〔Xは　Yに　Φ効果が疑わしい〕X：モノ／コト　Y：人／モノ
・新聞広告やちらしは新聞を購読しない若い人たちには効果が疑わしい。
・この薬はダイエットに効くと宣伝しているが、科学的根拠がないので効果が疑わしい。

【−がない】〔Xは Yに (M)効果がない〕X：モノ／コト　Y：人／モノ／コト
・この農薬はバラにつく虫には効果があるが、稲につく虫には効果がない。
・新聞に大きな広告を出したが売り上げは伸びていない。販路拡大に効果がなかったのだろうか。
〔Xは (M)効果がない〕Pという　X：モノ／コト
・乳幼児がいる家庭への子ども養育費を引き上げたが、出生率を上げるという効果はなかった。

こうげき　攻撃（する）（ある）

【−する】〔Xが Yを (M)攻撃する〕X：人、組織、動物／モノ／コト　Y：人、組織、動物／モノ／コト
・Aチームは後半で、それまで優勢だったBチームをシュートの連発で攻撃し、逆転した。
・おとなしいゾウも怒るとライオンを攻撃することがあるそうだ。
・インターネット上で、ウィルスがサーバーを攻撃してデータを破壊する事件が起こっている。
　　＊「攻撃する」は、〔M〕に「猛」「総」という語が用いられ、「猛攻撃する」「総攻撃する」と使うことがある。

【−に転ずる】〔Xが (M)攻撃に転ずる〕X：人、組織、動物
・前半で負けていたAチームは後半で選手の入れ替えをしてから猛攻撃に転じ、逆転した。

【−を受ける】〔Yが Xの／Xから（の）(M)攻撃を受ける〕Y：人、組織、動物／モノ／コト　X：人、組織、動物／コト
・第二次世界大戦中、ヨーロッパの多くの都市が敵機の攻撃を受け、壊滅状態になった。
・インターネット上のA社のサイトが外国からのサイバー攻撃を受け、ダウンした。

【−をかける】〔Xが Yに (M)攻撃をかける〕X：人、組織、動物／モノ／コト　Y：人、組織、動物／モノ／コト
・A国軍は、国境付近でB国軍に攻撃をかけ、撤退に追い込んだ。
・次期国会において、A党は新政策を打ち出して与党に攻撃をかけるつもりらしい。

こうしょう　交渉（する）（ある）

【−する】〔Xが Yと／Yに Zを Φ交渉する〕〔XとYが Zを Φ交渉する〕〔Xが Yと／Yに Zについて Φ交渉する〕〔XとYが Zについて Φ交渉する〕X：人、組織　Y：人、組織　Z：コト（交渉の内容）
・昔ながらの市場での買い物の楽しみは、店員と値段を交渉してまけてもらうことだ。
・A社の中途採用に応募した。面接のとき給与について交渉したが希望額まではいかなかった。

【−がある】〔Xは Yと（の間に）Zをめぐって (M)交渉がある〕〔XとYの間に Zをめぐって (M)交渉がある〕X：人、組織　Y：人、組織　Z：コト（交渉の内容）
・年内にA国はB国との間に領有権をめぐって外交交渉があるそうだ。

【−が決裂する】《話し合いがまとまらずに終わる》〔XとY（の間）の (M)交渉が決裂する〕X：人、組織　Y：人、組織
・A社とB社に合併案が持ち上がっていたが、人事をめぐって対立し、両社の合併の交渉は決裂した。

【−が難航する】《交渉がうまくいかない》〔XとY（の間）の (M)交渉が難航する〕X：人、組織　Y：人、組織
・A国とB国の貿易交渉は難航しており、交渉期限までに決着がつかないまま終わりそうだ。

【−に入る】《話し合いを始める》〔Xが Yと Zについて (M)交渉に入る〕Pという 〔XとYが Zについて (M)交渉に入る〕Pという　X：人、組織　Y：人、組織　Z：コト（交渉の内容）
・A国がB国と、学生交流について早急にプログラムを作る交渉に入った。
・A球団とB球団は、選手をトレードするという交渉に入ったと報じられた。

【−を進める】〔Xが Yと Zについて (M)交渉を進める〕Pという 〔XとYが Zについて (M)交渉を進める〕X：人、組織　Y：人、組織　Z：コ

ト（交渉の内容）
- 世界の大学図書館とのネットワークを構築するため、日本の大学の代表者たちが海外の大学図書館と交渉を進めている。

【－を持つ】《交渉する／話し合いや係わりを持つ》〔Xが　Yと　Zについて　(M)　交渉を持つ〕Pという〔XとYが　Zについて　(M)　交渉を持つ〕X：人、組織　Y：人、組織　Z：コト（交渉の内容）
- A社の経営陣と労働組合は待遇改善をめぐって団体交渉を持った。

こうりゅう　交流（する）（ある）

※「国際交流」「文化交流」「学生交流」などのように「何の交流か」「どんな交流か」を表す語と共に使うことがある。

【－する】〔Xが　Yと　Φ交流する〕〔XとYが　Φ交流する〕X：人、組織　Y：人、組織
- 今回の国際キャンプでは、世界各国から参加する子どもたちが地元の子どもたちと交流する計画だ。
- 姉妹都市の住民は、毎年、表敬訪問をしたり青少年の相互派遣をしたりして交流している。

【－がある⇔－がない】〔Xは　Yと（の）（M）交流がある〕〔XとYに・は　(M)　交流がある〕X：人、組織　Y：人、組織
- A国が古くからB国と交流があったことが、古文書の記録から分かる。
- 私のうちとAさんの家族には曾祖父の時代から交流があり、親戚同士も懇意にしている。

【－が盛んだ】〔Xは　Yと（の）（M）交流が盛んだ〕〔XとYは　(M)　交流が盛んだ〕X：人、組織　Y：人、組織
- A国はかつてはB国とのつながりが深かったが、近年は環太平洋の国々との交流も盛んだ。
- この地域は住民同士の交流が盛んで、夏祭りや運動会、カラオケ大会などを毎年行っている。

【－が深まる】〔XとYの／XとYは　(M)　交流が深まる〕X：人、組織　Y：人、組織　[他]－を深める
- A市から姉妹都市B市への直行便が開通したことにより、両市の交流がますます深まることだろう。
- イベントを重ねるにつれて住民同士の交流が深まり、地域住民の集まりにも参加者が増えている。

【－を深める】〔Xが　Yと（の）（M）交流を深める〕〔XとYが　(M)　交流を深める〕X：人、組織　Y：人、組織　[自]－が深まる
- A大学は交換留学制度を通じて提携大学との交流を深めている。
- シンポジウムへの参加者たちは会議の終了後、懇親会で交流を深めた。

こうりょく　効力（×する）（ある）

【－がある⇔－がない】〔Xに・は　(M)　効力がある〕Pという　X：モノ／コト（効力を持つ）
- 自筆でなくワープロで書いた遺言書に法律的な効力があるのか、専門家に聞いてみた。

〔Xが　Yに／Yに対して　(M)　効力がある〕Pという　X：モノ／コト（効力を持つ）　Y：モノ／コト（効力が働く）
- 最近開発された新薬はある特異なガン細胞に対して驚くほどの効力があるそうだ。

【－が強い⇔－が弱い】〔Xは　Yに対する／Yに対して　(M)　効力が強い〕Pという　X：モノ／コト（効力を持つ）　Y：モノ／コト（効力が働く）
- ある種の除草剤はイネ科の雑草に対する効力が強く便利だが、生態系への悪影響が懸念される。

【－を失う】〔Xが　Yに対する／Yに対して　(M)　効力を失う〕Pという　X：モノ／コト（効力を持つ）　Y：モノ／コト（効力が働く）
- 期限付きの契約は、その期限が過ぎた時点で効力を失う。
- この薬は、お茶と一緒に摂取すると病気に対する効力を失ってしまうので、気をつけてください。

【－を高める⇔－を弱める】〔Zが　Xの　(M)　効力を高める〕Pという　Z：モノ／コト（効力を増強する）　X：モノ／コト（効力を持つ）　[自]－が高まる☆⇔－が弱まる☆
- カロチンはビタミンAの効力を高め、ビタミンCはカルシウム摂取の効力を高める。

【－を発揮する】〔Xが Yに (M)効力を発揮する〕Pという X：モノ／コト（効力を持つ） Y：モノ／コト（効力が働く）
・PC関連の資格が就職活動に自己能力をアピールするという効力を発揮し、希望どおり就職できた。

こえ　声（×する）（ある）

(1) 音声という意味の「声」

【－があがる】《叫ぶ》〔Xから M声があがる〕Pという X：人　[他]－をあげる
・隊列を作って山を登っていた子どもたちの中から、ちょっと休みたいという声があがった。
〔Xから Pと (M)声があがる〕X：人　[他]－をあげる
・サッカーの試合でゴールが決まったとき、サポーターたちから「オーレ！」と声があがった。
　　＊「声があがる」は、〔P〕か〔M〕のどちらかが必要である。

【－がかかる】《言われる》〔Xから Yに M声がかかる〕Pという X：人、組織　Y：人、組織　[他]－をかける
・「落としましたよ」という声がかかり振り向くと、親切な人が私のハンカチを差し出してくれた。
〔Xから Yに Pと (M)声がかかる〕X：人　Y：人　[他]－をかける
・歌手Aがアリアを歌い終わった直後、客席からAに「ブラボー！」と声がかかった。
　　＊「声がかかる」は、〔P〕か〔M〕のどちらかが必要である。

【－がする】《声が聞こえる》〔(M)声がする〕Pという
・玄関でごめんくださいという声がしたので出てみたら、隣の家の子どもだった。
〔Pと (M)声がする〕
・人ごみの中で「お母さん」と呼ぶ声がしたので見回すと、迷子の子どもが泣いていた。
　　＊1「声がする」は、〔P〕を言わないことがある。
　　　　・後ろから声がしたので降り向くと、高校時代の友人だった。

　　＊2 この連語は、〔X〕〔Y〕などを伴わずに使う。

【－が飛ぶ】〔Xから Yに／Yに対して M声が飛ぶ〕Pという X：人　Y：人
・応援席の観客から選手たちに対して、頑張れという声が飛んだ。
〔Yに／Yに対して Xから Pと (M)声が飛ぶ〕Y：人　X：人
・野球の練習中、エラーをした選手に対して監督から「しっかりしろ」と厳しい声が飛んだ。
　　＊「声が飛ぶ」は、〔P〕か〔M〕のどちらかが必要である。

【－が漏れる】〔Xから M声が漏れる〕Pという　X：人　(＝)－を漏らす☆
・隣の部屋でなにか大事な話をしているのか、ひそひそしゃべる声が漏れてきた。
〔Xから Pと (M)声が漏れる〕X：人
・美しい景色を目の前にし、観光客からは「うわー」と感嘆の声が漏れた。
　　＊1「声が漏れる」は、〔P〕か〔M〕のどちらかが必要である。
　　＊2　この連語は、〔M〕に「感嘆の」「驚きの」「驚愕の」などの語が用いられることが多い。

【－をあげる】《叫ぶ》〔Xが M声をあげる〕Pという X：人　[自]－があがる
・子どもたちは、おばあさんから届いた荷物を開けたとたん、「わぁ」と喜びの声をあげた。
〔Xが Pと (M)声をあげる〕X：人　[自]－があがる
・散歩していたら、草むらから蛇が出てきたので私は思わず「キャッ」と叫び声をあげてしまった。
　　＊「声をあげる」は、〔P〕か〔M〕のどちらかが必要である。

【－をかける】《呼び止める》〔Xが Yに Pと (M)声をかける〕X：人　Y：人　[自]－がかかる
・友人だと思って私は町で見かけた人に「Aさん」と声をかけたら別人だった。

【－を発する】〔Xが Pと (M)声を発する〕X：人
・野犬に襲われそうになったときには、おそろしくて、声を発することもできなかった。

【−を潜める】《小さい声で話す》〔Xが Φ声を潜める〕X：人
・社員たちはお茶を飲みながら、声を潜めて上司の噂をしている。

(2) 意見・誘いなどの意味の「声」
【−がある】〔Xに M声がある〕Pという X：人(複)、組織(複)
・周辺に本屋も図書館もない地域では移動図書館の巡回を増やしてほしいという声がある。
・内閣の支持率が低下し続けている。与党内にも体勢を立て直さなければという批判の声がある。

【−が多い】〔X（の間）に M声が多い〕Pという X：人(複)、組織(複)
・愛煙家の間に、公共施設での全面禁煙は厳しすぎるという不満の声が多い。

【−が大きい／−が強い】〔X（の間）に M声が大きい〕Pという X：人(複)、組織(複)
・この地区に高層マンションを建てることには、近隣住民の間に反対の声が大きい。
・働く女性たちの間に早急に保育園を増やしてほしいという声が強い。
　　＊「声が大きい」「声が強い」は、要求の表現である。

【−がかかる】《誘われる》〔Xから Yに (M)声がかかる〕Pという〔Yに・は Xから (M)声がかかる〕Pという X：人、組織 Y：人、組織 [他] −をかける
・友達から一緒に旅行に行かないかという声がかかったので、参加することにした。
〔Xから Yに Pと (M)声がかかる〕〔Yに・は Xから (M)声がかかる〕Pという X：人、組織 Y：人、組織 [他] −をかける
・AさんはB社から声がかかり、B社に転職することになった。いわゆるヘッドハンティングだ。

【−が高まる】〔X（の間）に／X（の間）で M声が高まる〕Pという X：人(複)、組織
・女性が政治に参加できないA国国民の間に、女性参政権を求める声が高まってきた。

【−が広がる】〔X（の間）に／X（の間）で M声が広がる〕Pという X：人(複)、組織(複)
・医療施設は大都市に集中しているため、地方都市の住民の間で地方にも増設してほしいという声が広がっている。

【−を挙げる】〔Xが Yに／Yに対して (M)声を挙げる〕Pという X：人、組織 Y：人、組織（意見を言う相手）／コト [自] −が挙がる☆
・動物を虐待したり捨てたりするケースが多い。言葉を持たない動物たちのかわりに声を挙げよう。
〔Xが Yに／Yに対して Pと (M)声を挙げる〕X：人、組織 Y：人、組織（意見を言う相手）／コト [自] −が挙がる
・アルバイト社員たちは会社に対し、待遇を改善してほしいと声を挙げた。

【−をかける】《誘う》〔Xが Yに Pと (M)声をかける〕X：人、組織 Y：人、組織 [自] −がかかる
・映画のチケットをもらったので、友人に声をかけて一緒に見に行った。

【−を寄せる】〔Xが Yに (M)声を寄せる〕Pという X：人 Y：人、組織
・災害に見舞われた地域に世界中の人々が頑張れという励ましの声を寄せている。

ごかい　誤解（する）（ある）

a. 誤解があるという意味の連語
【−する】〔Xが Yを Pと Φ誤解する〕X：人 Y：人、組織／コト
・読者は報道の全てを真実だと誤解する傾向がある。

【−がある⇔−がない】〔Xに・は Yに対する／Yに対して (M)誤解がある〕Pという X：人 Y：人、組織／モノ／コト
・保護者には到達度別クラス編成に対して、子どもの能力による選別や差別だという誤解がある。

【−を与える】《誤解させる》〔Yが Xに (M)誤解を与える〕Pという Y：人、組織／コト（誤解させる） X：人、組織（誤解する）
・はっきり断るのが苦手な日本人は外国の人に日本人は嘘つきだという誤解を与えることがある。
〔Yが Xに Pと (M)誤解を与える〕Y：人、組

織／コト（誤解させる）　X：人、組織（誤解する）
- A屋はB屋と店名の綴りが一字しか違わないため、客に系列店だと誤解を与えているようだ。

【－を受ける】《誤解される》〔Yが　Xに／Xから　（M）誤解を受ける〕Pという　Y：人、組織／コト（誤解される）　X：人、組織（誤解する）
- Aさんは恵まれない人々のために献金をしたが、周囲から売名行為ではないかという誤解を受けた。

〔Yが　Xに／Xから　Pと　（M）誤解を受ける〕Y：人、組織／コト（誤解される）　X：人、組織（誤解する）
- 病気が外からはわからないので、心臓病患者が障害者施設を利用する際、健常者ではないかと誤解を受けることがある。

【－を招く】〔Yが　Xの　（M）誤解を招く〕Pという　Y：人、組織／コト（誤解させる）　X：人、組織（誤解する）
- 「結構です」は「はい」とも「いいえ」とも解釈できるので外国の人の誤解を招くことがある。
- Aさんは、化粧が濃いので派手な性格だという誤解を招いているのだろう。

〔Yが　Pと　Xの　（M）誤解を招く〕Y：人、組織／コト　X：人、組織（誤解する）
- 日本語の「考えておきます」は断り表現の一種だが、「再考するつもりだ」と誤解を招くことがある。

b．誤解がなくなるという意味の連語

【－が解ける】〔Xの／Xは　Yに対する　（M）誤解が解ける〕Pという　X：人、組織（誤解する）　Y：人、組織／モノ／コト（誤解される）　[他]－を解く
- 「君のことを疑って悪かったよ。ごめん」「あなたの誤解が解けてよかったわ」

【－を解く】〔Zが　Xの　（M）誤解を解く〕Pという　Z：人、組織／コト　X：人、組織（誤解している）　[自]－が解ける
- 政府機関は、輸入食品の検査が適切ではないのではないかとの国民の誤解を解くことに必死である。

こすと　コスト（×する）（×ある）

※「輸送コスト」「販売コスト」「制作コスト」などのように、「何のコストか」を表す語と共に使うことが多い。

【－がかかる】〔Xに・は　（M）コストがかかる〕X：モノ／コト
- 品質をよくしようとすると原材料にコストがかかり、製品の値段も高くなってしまう。

【－が高い⇔－が低い】〔Xの／Xは　（M）コストが高い〕X：モノ／コト
- カラー印刷のポスターはコストが高いので、白黒印刷にした。

【－が膨らむ】〔Xの／Xは　（M）コストが膨らむ〕X：コト
- 小麦や乳製品価格が高騰すると、それに連動してパン製造のコストが膨らむ。

【－を抑える】〔Xが　（M）コストを抑える〕X：人、組織
- 百円ショップの商品は、大量生産によって製造にかかるコストを抑えることで実現できている。

ことば　言葉（×する）（×ある）

a．言葉による働きかけを表す連語

【－を浴びせる】《相手に否定的なことを言う》〔Xが　Yに　M言葉を浴びせる〕Pという　X：人　Y：人
- Aさんは取引に失敗したBさんに非難の言葉を浴びせた。だが、失敗はBさんだけの責任ではない。
- 私は、客に腹の立つようなひどい言葉を浴びせられたが、じっと我慢していた。
- 子どもの言葉の発達には言葉を聞かせることが重要だが、シャワーのようにただ言葉を浴びせればよいというものではない。
  * 3番目の例文のように、たくさん話しかけるという意味で使う場合には、〔M〕がないことがある。

〔Xが　Yに　Pと　（M）言葉を浴びせる〕X：人　Y：人
- 決勝戦で失敗したA選手に、「お前のせいで負けたんだ」と観客は厳しい言葉を浴びせた。

【−を浴びる】〔Y が X に／X から M 言葉を浴びる〕X：人（言葉を浴びる）　X：人（浴びせる）
・学生Aは旅行で訪れた世界遺産の寺院に自分の名前を書いて多くの人々から非難の言葉を浴びた。

【−を返す】
①《返事をする》〔X が Y に P と（M）言葉を返す〕X：人　Y：人
・コンビニでは、店員の儀礼的な挨拶にも「有難う」と言葉を返す客がいるそうだ。
②《反論する》〔X が Y に P と Φ言葉を返す〕X：人　Y：人
・「お言葉を返すようですが、その企画はうまくいかないのではないかと思います」と上司に言った。
　＊「言葉を返す」を反論するという意味で使う時は、例文のように「お言葉を返すようですが」と言い、それに続いて反論の内容を言うことが多い。

【−をかける】〔X が Y に P と（M）言葉をかける〕X：人　Y：人
・看護師のAさんは私にいつも「お元気ですか」とやさしい言葉をかけてくれるので大好きだ。

【−を交わす】〔X が Y と P と（M）言葉を交わす〕〔X と Y が P と（M）言葉を交わす〕X：人　Y：人
・私はパーティーで多くの人と言葉を交わしたが、特別に印象に残るような話はなかった。
・A村では村人たちが行きかう人と「寒いですね」「お祭りに行きますか」などと言葉を交わしている。

【−を挟む】〔X が Z に P と Φ言葉を挟む〕X：人　Z：コト（話）
・今日の会議では専門的な話題が多く、素人の私が議論に言葉を挟む余地はなかった。

b. 言葉を言わないということを表す連語

【−に詰まる】《何か言おうとして言えなくなる》〔X が Φ言葉に詰まる〕X：人
・お葬式で涙にくれる遺族の方に慰めを言おうとしたが、適当な言葉が思い浮かばず言葉に詰まった。

【−にならない】〔Φ言葉にならない〕
・3年振りで優勝した柔道の選手は感想を聞かれ「うれしくて言葉になりません」と言った。
　＊「言葉にならない」は、〔X〕〔Y〕などを伴わずに使うことが多い。

【−を失う】《驚き、ショックなどのために何も言えない》〔X が Z に Φ言葉を失う〕X：人　Z：コト（要因）
・大津波に見舞われた現地の写真を見て、その被害の大きさに私は言葉を失った。
　＊返答に困るという意味で、「返す言葉を失う」という表現もある。・私に対する一方的な非難を続けるAさんの言い方に、返す言葉を失った。

【−を慎む】《人間関係や状況を考えて言い方に気をつける》〔X が Y に／Y に対して／Y に対する Φ言葉を慎む〕X：人　Y：人
・Aさんは上司に対して「そんなやり方じゃ駄目に決まっている」と言った。もう少し言葉を慎むべきではなかっただろうか。

【−を濁す】〔X が P と Φ言葉を濁す〕X：人
・歌手Aは記者に結婚するのかと聞かれ、「ちょっとその話は…」と言葉を濁した。

【−をのむ】
①《驚きのために表現できなくなる》〔X が Z に Φ言葉をのむ〕X：人　Z：コト（状況）
・富士山の頂上で太陽が昇るのを見た。雲の上に現れる太陽の荘厳な美しさに言葉をのんだ。
②《状況を考えて、言おうとしていたことを言わない》〔X が（M）言葉をのむ〕X：人
・課長に取引先での失敗を叱られた。課長の厳しい表情に「実は…」と言いかけて言葉をのんだ。
　＊「言葉をのむ」とほとんど同じ意味で、「言葉をのみ込む」という連語もある。

c. 言い方や話し方を表す連語

【−が悪い】
①《言い方や表現がよくない》〔Φ言葉が悪い〕
・こう言っては言葉が悪いが、あの人のやっていることは無駄な努力に過ぎないと思う。
　＊1「言葉が悪い」は、〔X〕〔Y〕などを伴わずに使うことが多い。
　＊2「言葉が悪くない」「言葉が良い」のような

表現はない。
②《言い方が粗野だ》〔Xは Φ言葉が悪い〕X:人
・Aさんは言葉は悪いが、心は優しい人だ。言葉だけで人を判断してはいけない。

【－を飾る】《表面的にきれいな表現で話す》〔Xが Φ言葉を飾る〕X:人
・いくら言葉を飾ってお礼を言っても、心がこもっていなかったら誠意のない人だと思われる。

【－を尽くす】《相手に通じるようにいろいろな言い方をする》〔Xが Φ言葉を尽くす〕X:人
・この問題については言葉を尽くして説明したのですが、Aさんには理解してもらえなかった。

【－を練る】《いい表現になるように言い方をいろいろ考える》〔Xが Φ言葉を練る〕X:人
・作家はわずか一行の文でも適切な表現を見つけようと言葉を練るものだ。

d. 態度を表す連語

【－に甘える】《親切な申し出を受け入れる》〔Xが Yの (M) 言葉に甘える〕X:人 Y:人
・「お忙しいでしょうから、お先にお帰りください」「ではお言葉に甘えて失礼します」
　＊「言葉に甘える」は、例文のように「お言葉に甘えて～する」と使うことが多い。

【－尻を捉える】《相手の言い間違えや言い方を問題にして、批判や文句を言う》〔Xが Yの (M)言葉尻を捉える〕X:人 Y:人
・他人の発言の言葉尻を捉えて批判するのではなく、本質的な部分で議論するべきだ。
　＊1「言葉尻を捉える」は、例文のように「言葉尻を捉えて～する」と使うことが多い。
　＊2「言葉尻を捉えない」という表現はない。

こみゅにけーしょん　コミュニケーション (する)(×ある)

【－する】〔Xが Yと Φコミュニケーションする〕〔XとYが Φコミュニケーションする〕X:人、組織　Y:人、組織
・他人との関わりを恐れるのか、子どもたちは人とコミュニケーションする力がないように見える。

【－をとる】《コミュニケーションする》〔Xが Yと(の) Φコミュニケーションをとる〕〔XとYが Φコミュニケーションをとる〕X:人、組織　Y:人、組織
・部下とコミュニケーションをとりたいと思うのだが、何を話題にしたらいいのか分からない。
・新しい事業を進めるにあたっては、関係部署がお互いによくコミュニケーションをとり、互いの立場を理解しあうことが肝要だ。

【－を図る】《コミュニケーションをとろうと努力する》〔Xが Yと(の) Φコミュニケーションを図る〕〔XとYが Φコミュニケーションを図る〕X:人、組織　Y:人、組織
・企業は顧客とのコミュニケーションを図るために、ホームページを活用している。
〔Zが XとYの Φコミュニケーションを図る〕Z:人／モノ／コト　X:人、組織　Y:人、組織
・部署内のコミュニケーションを図るのにEメールの活用は便利だが、事務連絡に留めるべきだろう。

【－を密にする】《よく連絡しあう》〔Xが Yと(の) Φコミュニケーションを密にする〕〔XとYが Φコミュニケーションを密にする〕X:人、組織　Y:人、組織
・リーダーとメンバーがコミュニケーションを密にすることがプロジェクト成功の鍵である。
〔Zが XとYの Φコミュニケーションを密にする〕Z:人／モノ／コト　X:人、組織　Y:人、組織
・親睦会が新入社員と先輩社員のコミュニケーションを密にするよいきっかけになる。

こんきょ　根拠 (×する)(ある)

【－がある⇔－がない】〔Xに・は (M) 根拠がある〕Pという　X:コト（根拠がある）
・痩せるためのいろいろなダイエット法が言われているが、医学的な根拠があるものは少ないようだ。
・Aさんの話にはあまり根拠がなさそうだ。詳しく話してくれと言ったら言葉を濁してしまった。

【－が薄弱だ】《根拠があまりない》〔Xは Φ根拠が薄弱だ〕X：コト
・科学的根拠が薄弱であるにもかかわらず、多くの人が信じていることがある。

【－に立つ】《ある根拠を持つ》〔Xが (M)根拠に立つ〕Pという X：人、組織／コト
・医者が提示した治療法がどのような根拠に立っているか説明してほしいと担当医に求めた。

こんなん　困難 (×する)(ある)

※「さまざまな困難」「多くの困難」「幾多の困難」「種々の困難」「大変な困難」「非常な困難」などのように、「困難の大きさや多さ」を表す語と共に使うことがある。

a．困難があることを表す連語

【－がある⇔－がない】〔Xは Yに (M)困難がある〕Pという X：人／コト（困難がある）　Y：コト（困難が所在する）
・Aさんは交通事故に遭い、怪我をした。もう退院したが、多少歩行に困難がある。
・地下鉄や海底トンネルの建設には、シールド工法が開発されるまでは今以上に多くの困難があった。

【－が伴う】〔Yに・は (M)困難が伴う〕Y：コト　（＝）－を伴う
・エベレストのような高山は空気が薄いので、酸素マスクなしで登るには困難が伴うという。

【－に直面する】〔Xが (M)困難に直面する〕Pという X：人、組織／コト
・ダム建設工事は予測しなかった量の地下水が噴出するという困難に直面し、一時中断されている。

【－に遭遇する】〔Xが (M)困難に遭遇する〕Pという X：人、組織／コト
・地震で工場が倒壊したA社は、経営上の困難に遭遇したが、今は立ち直っている。

【－を抱え込む】〔Xが (M)困難を抱え込む〕Pという X：人、組織
・工場の衛生管理が悪かったA社は速やかに適切な対策をとらなかったために、その後大きな困難を抱え込むことになった。

＊「困難を抱え込む」は、困難を解消するのが難しい状態の場合に用いる。

【－を抱える】〔Xが (M)困難を抱える〕Pという　X：人、組織
・Aさんは失業、病弱な母親の世話など多くの困難を抱えながらも、懸命に生きようとしている。

【－を極める】《困難が非常に大きい》〔Xが Yに Φ困難を極める〕X：人、組織／コト　Y：コト（困難が発生する）
・山岳地帯での鉄道建設は、急な斜面での線路の敷設に困難を極めたが、10年の歳月を経てようやく完成した。
　＊「困難を極めない」のような表現はない。

【－を伴う】〔Yに・は (M)困難を伴う〕Y：コト　（＝）－が伴う
・国家間で会社法や税法などが異なる関係で、海外での会社設立には多くの困難を伴う。

b．困難を解消するという意味の連語

【－を克服する】〔Xが (M)困難を克服する〕Pという　X：人、組織
・障害があっても、多くの困難を克服し、プロの演奏家として活躍している人が1人ならずいる。

【－を乗り越える】〔Xが (M)困難を乗り越える〕Pという　X：人、組織
・病原菌の発見は、多くの研究者が種々の困難を乗り越えて研究を進めてきた結果だ。

こんらん　混乱 (する)(×ある)

a．混乱が起こることを表す連語

【－する】〔Yが Φ混乱する〕Y：人、組織／コト
・世界同時不況の影響を受けて、A国の経済は相当混乱しているようだ。
・毎日たくさんのことをしなければならなくて、私は頭が混乱してしまいそうだ。

【－が生じる】〔Yに (M)混乱が生じる〕Y：人、組織／コト
・ヨーロッパでは統一通貨のユーロに切り替える際、

経済市場にかなりの混乱が生じた。

【－に陥る】〔Yが　（M）混乱に陥る〕Y：人、組織／コト
・台風の影響で列車や空の便の運休が続き、交通機関が大混乱に陥ってしまった。

【－を引き起こす】〔Xが　Yに　（M）混乱を引き起こす〕X：人、組織／モノ／コト　Y：人、組織／コト
・度重なる教育政策の変更は、教育現場にさまざまな混乱を引き起こした。

【－を招く】〔Xが　Yに／Yの　（M）混乱を招く〕X：人／モノ／コト　Y：人、組織／コト
・近いうちに地震が起こるという噂がその地方の人々に大きな混乱を招いた。
・一度に多くのことを指示すると聞き手の混乱を招くので、順序よく単純化して話した方がよい。

b．混乱を解決することを表す連語

【－を収拾する】〔Xが　Yの　（M）混乱を収拾する〕X：人、組織／コト　Y：人、組織／コト
・国王はクーデターにより生じた社会の混乱を収拾するため、軍の幹部と会談を持った。

【－を打開する】〔Xが　Yの　（M）混乱を打開する〕X：人、組織／コト　Y：人、組織／コト
・首相がリーダーシップを発揮することが、政治の混乱を打開する道だろう。

さ　差（×する）（ある）

【－がある⇔－がない】〔Xは　Yと　Zに　（M）差がある〕〔XとYに・は　Zに　（M）差がある〕Pという　X：人、組織／モノ／コト　Y：人、組織／モノ／コト　Z：コト（差がある点）
・A先生はB先生と、学生への対し方に大きな差がある。
・A案とB案には、経費の面でA案はB案の2倍になるという大きな差がある。
・野菜や果物は大きさに相当の差があるのが普通だから、規格化するのは難しい。

【－がつく】〔Xは　Yと　Zに　（M）差がつく〕〔XとYは　Zに　（M）差がつく〕X：人、組織／モノ／コト　Y：人、組織／モノ／コト　Z：コト
[他] －をつける
・A社の給与体系では、新入社員のときはほぼ同じ待遇だが、勤続年数が長くなるにつれ、技術職と営業職は給与に大きな差がつくようになる。

【－が出る】〔Xは　Yと　Zに　（M）差が出る〕Pという〔XとYに・は　Zに　（M）差が出る〕Pという　X：人、組織／モノ／コト　Y：人、組織／モノ／コト　Z：コト（差が出る点）
・実験の結果、朝食を摂る人と摂らない人は集中力に大きな差が出た。
・近年、労働者は職種や就労形態によって収入に大きな差が出ており、格差が生じている。

【－が縮まる】〔Xは　Yと　（M）差が縮まる〕〔XとYの／XとYは　（M）差が縮まる〕X：人、組織／モノ／コト、Y：人、組織／モノ／コト　[他]－を縮める☆
・最近、経済発展の著しいA国は、先進国と技術のレベルの差が縮まった。
・マラソンで、40キロ地点を過ぎたころから先頭を走る選手と2、3位の選手の差が縮まってきた。

【－が開く】〔Xは　Yと　（M）差が開く〕〔XとYの（間で）／XとYは　（M）差が開く〕X：人、組織／モノ／コト、Y：人、組織／モノ／コト
・財政基盤の弱い市町村は大都市と行政サービスの差がますます開いている。
・豊かな家庭の子どもと貧しい家庭の子どもの間で、近年大学進学率の差が開く傾向が見られる。

【－をつける】〔Xが　Yに　（M）差をつける〕X：人、組織／モノ／コト
[自] －がつく
・Aさんは、昇格試験でライバルに差をつけるために睡眠時間を削って勉強している。

さいさん　採算（×する）（×ある）

【－が合う】〔Xは　Ⓜ採算が合う〕X：コト
・この新規事業は採算が合うかどうか、コスト面や収

益性といった点から再検討した方がよい。

【－が取れる】〔Xは　Φ採算が取れる〕X：コト
・活字離れが進む若年層を対象とする出版事業は採算が取れないのではないだろうか。

さき　先（×する）（ある）

【－がある⇔－がない】
①《継続性》〔Xに・は　Φ先がある〕X：コト
・「この旅にはまだ先があるから、今ここであまり時間をつぶさない方がいいと思いますよ」
②《発展性》〔Xに・は　Φ先がある〕X：人、組織／コト
・累積赤字がこんなにあるのでは、私の勤めている会社には先がないと思う。
・入社式で社長は新入社員に「君たちには先があるのだから、多少の失敗などにはくじけずに、頑張ってもらいたい」と訓辞を述べた。

【－が思いやられる】《将来のことが心配である》〔Φ先が思いやられる〕
・わがままな子供を見ていると、これからもずっとそうかと思い、先が思いやられる。
　　＊「先が思いやられる」は、〔X〕〔Y〕などを伴わずに使うことが多い。

【－に延ばす】《後で行う》〔Xが　Yを　Φ先に延ばす〕X：人、組織　Y：コト
・私は面倒な仕事や嫌なことの解決を先に延ばしてしまう癖がある。
　　＊「先に延ばす」と同じ意味で、「先延ばしにする」という表現がある。・したくないことでも先延ばしにせず、すぐしたほうがいい。

しかく　資格（×する）（ある）

【－がある⇔－がない】〔Xに・は　M資格がある〕Pという　X：人、組織
・わたしは観光ガイドの資格がある。
・まじめに授業に出席することもしない学生に、教師の教え方を批判する資格はない。
　　＊「資格」には国家試験などの免許を伴う資格と立場に伴う権利という意味の資格がある。

【－を与える】〔Yが　Xに　M資格を与える〕Pという　Y：人、組織　X：人、組織
・法務省は、一定の条件を満たした外国人にのみ日本での就労資格を与え、就労ビザを発給する。

【－を失う】〔Xが　M資格を失う〕Pという　X：人、組織
・日本に住む外国人は、日本出国の際に再入国手続きをしなければ在留資格を失うことになる。

【－を得る】〔Xが　M資格を得る〕Pという　X：人、組織
・Aさんは司法試験に何度も失敗したが、4回目でついに弁護士の資格を得ることができた。
・教職課程を終え教員免許を取得したので、教員採用試験の受験ができるという資格を得た。

【－を取る】〔Xが　M資格を取る〕Pという　X：人、組織
・私は建築家になりたいと思っているが、それには一級建築士という資格をとらなければならない。

【－を持つ／－を有する】〔Xは　M資格を持つ〕Pという　X：人、組織
・たとえ一株しか持っていなくても、株主という資格を持っていれば株主総会で発言する権利がある。

じかん　時間（×する）（ある）

【－がある⇔－がない】〔Xに・は　（M）時間がある〕X：人
・夜のパーティーまで時間があるので、ホテル周辺を散歩した。
・来月末までに論文を完成しなければならない私には遊んでいる時間はない。

【－がかかる】《予想を超えて時間を使う》〔Yに・は（M）時間がかかる〕Y：コト　[他] －をかける☆
・新人を一人前にするには、長い時間がかかる。

【－を稼ぐ】
①《予定や計画していた時間より短くて済む》〔Xが　Φ時間を稼ぐ〕X：人、組織
・「今日は道路が空いていたから、時間が稼げたね」「うん、向こうでゆっくりできるよ」

②《意図的・計画的に時間をたくさん使う》〔Xが（M）時間を稼ぐ〕X：人、組織
・講演会で講師の到着が遅れた時、主催者は集まった人々に市の観光ビデオを見せて時間を稼いだ。

【－を食う】《思っていた以上に時間がかかる》〔Yに（M）時間を食う〕Y：コト（時間がかかること）
・ビザの申請に朝早く領事館へ行った。手続きに思わぬ時間を食い、午後までかかってしまった。

【－を割く】《何かのために特別に時間を使う》〔XがYに／Yのために（M）時間を割く〕X：人　Y：人／コト
・忙しいのに大学の先輩が私のために時間を割いてくれたおかげで、就職についてアドバイスがもらえた。

【－をつぶす】《目的もなく時間を使う》〔Xが（M）時間をつぶす〕X：人
・私は訪問先との約束の時間より30分早く着いたので、カフェで本を読んで時間をつぶした。

【－をとる】
①《時間をつくる》〔XがYに／Yのために（M）時間をとる〕X：人、組織　Y：コト（時間をつくる目的）
・「私どもはこのツアーでは買い物のために十分な時間をとっています」と旅行社の人は説明した。
〔XがYのために（M）時間をとる〕X：人、組織　Y：人（時間をつくる相手）
・非常にお忙しいA先生が貴重な時間をとって、私が出版する本の推薦文を書いてくださった。
②《予定した以上に時間がかかる》〔Yに（M）時間をとる〕Y：モノ／コト
・試験の結果は悪かった。1、2番の問題に時間がとられ、3番の問題が十分にできなかったからだ。

しこり（×する）（ある）

a. しこりがあること、出来ることを表す連語

【－がある】《すっきりしない気分が残る》〔Xに・は（M）しこりがある〕X：人、組織／モノ（心）
・幼い頃、教師からひどい扱いを受けたAさんには今でも心にしこりがあり、学校というものが嫌いだ。
〔XとY（の間）に・は（M）しこりがある〕X：人、組織　Y：人、組織
・過去のある事件が原因であの二人の間には今でもしこりがあり、助け合うということは決してない。

【－が生じる】〔Xに・は（M）しこりが生じる〕X：人、組織／モノ（心）
・これまで協力して会社のために働いてきたAさんとBさんだったが、Aさんが先に昇進したのをきっかけにBさんには微妙なしこりが生じたようだ。
〔XとY（の間）に（M）しこりが生じる〕X：人、組織／モノ（心）　Y：人、組織／モノ（心）
・ある女性をめぐって対立して以来、それまで親友だったAさんとBさんの間にしこりが生じた。

【－が残る】〔Xに・は（M）しこりが残る〕X：人、組織／モノ（心）（＝）－を残す
・同僚からひどいことを言われたことが原因で、Aさんにはしこりが残っている。
〔XとY（の間）に（M）しこりが残る〕X：人、組織　Y：人、組織（＝）－を残す
・A社とB社の合併案が頓挫した。それ以来、A社とB社の間に多少しこりが残っているようだ。

【－を残す】〔ZがXに（M）しこりを残す〕Z：コト　X：人、組織／モノ（心）（＝）－が残る
・Aさんの心無い一言がBさんの心に大きいしこりを残した。
〔ZがXとY（の間）に（M）しこりを残す〕Z：コト　X：人、組織　Y：人、組織（＝）－が残る
・A、B両国間に貿易協定が結ばれたが、両国ともに自国に有利な条件にこだわったことが双方にしこりを残す結果となった。

b. しこりがなくなることを表す連語

【－が取れる】〔Xは（M）しこりが取れる〕X：人
・私はAさんの優しい言葉で、Aさんに対して持っていた長年のしこりが取れた。
〔XとY（の間）の（M）しこりが取れる〕X：人、組織　Y：人、組織
・先輩の仲介により、1週間口もきかなかったAさんとBさんの間のしこりが取れ二人は仲直りした。

【－が解消する】〔Xの／Xは (M) しこりが解消する〕X：人、組織 [他]－を解消する
・Aさんは、若いころ姑とうまく行かなかったが、姑が年老いた昨今は、そのしこりも解消した。
〔XとY (の間) の (M) しこりが解消する〕X：人、組織　Y：人、組織　[他]－を解消する
・和解交渉がようやく成立し、特許をめぐって争っていた両社の間のしこりが解消した。
【－を解消する】〔Zが Xの (M) しこりを解消する〕Z：人／コト　X：人、組織 [自]－が解消する
・今までライバル視していたAさんが最近やさしくなった。Aさんの態度の変化が私の心のしこりを解消してくれた。
〔Zが XとY (の間) の (M) しこりを解消する〕Z：人／コト　X：人、組織　Y：人、組織 [自]－が解消する
・共同開発した新製品の爆発的な売れ行きが、必ずしも協調的ではなかったA社とB社の間のしこりを解消した。

しじ　指示 (する)(ある)

a. 指示が来ることを表す連語

【－がある⇔－がない】〔Xから Yに (M) 指示がある〕Pという　X：人、組織　Y：人、組織
・上司から担当者にこのニュースの公表は待つようにという指示があった。
〔Xから Yに Pと (M) 指示がある〕X：人、組織　Y：人、組織
・台風が接近しているので、子どもたちをすぐに帰宅させるように校長から各担任に指示があった。
〔Xから Yへの (M) 指示がある〕Pという　X：人、組織　Y：人、組織
・Aデパートで火災が起こった。従業員から客への指示がなかったらしく多くの客が犠牲になった。
【－を受ける】〔Yが Xから・の (M) 指示を受ける〕Pという　Y：人、組織　X：人、組織
・野球の投手は捕手からの指示を受けて、どのようなボールをどこに投げるかを決めるようだ。

b. 指示を出すことを表す連語

【－する】〔Xが Yに Pと Φ指示する〕X：人、組織　Y：人、組織
・A先生はクラスの学生に、来週の月曜日までに作文の宿題を提出することと指示した。
【－を与える】〔Xが Yに (M) 指示を与える〕Pという　X：人、組織　Y：人、組織
・教師は、学生に何冊かの文献を挙げ、これを参考にしてレポートを書けという指示を与えた。
〔Xが Yに Pと (M) 指示を与える〕X：人、組織　Y：人、組織
・組織の長は、部下に各自の職務を遂行するように指示を与え、全体を統括するのが仕事である。
【－を出す】〔Xが Yに (M) 指示を出す〕Pという　X：人、組織　Y：人、組織 [自]－が出る☆
・市長は市役所の職員に、市民には笑顔で応対するようにという指示を出した。
〔Xが Yに Pと (M) 指示を出す〕X：人、組織　Y：人、組織 [自]－が出る☆
・課長は部下にすぐに顧客からの問い合わせに応じるようにとメールで指示を出した。

c. 指示を聞くことを表す連語

【－を仰ぐ】〔Yが Xの Φ指示を仰ぐ〕Y：人、組織 (指示を受ける)　X：人、組織 (指示を出す)
・新入社員のAさんはまだ仕事に慣れていなくて、上司や先輩の指示を仰がなくては何もできない。

ししょう　支障 (×する)(ある)

【－がある⇔－がない】〔Xに・は (M) 支障がある〕Pという　X：コト
・「今の段階での研究テーマの変更はいろいろ支障があるのでよく考えたほうがいいよ」
【－が生じる】〔Xに・は (M) 支障が生じる〕Pという　X：コト
・予期せぬ来客のために時間を取られると、仕事の進行に支障が生じる。
【－を来す】《何かの結果、支障が生じる》〔YがXに (M) 支障を来す〕Pという　Y：コト　X：コ

ト
・コンピュータソフトが変わると古いバージョンで作った文書が読めなくなり、文書保存機能に支障を来すことがある。

じしん　自信（×する）（ある）

【—がある⇔—がない】〔Xに・は　（M）自信がある〕Pという　X：人、組織
・親友のAさんが私の悪口を言っていたらしい。これからAさんとうまくやっていく自信がなくなった。
〔XはYに（M）自信がある〕Pという　X：人、組織　Y：コト（自信をもつ対象）
・陸上のA選手は短距離には自信がないが、長距離には絶対勝てる自信があると言っていた。

【—がつく】〔XはYに（M）自信がつく〕Pという　X：人、組織　Y：コト　[他]—をつける
・来日してから1カ月たったAさんは大分日本語で話すことに自信がついてきたようだ。
・数学オリンピックに出場したA国チームは強敵に勝ち、来年こそ優勝できるという自信がついた。

【—が強い】〔Xは（M）自信が強い〕Pという　X：人
・Aさんは、能力もあるが自信も強い人で、自分には不可能なことはないと豪語している。

【—に溢れる】〔Xが（M）自信に溢れる〕Pという　X：人、組織
・映画祭で優秀監督賞に選ばれたAさんは、授賞式のとき自信に溢れた表情をしていた。
　＊「自信に溢れる」は、「自信に溢れた様子」「自信に溢れた表情」のように名詞の前に使うことが多い。

【—を失う】〔XがYに（M）自信を失う〕Pという　X：人、組織　Y：コト（自信を失う対象）
・新製品が全く売れず、A社は自社の企画力に自信を失っている。

【—をつける】〔XがYに（M）自信をつける〕Pという　X：人、組織　Y：コト（自信を持つ対象）[自]—がつく
・A校チームは、大会で勝ち進んでいくうちにゲーム運びに自信をつけてきている。

【—を強める】〔XがYに（M）自信を強める〕Pという　X：人、組織　Y：コト（自信を強める対象）
・A教授は実験の結果から、自分の立てた仮説の正しさに自信を強めている。（＝）—が強まる☆

【—を深める】〔XがYに（M）自信を深める〕Pという　X：人、組織　Y：コト（自信を深める対象）（＝）—が深まる☆
・展覧会に入賞した新人画家は自分の作風が人々の支持を得られるという自信を深めた。
　＊「自信を深める」とは言うが、「自信が深い」とは言わない。

しせい　姿勢（×する）（×ある）

（1）体の構え方という意味の「姿勢」

【—を正す】《場面に相応しい姿勢をする》〔XがΦ姿勢を正す〕X：人
・その若者は先生を見るとあわてて立ち上がり、姿勢を正して、大きな声で挨拶した。

【—をとる】〔XがM姿勢をとる〕X：人
・パソコンの前で長時間同じ姿勢をとると、肩や腰が痛くなる。

（2）物事に対する心の持ち方や態度という意味の「姿勢」

【—を正す】《間違っている考えや態度を直す》〔XがΦ姿勢を正す〕X：人、組織
・最近、政治家の汚職事件が相次いで発覚している。政治家は姿勢を正して真剣に国政に取り組むべきだ。
　＊1〔XがΦ姿勢を正す〕はX自身の姿勢を正すことであるが、「己の／自らの姿勢を正す」と言うこともある。・国会議員は自らの姿勢を正すことが求められている。
　＊2　この連語と同じ意味で「Φ襟を正す」という表現もある。・汚職事件で逮捕者を出したA党は、襟を正して政治に取り組むべきだ。

【—を貫く】〔XがM姿勢を貫く〕Pという　X：人、組織
・この本には、科学の仕組みとその奥深さを平易に説

明しようという著者の姿勢が貫かれている。
　　＊「柔軟姿勢」「強硬姿勢」「外交姿勢」などのように、「何の姿勢か」「どんな姿勢か」を表す語と共に使うことがある。

【―をとる】〔Xが　Yに／Yに対して　M姿勢をとる〕Pという　X：人、組織　Y：人、組織／コト
・校則が厳しいことで有名だったA校は、時代の変化に合わせ、最近柔軟な姿勢をとるようになった。
・A国がB国に対し、今後、協力していこうという姿勢をとるのかどうかが注目されている。
　　＊「柔軟姿勢」「強硬姿勢」「外交姿勢」などのように、「何の姿勢か」「どんな姿勢か」を表す語と共に使うことがある。

しせん　視線 (×する)(×ある)

【―が合う】〔Xは　Yと　Φ視線が合う〕〔XとYの／XとYは　Φ視線が合う〕X：人　Y：人　[他] ―を合わせる☆
・バスに乗り込んできた素敵な男性と視線が合って、私はちょっとドキドキした。
・英会話の授業で、たまたま先生とぼくの視線が合ったため、当てられてしまった。
　　＊「視線が合う」と同じ意味で「目が合う」という表現もある。・私はAさんと目が合った。

【―を注ぐ】〔Xが　Yに／Yに対して　M視線を注ぐ〕Pという　X：人、組織　Y：人、組織／モノ／コト
・A社が開発した新技術に、世界中の企業が熱い視線を注いでいる。

【―をそらす】〔Xが　Yから　Φ視線をそらす〕X：人　Y：人／モノ
・講義で先生に質問されそうになったので、あわてて先生から視線をそらして下を向いた。
　　＊「視線をそらす」と同じ意味で、「目をそらす」という表現がある。・交差点で大型トラックと乗用車の交通事故を目撃し、事故現場から思わず目をそらした。

【―を投げる】〔Xが　Yに　M視線を投げる〕X：人　Y：人、組織／モノ／コト
・高慢な女優は群がるインタビュアーに冷たい視線を投げ、質問に一言も答えず通り過ぎて行った。
・サッカーの試合でのA選手のフリーキックに観衆は熱い視線を投げた。
　　＊1　「視線を投げる」は、〔M〕に「熱い」「冷たい」「冷ややかな」などの語を用いる。
　　＊2　この連語とほとんど同じ意味で、「視線を投げかける」という表現がある。・集まったファンたちは、人気俳優に自分の方を向いてほしいという気持ちをこめて熱い視線を投げかけた。

【―を向ける】〔Xが　Yに／Yに対して　M視線を向ける〕Pという　X：人、組織　Y：人、組織／モノ／コト
・たばこの害が明らかになった今、喫煙者に対して、自己管理のできない人間だという厳しい視線が向けられがちだ。

じっせき　実績 (×する)(ある)

【―がある⇔―がない】〔Xに・は　(M)実績がある〕Pという　X：人、組織
・A先生は学生から信頼されている。論文執筆の実績もあり研究者としても教師としても評価が高い。
・A校チームはこれまで地区予選ですら優勝した実績はなかったが、今年は全国大会で優勝した。

【―があがる】〔Xは　(M)実績があがる〕Pという　[他] ―をあげる
・A大学は近隣の他大学と単位交換や共同研究を積極的に進めており、かなりの実績があがっている。

【―をあげる】〔Xが　(M)実績をあげる〕Pという　X：人、組織　[自] ―があがる
・今年プロデビューしたA投手は、シーズン初めから好調で二桁勝利という実績をあげている。
・当社では、今年度高い実績をあげた2名の社員に社長賞を与え、表彰することになった。

【―を買う】《実績を高く評価する》〔Yが　Xの (M)実績を買う〕Pという　Y：人、組織　X：人、組織
・サッカーのA監督は、B選手の4試合で8得点とい

う実績を買い、日本代表チームの一員に選んだ。

しめい　使命（×する）（ある）

【－がある】〔Xに・は　M使命がある〕Pという　X：人、組織／モノ／コト
・国連平和維持軍には、中立的な立場で派遣地域の秩序を回復し、平和を構築するという使命がある。

【－を帯びる】〔Xが　（M）使命を帯びる〕Pという　X：人、組織／モノ／コト
・民間人から任命される国連の親善大使は、国連の活動を広く世に示すという使命を帯びている。

【－を果たす】〔Xが　（M）使命を果たす〕Pという　X：人、組織／モノ／コト
・月の探査を開始した人工衛星は、月面写真を送って来るという重要な使命を果たした。

しや　視野（×する）（×ある）

(1) 目で知覚できる範囲という意味の「視野」

【－が広い⇔－が狭い】〔Xは　φ視野が広い〕X：人／モノ
・バレーボールやサッカーなどの選手は、動体視力に優れ視野が広いほうが有利である。
・この車は、座席が高く窓も大きく設計されているので、視野が広くて運転しやすい。

【－が広がる⇔－が狭まる】〔Xは　φ視野が広がる〕X：人　[他] －を広げる
・卓球を始めて速いボールを追う訓練をしたら、動体視力の視野が広がった。
・ある種の目の病気になると視野が狭まってしまい、広げた自分の両手の先も見えなくなるそうだ。
　＊「視野が広がる」は、〔X〕〔Y〕などを伴わずに使うことが多い。

【－に入る】〔Yが　Xの　φ視野に入る〕Y：人、動物／モノ　X：人
・やぶから出てきたウサギが猟師の視野に入るや否や、猟師は構えた鉄砲を打った。

(2) 考えや知識の及ぶ範囲という意味の「視野」

【－が広い⇔－が狭い】〔Xは　（M）視野が広い〕X：人
・Aさんは視野が広く、物事を多角的に捉えることができるので、リーダーとしてふさわしい人だ。

【－が広がる⇔－が狭まる】〔Xは　（M）視野が広がる〕X：人　[他] －を広げる⇔（＝）－を狭める☆
・教授のお話を伺って中国経済に対して新しい認識を持つことができ、国際的視野が広がった。

【－に入れる】《可能性として考慮する》〔Xが　Yを　φ視野に入れる〕X：人　Y：モノ／コト
・国際社会の動きを視野に入れずに、環境問題を考えることはできない。

【－を広げる】〔Xが　（M）視野を広げる〕X：人　[自] －が広がる
・学校を卒業してからも、社会的視野を広げるために積極的に講演会や勉強会などに参加している。

しゅどうけん　主導権（×する）（ある）

【－がある⇔－がない】〔Xに・は　（M）主導権がある〕X：人、組織
・初めAチームに試合の主導権があったが、次第にBチームに移りAチームは逆転された。

【－を奪う】〔Xが　Yから　（M）主導権を奪う〕X：人、組織　Y：人、組織
・軍政に反対して立ち上がった市民が政権から政治の主導権を奪い、民政への第一歩を踏み出した。

【－を取る】〔Xが　（M）主導権を取る〕X：人、組織
・昨日の県議会は条例の改正について審議したが、賛成派が議論の主導権を取り可決された。

【－を握る】〔Xが　（M）主導権を握る〕X：人、組織
・昨日の会議では、最年長で経験も豊富なAさんが、主導権を握っていた。

じょうけん　条件（×する）（ある）

a．条件があることを表す連語

【－がある⇔－がない】〔Yに・は （M）条件がある〕Pという　Y：人、組織／モノ／コト
・陸上競技では世界記録認定に追い風が毎秒2メートル未満という条件がある。
・昔はバスの運転手には男性であることという条件があったが、今はそのような条件はない。

【－がつく】〔Yに （M）条件がつく〕Pという　Y：人、組織／モノ／コト　[他] －をつける
・社員の新規採用には、3ヵ月の試用期間の後、決定するという条件がついている会社がある。
・ロボットコンテストに出すロボットにはそれぞれの競技会で定められた条件がつくものだ。

【－をつける】〔Xが　Yに （M）条件をつける〕Pという　X：人、組織　Y：人、組織／モノ／コト　[自] －がつく
・保険料は、契約者が保険金額や期間に条件をつけることによって、好みの額にすることができる。
・会社は新規採用の社員に3ヵ月の試用期間後の採用という条件をつけた。

b．条件が合うことを表す連語

【－が合う】〔XはYと （M）条件が合う〕Pという　〔XとYは／XとYの （M）条件が合う〕Pという　X：人、組織／コト　Y：人、組織／コト
・A銀行はB銀行と合併の条件が合ったので、C銀行として新たに発足することにした。
・A社とB社は順次取引量を増やしていくという双方の条件が合ったので、契約を結んだ。

【－が折り合う】〔XはYと （M）条件が折り合う〕Pという〔XとYの／XとYは （M）条件が折り合う〕Pという　X：人、組織／コト　Y：人、組織／コト
・土地の売買で、売り手は買い手と価格の条件が折り合わず、結局商談は成り立たなかった。
・離婚の際、お互いの条件が折り合わず、裁判になることも珍しくない。
　　＊「条件が折り合う」は交渉や折衝などの場合に用いられることが多い。

【－が揃う】〔Yに・は （M）条件が揃う〕Pという　Y：人、組織／モノ／コト　[他] －を揃える☆
・光化学スモッグは、「強い日差し」「高温」「風が穏やか」という三つの条件が揃うと発生する。
・Aさんには、スタイル、運動神経、演技力などバレリーナになる条件が揃っている。

【－が整う】《条件が全部ある》〔Yは （M）条件が整う〕Pという　Y：人、組織／モノ／コト　[他] －を整える☆
・この地方は冬の気温が低く、水がよいという条件が整っているので、昔から日本酒造りが盛んだ。

【－に当てはまる】〔Yは　Zの （M）条件に当てはまる〕Pという　Y：人、組織／モノ／コト　Z：人、組織／モノ／コト
・この土地は住宅地にあり、保育園建設の、面積が一定以上あるという条件に当てはまっている。
・屋根に太陽光発電装置を備えたこの家は、エコ住宅の条件に当てはまる。

【－を満たす】〔Yが　Zの （M）条件を満たす〕Pという　Y：人、組織／モノ／コト　Z：人、組織／モノ／コト
・Aさんは、年齢、学歴、専攻分野、経済状況などB奨学金の応募条件をすべて満たしている。
・宇宙飛行士は、専門知識や健康状態、高度な英語力という厳しい条件を満たさなければならない。

c．条件の程度を表す連語

【－が厳しい⇔－が緩い】〔Xは　Zの Φ条件が厳しい〕X：人、組織／モノ／コト　Z：コト
・この会社は、数年間の海外勤務ができることなど、採用の条件が厳しいが、魅力ある会社なので是非受けてみたい。
・ブランド商品は品質の保持に努めているため、検査の条件が非常に厳しい。

〔Zは Φ条件が厳しい〕Z：コト
・Aクラブの入会はメンバーの推薦がなくても入れるほど条件が緩い。

しょうてん　焦点 (×する)(×ある)

※「焦点」は「目・レンズの焦点」という物理用語であるが、比喩的にも使う。

a. 大切な部分をきちんと押さえることを表す連語

【－が当たる】〔Yに Φ焦点が当たる〕Y：人、組織／モノ／コト ［他］－を当てる
・富士山を撮った写真は、登山者の楽しげな表情に焦点が当たっていて、宣伝写真に使えそうだ。
・今度の選挙では、各党の年金政策に焦点が当たることになるだろう。

【－を当てる】〔Xが Yに Φ焦点を当てる〕X：人、組織／コト Y：人、組織／モノ／コト ［自］－が当たる
・事故調査委員会は、事故原因の究明と今後の安全運行に焦点を当てて調査をしている。

【－を絞る】〔Xが Yの Φ焦点を絞る〕X：人、組織／コト Y：コト
・レポートを書く際には、テーマが散漫にならないように、焦点を絞って書くようにするとよい。

〔Xが Yに Φ焦点を絞る〕X：人、組織／コト Y：人、組織／モノ／コト
・A社は、自社の調理器具を売り出す際、使いやすさに焦点を絞って宣伝活動を行い、成功した。

b. 大切な部分を捉えていないことを表す連語

【－がずれる】〔Yは Zから Φ焦点がずれる〕Y：モノ／コト Z：コト（中心となるもの）
・Aさんの発言によって、議論は当初の議題からどんどん焦点がずれていってしまった。
　　＊「焦点がずれる」は自然にそうなる状態を表す。

【－がぼける】〔Yの／Yは Φ焦点がぼける〕Y：モノ／コト ［他］－をぼかす
・Aさんの議論は焦点がぼけているので、説得力がない。

【－をぼかす】〔Xが Yの Φ焦点をぼかす〕X：人、組織／コト Y：モノ／コト ［自］－がぼける
・昔の映画では女優の顔を美しく見せるために、カメラマンはわざと焦点をぼかして撮影したそうだ。
・首相の発言は、問題の焦点をぼかそうとするものだという激しいバッシングを受けた。
　　＊「焦点をぼかす」は、意図してそういう状態にすることを表す。

じょうほう　情報（×する）（ある）

※「受験情報」「商品情報」「育児情報」「企業情報」などのように情報の内容を表す語と共に使うことが多い。

a. 情報があることを表す連語

【－がある⇔－がない】〔Xに・は （M）情報がある〕Pという　X：人、組織（情報を持っている）
・外務省には、A国の首相が重病だという情報があるそうだ。

〔Wに・は （M）情報がある〕Pという　W：人、組織／モノ／コト（それに関して情報がある）
・Aさんには、戦前に中国大陸で幅広く活動していたという情報がある。
　　＊ 上の例文は、「事実はどうかわからないが、Aさんはそのようだったと言う人がいる」という意味である。

【－が溢れる】〔Zに （M）情報が溢れる〕Pという　Z：場
・私たちの周りには情報が溢れすぎていて、かえって何が必要な情報なのかわかりづらくなっている。
　　＊「情報が溢れる」は、情報がありすぎてよくないといった意味で使われることが多い。

b. 情報を手に入れることを表す連語

【－が入る】〔Yに （M）情報が入る〕Pという　Y：人、組織
・「先ほどの地震については、こちらに新しい情報が入り次第、番組の途中でもお知らせいたします」

【－を得る】〔Yが （M）情報を得る〕Pという　Y：人、組織
・インターネットの普及によって、人々がより多くの情報をより早く得ることができるようになった。

【－を入手する】〔Yが （M）情報を入手する〕Pという　Y：人、組織
・当社は、ライバル企業の経営状態が悪化し倒産寸前だという情報を入手した。

【ーを把握する】〔Yが (M)情報を把握する〕Pという Y：人、組織
・A国政府は、B国に政変が起こりそうだという情報を全く把握していなかったようだ。

c．情報が出ていくことを表す連語
【ーが流れる】〔Xから Yに (M)情報が流れる〕Pという X：人、組織 Y：人、組織／場 [他]ーを流す
・学内に次期学長はAさんになるだろうという情報が流れている。

【ーが漏れる】〔Xから Yに (M)漏れる〕Pという X：人、組織 Y：人、組織／場 [他]ーを漏らす
・企業は、競合他社に開発中の新製品に関する情報が漏れないよう、細心の注意をする。

【ーが流出する】〔Yに (M)情報が流出する〕Pという Y：人、組織／場
・インターネットは便利だが、ネットを通じて個人情報が流出するケースが増えていて危険でもある。

【ーが漏洩する】〔Xから Yに (M)情報が漏洩する〕Pという X：人、組織 Y：人、組織／場 [他]ーを漏洩する
・企業にとっては、内部から社外に機密情報が漏洩することは致命傷となる。

【ーを流す】〔Xが Yに (M)情報を流す〕Pという X：人、組織 Y：人、組織／場 [自]ーが流れる
・地方局制作のローカル番組は、地域住民に地域に密着した情報を流している。

【ーを漏らす】〔Xが Yに (M)情報を漏らす〕Pという X：人、組織 Y：人、組織／場 [自]ーが漏れる
・守秘義務のある仕事をしている人は、仕事上で知り得た情報を誰にも漏らしてはいけない。
・誰かが株式市場にA社がB社と合併するらしいという情報を漏らした結果、B社の株価が上昇した。

【ーを漏洩する】〔Xが Yに (M)情報を漏洩する〕Pという X：人、組織 Y：人、組織／場 [自]ーが漏洩する

・市の職員が、特定の業者に公共工事の入札の情報を漏洩していたことが発覚した。

d．情報を調べることを表す連語
【ーを検索する】〔Yが (M)情報を検索する〕Pという Y：人
・最近は、インターネットが普及したおかげで、欲しい情報を簡単に検索することができる。

しょぶん　処分（する）（ある）

【ーする】
①《捨てる》〔Xが Yを (M)処分する〕X：人、組織 Y：モノ
・引っ越すので転居先では不要になる家具や電気製品を処分した。
　　＊「処分する」は、〔M〕に「焼却」「廃棄」「溶解」という語が用いられ、「焼却処分する」「廃棄処分する」「溶解処分する」と使うことがある。

②《罰する》〔Xが Yを ①処分する〕X：人、組織 Y：人、組織
・大学は、交通事故で人身事故を起こした学生を処分することについて審議している。

【ーがある（罰が与えられる）⇔ーがない】〔Yに・は (M)処分がある〕Pという Y：人、組織
・食中毒を起こしたA店に保健所から1週間の営業停止という処分があった。

【ーが重い／ー厳しい⇔ーが軽い】〔Yに対する①処分が重い〕Y：人、組織
・A大学が科した学則違反の学生に対する処分はかなり重いものだった。
・オリンピックで薬物を使用した選手への処分は厳しく、選手生命が絶たれることがある。
・帳簿操作で多額の資金を流用したA社員への処分が軽すぎるという声があがった。

【ーを与える】〔Xが Yに／Yに対して (M)処分を与える〕Pという X：人、組織 Y：人、組織
・今回の不正取引によって、A社には厳しい処分が与えられるだろう。

【−を受ける】〔Yが Xから (M)処分を受ける〕Pという Y:人、組織 X:人、組織
・ゴミの不法投棄をしていたA社は、監督官庁から営業許可を取消すという処分を受けた。

【−を科す】〔Xが Yに／Yに対して (M)処分を科す〕Pという X:人、組織 Y:人、組織
・ドーピング検査で摘発されたA選手に、半年間の出場停止という処分が科された。

【−を下す】〔Xが Yに／Yに対して (M)処分を下す〕Pという X:人、組織 Y:人、組織
[自]−が下る☆
・会社内のセクシュアルハラスメント委員会は、社員Aに懲戒処分を下す決定をした。

しんねん　信念 (×する)(ある)

【−がある】〔Xに・は (M)信念がある〕Pという X:人、組織
・A選手には、人から何といわれようと、絶対プロになれるという揺るがぬ信念があった。

【−を貫く】〔Xが (M)信念を貫く〕Pという X:人、組織
・宗教弾圧を受けても、神を信じるという自分の信念を貫いて、殉教した人々がいる。

【−を曲げる】〔Xが (M)信念を曲げる〕Pという X:人、組織
・周囲の圧力にもめげず、ガリレオは地球が太陽のまわりを回っているという信念を曲げなかった。

【−を持つ／−を抱く】〔Xが (M)信念を持つ〕Pという X:人、組織
・A先生は非行を犯した子供も必ず立ち直るという強い信念を持って教育にあたっている。

じんみゃく　人脈 (×する)(ある)

【−がある】〔Xは Yに ⓕ人脈がある〕X:人 Y:人(複)、組織／場
・芸能プロダクション社長のAさんはスポーツ界にも人脈があったようで、Aさんの葬儀には野球選手やサッカー選手も参列していた。

【−が広い】〔Xは Yに ⓕ人脈が広い〕X:人 Y:人(複)、組織／場
・Aさんは企業の経営者たちに人脈が広いこともあり、寄付集めの担当になった。
・Bさんはこの地域に人脈が広いので、市会議員に立候補すれば多くの人の応援を得て当選するだろう。

【−が広がる】〔Xの／Xは Yに ⓕ人脈が広がる〕X:人 Y:人(複)、組織／場　[他]−を広げる
・私は地域活動を通じて、異業種の人々に人脈が広がった。
・流通業界のいろいろな集まりに熱心に出席しているうちに、自然にこの業界に人脈が広がった。

【−が太い】〔Xは Yに ⓕ人脈が太い〕X:人 Y:人(複)、組織／場
・Aさんは芸能界に人脈が太いので、私はデビューしたとき、Aさんに「よろしく」と挨拶に行った。

【−を築く】〔Xが Yに (M)人脈を築く〕X:人 Y:人(複)、組織／場
・長年建築家として活躍してきたAさんは建築業界だけではなく美術関連業界にも人脈を築いている。

【−を広げる】〔Xが Yに ⓕ人脈を広げる〕X:人 Y:人(複)、組織／場　[自]−が広がる
・ある分野で成功したいなら専門の知識を深めるだけでなく、その世界に人脈を広げることも重要だ。

しんよう　信用 (する)(ある)

【−する】〔Xが Yを Pと ⓕ信用する〕X:人、組織 Y:人、組織／モノ／コト
・人々はテレビのニュースや新聞の報道を正しい情報だと信用している場合が多い。

【−がある⇔−がない】〔Yは Xに (M)信用がある〕Y:人、組織(信用される) X:人、組織(信用する)
・「うちの子どもたちはお父さんには数学の宿題を手伝ってもらわないって言うのよ。数学に関して、夫は子どもたちに全然信用がないみたい」
　＊「信用がある⇔信用がない」は、「信用がない」のほうをよく使う。

【ーを得る】〔Yが　Xの　(M)信用を得る〕Y：人、組織（信用される）　X：人、組織（信用する）
・Aさんは、初めは失敗もあったが、誠実な仕事ぶりに上司の信用を得て、最近では大事な取り引きを任されるようになった。

【ーを失う】〔Yが　X（から）の　(M)信用を失う〕Y：人、組織（信用されない）　X：人、組織（信用しない）
・政府が国民からの信用を失えば、その国の政治のみならず経済も混乱に陥るだろう。

【ーを落とす】〔Yが　(M)信用を落とす〕Y：人、組織（信用されない）　(＝)ーが落ちる☆
・評論家Aは最近自己弁護ばかりしているため、長年かけて築き上げてきた信用を落としてしまった。

【ーを築く】〔Yが　(M)信用を築く〕Y：人、組織（信用される）
・この会社は、創業以来、手堅い商売をして顧客の信用を築き、次第に成長してきた。

【ーをなくす】〔Yが　X（から）の　(M)信用をなくす〕Y：人、組織（信用されない）　X：人、組織（信用しない）
・「あまり嘘ばかりついていると友だちからの信用をなくしてしまうよ」

しんらい　信頼(する)（×ある）

a．信頼する側から表現する連語

【ーする】〔Xが　Yを　Pと　Φ信頼する〕X：人　Y：人、組織／モノ／コト
・幼児は母親を絶対に自分を守ってくれると信頼している。

【ーが薄れる】《信頼が少なくなる》〔Xは　Yに対して／Yに対する　(M)信頼が薄れる〕〔Yに対するXの　(M)信頼が薄れる〕X：人、組織（信頼する）Y：人、組織／モノ／コト（信頼される）
・人々が政府の政策を支持しなくなり国民の政治への信頼が薄れると、社会は不安定になる。

【ーが揺らぐ】《信頼する気持ちがゆれる》〔Xは　Yに対して／Yに対する　(M)信頼が揺らぐ〕〔Yに対する　Xの　(M)信頼が揺らぐ〕X：人、組織（信頼する）　Y：人、組織／モノ／コト（信頼される）
・近年、日本の警察の検挙率が下がっている。そのため警察に対する市民の信頼が揺らいでいる。

【ーを置く】〔Xが　Yに　Pと　(M)信頼を置く〕X：人、組織（信頼する）　Y：人、組織／モノ／コト（信頼される）
・部長はAさんの能力と人柄を高く評価しており、Aさんに絶大な信頼を置いている。
・消費者は、安全性に細かい配慮をするA社の製品は安心だと、同社の製品に信頼を置いている。

【ーを築く】〔Xが　Yとの間に　(M)信頼を築く〕〔XとYが　(M)信頼を築く〕X：人、組織　Y：人、組織
・不祥事を起こしたA社は、今後顧客との間に信頼を築くために多大な努力が必要であろう。

【ーを寄せる】〔Xが　Yに　Pと　(M)信頼を寄せる〕X：人、組織（信頼する）　Y：人、組織／モノ／コト（信頼される）
・チームの選手たちは監督を尊敬しており、その指導に全幅の信頼を寄せている。
　　＊「信頼を寄せる」は、目下の者が目上の者を信頼するときに使うことが多い。

b．信頼される側から表現する連語

【ーに応える】〔Yが　Xの　(M)信頼に応える〕Y：人、組織／モノ／コト（信頼される）　X：人、組織（信頼する）
・上司は部下に信頼を置き、部下は上司の信頼に応えて仕事をすれば、業績が伸びるだろう。
・A社の製品は値段は張るが消費者の信頼に応えるだけの品質とデザインなので、決して高くはない。

【ーを失う】〔Yが　Xから・の　Zに対する　(M)信頼を失う〕Y：人、組織／モノ／コト（信頼される）X：人、組織（信頼する）　Z：コト
・A鉄道会社は車両故障が続きその安全性に対する利用者からの信頼を失ってしまった。

【ーを裏切る】〔Yが　Xの　(M)信頼を裏切る〕Y：人、組織／モノ／コト（信頼される）　X：人、組織（信頼する）
・学生Aは今期はまじめに勉強すると誓ったがまたサ

ボり始めた。彼は教師の信頼を裏切ったわけだ。
・「我が社の製品はお客様の信頼を裏切らないものであることに社員一同自信をもっております」

【－を得る】〔Yが　Xから・の　(M)信頼を得る〕Y：人、組織／モノ／コト（信頼される）　X：人、組織（信頼する）
・時計の老舗(しにせ)メーカーとして世界中の人々から大きな信頼を得ているA社が新製品を出した。
・A教授は中世史の専門家で、教授の学説は研究者からも大きな信頼を得ている。

【－をきずつける】〔Wが　Xの　Yに対する　(M)信頼をきずつける〕W：人、組織／モノ／コト　X：人、組織　Y：人、組織／モノ／コト（信頼される）　[自] －がきずつく☆
・酒に酔って暴行を働いた警官Aは市民の警察に対する信頼をきずつけてしまった。
・A社の販売した欠陥商品が、消費者のA社の製品に対する長年にわたる信頼をきずつけてしまった。

【－を回復する】〔Yが　Xの　(M)信頼を回復する〕Y：人、組織（信頼される）　X：人、組織（信頼する）　[自] －が回復する☆
・人でも組織でも、一度失った信頼を回復するためには想像以上のエネルギーを必要とする。
〔Wが　Xの　Yに対する　(M)信頼を回復する〕W：人、組織／モノ／コト　X：人、組織（信頼する）　Y：人、組織（信頼される）
・A党の執行部は、人事刷新によって、国民のA党に対する信頼を回復することができた。

【－を損なう】〔Yが　X（から）の　Zに対する　(M)信頼を損なう〕Y：人、組織／モノ／コト（信頼される）　X：人、組織（信頼する）　Z：人、組織／モノ／コト
・私は、心にもないひどいことを言って、あの人からの信頼を損なってしまった。
〔Wが　Yに対する　X（から）の　(M)信頼を損なう〕W：人、組織／モノ／コト　Y：人、組織／モノ／コト（信頼される）　X：人、組織（信頼する）
・事実が検証されていないニュース報道はメディアに対する読者や視聴者からの信頼を著しく損なう。
・A社の社員は商品に欠陥があることを隠していたため、顧客の会社に対する信頼を損なってしまった。

c．信頼の程度を表す連語

【－が厚い⇔－が薄い】〔YはX（から）のZに対するΦ信頼が厚い〕Y：人、組織／モノ／コト（信頼される）　X：人、組織（信頼する）　Z：コト
・A君は同僚からの信頼が厚く、彼とならぜひ一緒に仕事をしたいという人がたくさんいる。
・ネット上には社会的信頼が薄い情報もあるので、鵜(う)呑みにしてはいけない。
〔Yに対して／Yに対する　XのΦ信頼が厚い〕Y：人、組織／モノ／コト（信頼される）　X：人、組織
・A先生の教え方や子供たちとの接し方に対する保護者の信頼が厚い。

【－が高い】〔YはX（から）のZに対するΦ信頼が高い〕Y：人、組織／モノ／コト（信頼される）　X：人、組織（信頼する）　Z：コト
・A社は常に学術的レベルの高い優れた書籍を出版していることで、研究者の信頼が高い。
・この英語の参考書は分かりやすく学習しやすいため、受験生の信頼が高いそうだ。

すがた　姿（×する）（×ある）

【－が消える】〔Lから／Yから　Xの　(M)姿が消える〕L：場所　Y：場　X：人、動物、組織／モノ／コト　（＝）－を消す
・私の故郷では、郊外に大型店が進出するに伴って、近所から小規模商店の姿が消えていっている。
・俳優Aは以前は映画やテレビで活躍していたが、いつのまにか芸能界から姿が消えていた。病気で入院しているそうだ。

【－になる】〔Xが　M姿になる〕X：人、組織、動物／モノ／コト
・怪我(けが)をしたところを農夫に助けられたツルが女の姿になって恩返しに来るという民話がある。
・政権交代が実現してはじめて民主主義が本来の姿になったと考えている政治家もいる。

【－を現す】〔Xが　Yに／Lに　(M)姿を現す〕X：人、動物／モノ　Y：場　L：場所

・ホテルに着いたときは霧が深くて何も見えなかったが、霧が晴れると目の前に富士山が姿を現した。
・ここ数年間、同級生の誰とも連絡を取っていなかったAさんが、去年の同窓会に姿を現した。

【ーを消す】〔Xが Yから／Lから （M）姿を消す〕
X：人、動物、組織／モノ／コト　Y：場　L：場所
（＝）ーが消える
・携帯電話が普及するとともに公衆電話が街中から姿を消しつつある。
・サッカーのワールドカップでは、第1次予選で半数の国が姿を消す。

【ーを見せる】《人々の前に出てくる》〔Xが Yに／Lに （M）姿を見せる〕X：人、動物／モノ　Y：場　L：場所
・療養中だった恩師が卒業パーティーに姿をお見せくださって、私たちはとてもうれしかった。
・人気歌手が空港の到着ロビーに姿を見せたとたん、つめかけたファンから歓声が挙がった。
　＊1「姿を見せる」には「様子を見せる」というような意味もある。・子どもには、親が真剣に働いている姿を見せるべきだ。
　＊2「着物姿」「制服姿」「水着姿」など着るものを表す語を「姿」の前に使うことがある。
　　・病気が癒えたA将軍は、ひさしぶりに大衆の前に軍服姿を見せた。

すその　裾野 (×する)(×ある)

【ーが広がる】《何かの範囲が広くなる》〔Yの／Yは Φ裾野が広がる〕Y：人（複）／コト　[他] ーを広げる
・小学生のサッカーチームが格段に増えた結果、サッカー人口の裾野が広がった。
・遺伝子学の分野では、近年研究者の論文発表の機会が増加し、研究の裾野が広がった。

【ーを広げる】〔Xが Yの Φ裾野を広げる〕　X：人、組織／コト　Y：人（複）／コト　[自] ーが広がる
・地域の体育協会はスポーツに関心を持つ子どもたちの裾野を広げるために、さまざまなイベントをしている。
・簡単に使えるソフトの出現が、パソコン利用者の裾野を圧倒的に広げた。

すたいる　スタイル (×する)(×ある)

(1) 体型という意味の「スタイル」

【ーがいい⇔ーが悪い】〔Xは Φスタイルがいい〕
X：人
・Aさんは足が長くほっそりとしているので、スタイルがいいとみんなから羨ましがられている。
・私はスタイルが悪いから、体の線を強調するようなファッションは似合わない。

【ーが崩れる】《体型が悪くなる》〔Xの／Xは Φスタイルが崩れる〕X：人
・モデルをしているAさんは太るとスタイルが崩れるからと言って、甘いものは一切食べない。

(2) 形・様式という意味の「スタイル」

【ーが崩れる】《様式が悪くなる》〔Xの／Xは （M）スタイルが崩れる〕Pという　X：人、組織／モノ／コト　[他] ーを崩す
・Aさんはヘアスタイルが崩れるという理由で、ドライブ中に窓を開けるのを嫌う。
・ネットショッピングの普及により、店で購入するという昔ながらの買い物スタイルが崩れつつある。

【ーを確立する】〔Xが （M）スタイルを確立する〕Pという　X：人、組織／モノ／コト
・A社は、試行錯誤を続けたが、オンデマンド販売という独特の販売スタイルを確立した。

【ーを崩す】《様式を変える》〔Xは （M）スタイルを崩す〕Pという　X：人、組織／モノ／コト　[自] ーが崩れる
・演出家Aの新しい演出は、伝統的なバレエのスタイルを崩してしまうと批判された。

すとれす　ストレス (×する)(ある)

【ーがある⇔ーがない】〔X（に）は Zに （M）ストレスがある〕X：人　Z：コト（ストレスの要因）

・Aさんは、会社での仕事にストレスがあるらしく、疲れた顔をしている。

〔Zに・は （M）ストレスがある〕 Z：コト（ストレスの要因）

・日常生活に大きなストレスがあると精神面だけでなく身体面にもさまざまな影響が出てくる。
・医者から「病気を治すには仕事を離れ、ストレスがない生活をするのが一番だ」と言われた。

【ーが大きい】〔Xの／Xは （M）ストレスが大きい〕 X：人

・Aさんは親からの期待によるストレスが大きすぎて、精神的に追い込まれてしまった。

〔Zの／Zは （M）ストレスが大きい〕 Z：コト（ストレスの要因）

・外国での生活はストレスが大きいものだ。言葉や文化が分からないことがあるからだ。

【ーが溜(た)まる】〔Xは Zに／Zの （M）ストレスが溜まる〕 X：人　Z：コト（ストレスの要因） （＝）ーを溜める

・私は最近、同僚の言動にストレスが溜まってきたのか、夜眠れないことがある。
・上司は最近機嫌が悪い。仕事のストレスが溜まっているようだ。

〔Zは （M）ストレスが溜まる〕 Z：コト（ストレスの要因）　（＝）ーを溜める

・毎日狭い部屋の中で赤ん坊の世話をするだけの生活は、口では言えないほどのストレスが溜まる。

【ーが強い】〔Zの／Zは （M）ストレスが強い〕 Z：コト

・昼夜かまわずの長時間の光照射は実験用動物にとってストレスが強い。

　＊「ストレスが強い」は、「強いストレス」と使うことが多い。・実験用動物に、長時間光を当てるなどの強いストレスを与えると、異常な行動をとり始めるそうだ。

【ーを解消する】〔Xが Zの （M）ストレスを解消する〕 X：人（ストレスを感じている）　Z：コト（ストレスの要因）　[自]ーが解消する☆

・女性が仕事のストレスを解消するためによくやることの第1位は「友人との雑談」だそうだ。

〔Yが Xの （M）ストレスを解消する〕 Y：モノ／コト（ストレスをなくす）　X：人（ストレスを感じている）

・樹木が出す特殊な成分が人間のストレスを解消する力を持っているので、森林浴は体によさそうだ。
・静かな音楽を聴きながらの入浴はストレスを解消するのに効果的だそうだ。

〔Yが Zの （M）ストレスを解消する〕 Y：モノ／コト（ストレスをなくす）　Z：コト（ストレスの要因）

・カラオケでの発散が人間関係のストレスを解消してくれる。

【ーを溜(た)める】〔Xが Zに （M）ストレスを溜める〕 X：人　Z：コト　（＝）ーが溜まる

・顧客からのクレーム処理を担当している私は、仕事にストレスを溜めないよう気分転換に留意している。

【ーを発散する】〔Xが （M）ストレスを発散する〕 X：人

・Aさんは会社でのストレスを発散するために、1週間に1回はカラオケで大声で歌っている。

すぽっとらいと　スポットライト
(×する) (×ある)

【ーが当たる】《人々の目に付く／話題として取り上げられる》〔Yに φスポットライトが当たる〕 Y：人、組織／モノ／コト　[他]ーを当てる

・超高齢社会を迎えた日本では、定年後も活躍している高齢者にスポットライトが当たってきた。
・かつては日本文化というと茶道のような伝統的なものが中心だったが、今はアニメやマンガにスポットライトが当たっている。

【ーを当てる】《何かを人々の目に付くようにする／話題として取り上げる》〔Xが Yに φスポットライトを当てる〕 X：人、組織　Y：人、組織／モノ／コト　[自]ーが当たる

・映画監督Aは、各界の有名人の幼少期にスポットライトを当てて、ドキュメンタリー映画を撮影した。

【ーを浴びる】《注目される》〔Yが φスポットライトを浴びる〕 Y：人、組織／モノ／コト

・環境にやさしいエネルギーとして、バイオ燃料がス

ポットライトを浴びている。

ずれ　ズレ（×する）（ある）

【－がある⇔－がない】〔XとY（の間）に　Zに　(M)ズレがある〕X：人、組織／モノ／コト　Y：人、組織／モノ／コト　Z：コト（ズレの起こるところ）
・往々にして、両親と祖父母の間には、子育てに対する考え方に大きなズレがある。
・地震の後の写真を見ると、右の地層と左の地層の間に大きなズレがあることが分かる。

【－が大きい】〔XとY（の間）で　Zに　Φズレが大きい〕X：人、組織／モノ／コト　Y：人、組織／モノ／コト　Z：コト（ズレの起こるところ）
・教師の間で、学生の評価基準にズレが大きいため、学生から学部長にクレームがあった。
・昔の人は太陽の動きと暦(こよみ)の間で一日の長さにズレが大きくなるのに気づき、うるう年を設けた。

【－が生じる】〔XとY（の間）に／XとY（の間）で　Zに　(M)ズレが生じる〕X：人、組織／モノ／コト　Y：人、組織／モノ／コト　Z：コト（ズレの起こるところ）
・市役所と住民の団体の間で、町の景観保全に関する考え方にズレが生じて、議論が巻き起こった。
・重い物を無理に持ち上げようとすると、背骨にズレが生じ、神経を傷つけることもあるらしい。
　　＊「ズレが生じる」は、2番目の例文のように〔XとY〕が一つのものとみなされる場合もある。

【－がひどい】〔XとY（の間）で　Zに　Φズレがひどい〕X：人、組織／モノ／コト　Y：人、組織／モノ／コト　Z：コト（ズレの起こるところ）
・時代を問わず世代間で考え方にズレがあるものだが、近年そのズレがひどくなってきている。
・地震の後、調査をしたところ、土台と柱のズレがひどい家が多かった。

せいか　成果（×する）（ある）

【－がある⇔－がない】〔Xは　Yに　(M)成果がある〕Pという　X：人、組織／コト（成果をもたらす）　Y：コト（成果が表れる）
・私は、英国留学をして、英語の上達にすばらしい成果があった。
・英国への短期留学は、英語の上達にすばらしい成果があった。
・何か有益な情報を得ようと同業他社との懇談会に行ってみたが、懇談会は情報収集に期待したほどの成果はなかった。

【－が上がる】《成果がある》〔Yに・は　(M)成果が上がる〕Pという　Y：コト　[他]－を上げる
・毎朝の10分間読書の結果、児童の漢字の習得に大きな成果が上がっているという報告があった。
・海外市場の視察により、A社のマーケット拡大戦略は大きな成果が上がった。

【－を上げる】〔Xが　Yに　(M)成果を上げる〕X：人、組織／コト　Y：コト　[自]－が上がる
・Aさんは、中世日本の歴史研究に多大な成果を挙げた。
・社長の取った積極的な店舗拡大戦略は、A社の経営規模の拡大に大きな成果を上げた。

【－を得る】〔Xが　Yに対する　(M)成果を得る〕X：人、組織／コト　Y：コト
・東アジアの国々の財務相会談が行われたが、景気回復への目立った成果が得られなかった。

【－を収める】《よい結果を出す》〔Xが　Yに　(M)成果を収める〕X：人、組織／コト　Y：コト
・A大の研究グループは、ガン細胞のメカニズムの研究に一定の成果を収めた。

せいこう　成功（する）（×ある）

【－する】〔Xが　Yに　Φ成功する〕X：人、組織　Y：コト
・長年の努力の甲斐(かい)あって、A博士は新しい化学物質を作り出す実験に成功した。

〔Yが　Φ成功する〕Y：コト
・大学祭の実行委員なので、祭が成功しなかったらどうしようととても心配だった。
　　＊「成功する」は自動詞なので、例文のように「祭りが成功する」とは言うが「実行委員が祭

りを成功する」とは言わず「実行委員が祭りを成功させる」と言う。〔XがYをⓂ成功させる〕X：人、組織　Y：コト
・Aさんは、係長に昇進した。大口取引を成功させたことが高く評価されたのだろう。

【－を収める】《成功する》〔XがYで／Yに（M）成功を収める〕X：人、組織　Y：コト／場
・画家Aは本業の日本画で輝かしい成功を収めたのみならず、和服のデザイナーとしても有名だ。
〔Yが（M）成功を収める〕Y：コト
・A国で開催された夏のオリンピックは大成功を収めた。

せいさく　政策（×する）（ある）

【－がある⇔－がない】〔Xに・はYについて／Yに対する（M）政策がある〕Pという　〔X（に）はYに（M）政策がある〕Pという　X：人、組織　Y：コト
・新しく選ばれた知事には、県の財政赤字解消について有効な政策があるのか疑問だ。
・政府には、失業者の急激な増加に対する政策がないのだろうか。

【－を打ち出す】《政策を作り、それを知らせる》〔XがYに／Yについて／Yに対する（M）政策を打ち出す〕Pという　X：人、組織　Y：コト
・日本政府が、地球温暖化問題の解決にどのような政策を打ち出すのかが、注目されている。

【－を講じる】《政策を作る》〔XがYに／Yについて／Yに対して（M）政策を講じる〕Pという　X：人、組織　Y：コト
・エネルギー問題に関して、政府は今後何らかの政策を講じる必要がある。

せいせき　成績（×する）（×ある）

※　企業活動では、「営業成績」「販売成績」という語がある。

【－が上がる⇔－が下がる】〔XはZのⓂ成績が上がる〕X：人、組織　Z：コト　[他]－を上げる⇔（＝）－を下げる

・Aさんは、今期頑張ったため営業成績が上がり、社長表彰を受けた。
・全国統一試験で、A県は2年連続して数学の成績が下がったため、教育関係者は頭を悩ませている。

【－が落ちる】〔XはZのⓂ成績が落ちる〕X：人、組織　Z：コト　（＝）－を落とす
・業界のトップであるA社も、長引く不況により売上高で成績が落ちているようだ。

【－が良い⇔－が悪い】〔XはZのⓂ成績が良い〕X：人、組織　Z：コト
・Aさんは、入学したとき、成績はとても良かったが、2年目からは成績が悪くなってしまった。
・Aデパートは、今期、服飾部門の売り上げは不振だったが、家庭雑貨部門の成績が良かったようだ。

【－を上げる⇔－を下げる】〔YがXのⓂ成績を上げる〕Y：人、組織／コト　X：人、組織
[自]－が上がる⇔（＝）－が下がる
・全国一斉に学力調査が行われるため、教師たちは生徒の成績を上げようと努力をしている。
〔XがZのⓂ成績を上げる〕X：人、組織　Z：コト　[自]－が上がる⇔－が下がる
・社員たちは、先月落ち込んだ営業の成績を上げようと、一丸となって努力している。

【－を挙げる】《良い成果を出す》〔XがM成績を挙げる〕Pという　X：人、組織
・野球のA投手は、ワールドカップで全勝するというすばらしい成績を挙げた。

【－を収める】《良い成果を出す》〔XがM成績を収める〕Pという　X：人、組織
・日本の陸上の選手たちは、今シーズン、フィールド競技で、そろって輝かしい成績を収めた。
　　＊「成績を収める」は、「良い成績／輝かしい成績」など、よいことを表す語と共に使われる。

【－を落とす】〔XがZのⓂ成績を落とす〕X：人、組織　Z：コト　（＝）－が落ちる
・常に成績上位のAさんが、このところ体調が悪いのか、実力試験で成績を落としている。

【－を出す】
①《指導者が学習者の成績を決める》〔YがXのⓂ成績を出す〕Y：人（指導者）　X：人（学習者）

［自］－が出る☆
・「このクラスではテストの結果、および出席状況を総合的に判断して皆さんの成績を出します」

②《よい記録を出す》〔Xが M成績を出す〕X：人、組織　［自］－が出る☆
・A選手は、学内の競技会でよい成績を出したので、大学代表チームの一員になった。

せき　席（×する）（ある）

（1）場所という意味の「席」

【－を改める】《別の時に、別の場所でする》〔Xが Φ席を改める〕X：人（複）
・「この件については、今ここでは決めることができそうもありませんから、席を改めて話し合うことにいたしましょう」
　　＊「席を改める」は、例文のように「席を改めて～する」と使うことが多い。

【－を移す】〔Xが Lに Φ席を移す〕X：人（複）　L：場所
・動物保護に関する国際会議は、全体会の会場から、各分科会の会場に席を移して、具体的な対策が話し合われた。
・「難しい話はそのくらいにして、今度は宴会場に席を移して、親睦を深めましょう」
　　＊「席を移す」は、例文のように「席を移して～する」と使うことが多い。

（2）座席という意味の「席」

【－がある⇔－がない】〔Lに （M）席がある〕L：場所
・講演会場はとても込んでいたが、幸い、後ろのほうに空いている席があり、座ることができた。
・この新幹線の列車には自由席がないので、座席指定券を買わざるを得ない。

【－を立つ】《席を離れる》〔Xが Φ席を立つ〕X：人
・講演の内容がつまらなかったので、途中で席を立つ人が多かった。

【－を外す】《席にいない》〔Xが Φ席を外す〕X：人
・「もしもし、Aさんをお願いいたします」「申し訳ありません。Aはただいま席を外しております」
　　＊「席を外す」は一時的にその席にいないが、いずれ戻ってくるという意味である。

【－を譲る】〔Xが Yに Φ席を譲る〕X：人　Y：人
・「電車やバスでは、お年寄りや体の不自由な方に席を譲ろう」

せきにん　責任（×する）（ある）

※　責任者の立場を明確にする場合には、「親としての責任」「監督としての責任」などと「としての」という表現を使う。

a. 責任があるということを表す連語

【－がある⇔－がない】〔Xに・は Yに／Yに対して （M）責任がある〕Pという　X：人、組織　Y：人、組織
・会社の資金運用に失敗した私には、会社に対して経営状態を悪化させたという責任がある。

〔Xに・は Zの／Zに／Zに対して （M）責任がある〕X：人、組織　Z：コト
・親は子どものしつけに最も大きな責任があるが、学校には責任がないというわけではない。

【－が重い／－が重大だ⇔－が軽い】〔Xは Yに／Yに対して （M）責任が重い〕Pという　X：人、組織　Y：人、組織
・大学は入学を許可した学生に対して、十分な教育を与えねばならないという点で責任が重い。

〔Xは Zの／Zに／Zに対する Φ責任が重い〕〔Zに／Zに対する Xの Φ責任が重い〕X：人、組織　Z：コト
・A社への新製品の説明を任された。A社は大口取引先なので、私は商談の成功に責任が重い。
・A社は大口取引先なので、商談の成功に対する私の責任が重い。

【－を負う】〔Xが Yに／Yに対して （M）責任を負う〕Pという　X：人、組織　Y：人、組織
・政治家は国民に対して、公約したことを実行するという責任を負っている。

〔Xは Zの／Zに／Zに対して （M）責任を負う〕X：人、組織　Z：コト

・「当駐車場内での事故や盗難に、当社はいかなる責任も負いません」

【－を持つ】〔Xは　Yに／Yに対して　(M)責任を持つ〕Pという　X：人、組織　Y：人、組織

・公共交通機関は常に安全運行を心がけるという責任を持っている。

〔Xは　Zの／Zに／Zに対して　(M)責任を持つ〕X：人、組織　Z：コト

・犬の飼い主は、散歩のマナーや排泄物の始末に対して責任を持つべきだ。

b．責任を持って何かをするということを表す連語

【－を取る】〔Xが　Yに／Yに対して　(M)責任を取る〕Pという　X：人、組織　Y：人、組織

・優勝候補のチームが最下位だった。監督はファンに対して敗北の責任を取りたいと辞任した。
・A社は自社の製品によって怪我をした顧客に対して、損害を賠償するという責任を取るべきだ。

〔Xが　Zの／Zに／Zに対して　(M)責任を取る〕X：人、組織　Z：コト

・犬が子どもに噛み付いた。犬の飼い主はそれに対して責任をとって治療費を支払った。

【－を果たす】〔Xが　Yに／Yに対して　(M)責任を果たす〕Pという　X：人、組織　Y：人、組織

・医者は患者に対して、十分な治療方法の説明をするという責任を果たさなければならない。

〔Xが　Zの／Zに／Zに対して　(M)責任を果たす〕X：人、組織　Z：コト

・選挙で投票に行くことは、政治に対して有権者としての責任を果たすことである。

c．責任がなくなるということを表す連語

【－を逃れる】〔Xが　Zの　(M)責任を逃れる〕X：人、組織　Z：コト

・運転中、歩行者に接触して怪我をさせたら、運転者として事故の責任を逃れることはできない。

　＊「責任を逃れる」と同じ意味で、「責任逃れ」という語もある。・政治家が賄賂を受け取っておきながら自分は関与していないと言うのは、責任逃れだ。

【－を免れる】〔Xが　Yに対して　(M)責任を免れる〕Pという　X：人、組織　Y：人、組織

・冬山で遭難事故に遭った登山隊のリーダーは遭難者の遺族に対して無謀な登山の責任を免れない。
・借金の保証人になったら、万一の場合は、本人に代わって返済をするという責任を免れない。

〔Xが　Zに対して／Zの　(M)責任を免れる〕X：人、組織　Z：コト

・Aさんは監督として、チームの敗北に対して責任を免れないだろう。
・Aさんは監督として、チームの敗北の責任を免れないだろう。

d．責任を問題にするということを表す連語

【－を問う】〔Yが　Zに対して　Xの　(M)責任を問う〕Y：人、組織　Z：コト（問題となっている）　X：人、組織（問題を起こした）

・患者とその家族はA病院で起きた医療事故に対して担当医師と病院長の責任を問うことにした。

　＊「責任を問う」は、〔Xが　Yに　Zに対して　(M)責任を問われる〕〔Zに対して　Yに　Xの　(M)責任が問われる〕のように受身表現を使うことがある。・薬害事故に対して、行政の責任が問われている。

【－を追求する】〔Yが　Zに対して　Xの　(M)責任を追及する〕Y：人、組織　Z：コト（問題となっている）　X：人、組織（問題を起こした）

・A市の市民団体は市内を流れるB川の水質汚濁に対して、C企業の責任を追及している。

せわ　世話（する）（×ある）

【－する】

①《面倒をみる》〔Xが　Yを　φ世話する〕X：人　Y：人／動物

・動物好きの弟はペットのハムスターを世話するのが楽しくて仕方がないらしい。

②《人を紹介する》〔Xが　Yに　Zを　φ世話する〕X：人（紹介する）　Y：人（紹介される）　Z：人／

コト（結婚相手や就職先など）
・昔は、世話好きのおばさんが親戚の娘にお見合いの相手を世話するということがよくあった。
・父の同僚の方が、就職先を世話してくださった。

【－が焼ける】〔Yは　Φ世話が焼ける〕Y：人
[他]－を焼く
・父は仕事一筋で生きてきた人なので、洗濯ひとつできない。母はそんな世話の焼ける父の面倒をみるのを喜んでいるようにもみえる。
　　＊「世話が焼ける」は形容詞のように使われ、名詞の前にくることが多い。「世話が焼けた／世話が焼けました」のような過去形にはならない。

【－になる】《誰かに助けてもらう》〔Yが　Xに／Xの　(M)世話になる〕Y：人、組織（助けてもらう）　X：人、組織（助ける）　[他]－をする
・A課長には、挨拶の仕方から書類の作成方法まで指導していただき、一方ならぬお世話になった。

【－をかける】〔Yが　Xに　Φ世話をかける〕Y：人（助けてもらう）　X：人、組織（助ける）
・私は海外旅行中にパスポートを紛失してしまい、当地の友人に大変世話をかけた。

【－をする】〔Xが　Yの　Φ世話をする〕X：人　Y：人／動物　[自]－になる
・兄弟が多かった時代には、年上の子供が年下の子供の世話をするのは当然だった。

【－を焼く】《人の世話をする》〔Xが　Yの　Φ世話をやく〕X：人　Y：人　[自]－が焼ける
・母は父をまるで子どものように扱い、服を選んだり着替えを手伝ったり、何かと世話を焼いている。
　　＊「世話を焼く」は「世話をする」より、「必要以上に世話をする」というニュアンスがある。

せんす　センス（×する）（ある）

【－がある⇔－がない】《あることについての感覚が鋭い》〔Xは　Yの　Φセンスがある〕X：人　Y：モノ／コト
・Aさんはユーモアのセンスがあるので、話をしていて楽しい人だ。

【－がいい⇔－が悪い】〔Xは　Yの／Yに対する　Φセンスがいい〕〔Yに対する　Xの　Φセンスがいい〕X：人、組織　Y：モノ／コト
・私の姉は、着る物や持ち物ばかりか、部屋の調度や料理の盛り付けのセンスもいい。
・レストランAは、インテリアに対するオーナーのセンスが悪いのか、壁紙やクロスの色の取り合わせが何となく落ち着かない。
〔Yは　Φセンスが良い〕Y：モノ／コト
・A社のテレビコマーシャルはセンスが悪いと思う。

【－を磨く】〔Xが　Yの／Yに対する　Φセンスを磨く〕X：人　Y：モノ／コト
・デザイナー志望のAさんはパリに留学し、デザインや色彩に対するセンスを磨いて戻ってきた。

ぜんてい　前提（×する）（×ある）

【－が崩れる】〔Xの　M前提が崩れる〕Pという　X：コト
・このデータが捏造であるならば、この議論のすべての前提が崩れてしまう。

【－とする】〔Xが　Yを　Φ前提とする〕X：人／コト　Y：コト
・経済学者は、経済成長は人々を幸福にするという考えを前提として発言している。
・日本の社会保障制度は、高い経済成長率を前提として設計されているので、経済成長が停滞している今、見直しを迫られている。
　　＊「前提とする」は、例文のように「前提として～する」と使うことが多い。

【－に立つ】〔Xは　M前提に立つ〕Pという　X：人／コト
・社長は、銀行からの融資が受けられるという前提に立って業務拡大を考えている。
・「性善説」は、人間の本性は善であるという前提に立っている。
　　＊「前提に立つ」は、例文のように「前提に立って～する」と使うことが多い。

そうぞう　想像 (する)(×ある)

【－する】〔Xが　Yを　Φ想像する〕X：人　Y：コト
・私は、子どもの顔を見ながら10年後の姿を想像し楽しくなった。
・100年前の人には、宇宙旅行が可能になることなど想像できなかっただろう。

〔Xが　Pと　Φ想像する〕X：人
・私は、子どものころ、海の底に竜宮城があり人が住んでいると想像していた。

【－がつく】《想像できる》〔Xに・は　(M)想像がつく〕Pという　X：人
・この小説の最初の章を読んだだけで、私にはAが犯人だろうという想像がついた。
・真冬のロシアの内陸部は日本人には想像もつかない寒さらしい。

【－を絶する】《想像できない》〔Yが　Xの　Φ想像を絶する〕Y：モノ／コト　X：人
・テレビで地震の被災地が映し出された。被害は私の想像を絶する規模で、言葉を失った。
　＊1「想像を絶する」は、〔X〕が文の表面に現れないことがある。・鍾乳洞（しょうにゅうどう）に入った探検隊は、想像を絶する美しい光景を目にして思わず歓声を上げた。
　＊2　この連語は、例文のように「想像を絶する（ような）～」の形で使うことが多い。

そうだん　相談 (する)(ある)

【－する】〔Xが　Yに／Yと　Zのことで／Zについて　Pと　Φ相談する〕〔XとYが　Zのことで／Zについて　Pと　Φ相談する〕X：人（相談する）　Y：人（相談される）　Z：コト
・Aさんは親友のBさんにCさんとの交際をどう思うかと相談している。

【－がある⇔－がない】〔Xから　Yに　Pと　Zのことで／Zについて　(M)相談がある〕X：人（相談する）　Y：人（相談される）　Z：コト
・日本に来たばかりの外国人の知り合いから、銀行口座の開設について相談があった。

〔Xから／Xは　Yに　Zのことで／Zについて　(M)相談がある〕Pという　X：人（相談する）　Y：人（相談される）　Z：コト
・新入社員から課の飲み会には出席したほうがよいかどうかという相談があった。
　＊「相談がある⇔相談がない」は、〔Xは　相談がある〕と使うこともあるが、例文のように〔Xから　相談がある〕と使うことが多い。

【－がまとまる】《話し合いがうまくいく》〔Zのことで／Zについて　Pと　XとYの　(M)相談がまとまる〕Z：コト　X：人　Y：人
・夏休みのクラス旅行について、北海道へ行こうと私たちの相談がまとまった。

【－に応じる】〔Yが　Zのことで／Zについて　Xの　(M)相談に応じる〕Pという　Y：人（相談される）　Z：コト　X：人（相談する）
・A建築会社は古い家のリフォームのことで、私のやっかいな相談に快く応じてくれた。
　＊「相談に応じる」は、〔Y〕が〔X〕より知識、経験のある立場の人、組織の場合に使う。また、相談の内容が面倒なことが多い。

【－に乗る】〔Zのことで／Zについて　Yが　Xの　(M)相談に乗る〕Pという　Z：コト　Y：人（相談される）　X：人（相談する）
・先輩が、将来のことで私の相談に乗ってくれたので、今後の展望が開けた思いだ。

【－を受ける】〔Zのことで／Zについて　Yが　Xに／Xから　(M)相談を受ける〕Pという　Z：コト　Y：人（相談される）　X：人（相談する）
・旅行社に勤務している私は、友人に新婚旅行のことで、どこに行ったらいいかという相談を受けた。

そち　措置 (する)(×ある)

【－する】〔Xが　Yを　Φ措置する〕X：組織（役所）　Y：コト
・厚生労働省は、来年度の予算編成において、低年齢保育の促進、開所時間の延長、多機能保育所の整備

等について、その財源を措置することとした。
　　＊「措置する」は、例文のように行政組織が法律規則に則（のっと）りある事態に対処するときに使う。

【－を講じる】〔Ｘが　Ｙに対して／Ｙに対する　Ｍ措置を講じる〕Ｐという　Ｘ：人、組織　Ｙ：コト
・市は、悪質な不法駐車に対して厳しい措置が講じられるよう条例を改正した。
　　＊「措置を講じる」は「措置を取る」より硬い表現である。

【－をする】〔Ｘが　Ｙに対して／Ｙに対する　Ｍ措置をする〕Ｐという　Ｘ：人、組織　Ｙ：コト
・近年、医療現場では、医者が延命措置をするかどうかを患者や家族に確認することが多い。

【－を取る】〔Ｘが　Ｙに対して／Ｙに対する　Ｍ措置を取る〕Ｐという　Ｘ：人、組織　Ｙ：コト
・地震で道路が陥没し通行が不可能になったことに対して、行政は迂回路（うかいろ）を指示する措置を取った。

そんがい　損害 （×する）（ある）

【－がある⇔－がない】〔Ｘに・は　（Ｍ）損害がある〕Ｐという　Ｘ：人、組織／モノ／コト
・台風によって農作物に１億円を超える損害があった。
・パソコンが盗まれたが、仕事上の重要なデータは入っていなかったので、会社に損害はなかった。

【－が大きい⇔－が小さい】〔Ｙは　Ｘに　（Ｍ）損害が大きい〕Ｙ：コト　Ｘ：人、組織／モノ／コト
・食品の安全性が疑われる事件は、食品業界全体にとって損害が大きかった。
　　＊「損害が大きい⇔損害が小さい」は、例文のように、〔Ｘに〕の代わりに〔Ｘにとって〕と使うことが多い。

【－が生じる】〔Ｘに　（Ｍ）損害が生じる〕Ｐという　Ｘ：人、組織／モノ／コト
・地震や洪水のために住宅や家財に多大な損害が生じた場合に、支払われる保険がある。
・不況のためローンの回収が難しくなり、銀行に損害が生じている。

【－をもたらす】〔Ｙが　Ｘに　（Ｍ）損害をもたらす〕Ｐという　Ｙ：人、組織／モノ／コト　Ｘ：人、組織／モノ／コト
・機密情報の流出が企業に多大な損害をもたらしたという事件は何件もある。

そんざいかん　存在感 （×する）（ある）

【－がある⇔－がない】〔Ｘに・は　（Ｍ）存在感がある〕Ｘ：人／モノ
・Ａさんは穏やかな人で普段は目立たないが、必要なときにはしっかり考えを述べ存在感のある人だ。
・「この絵はそれなりに上手な絵だけれど、何となく存在感がないんだよね」

【－が薄い／－が希薄だ】《いるのかいないのか分からない》〔Ｘは　Φ存在感が薄い〕Ｘ：人／モノ
・作家Ａは今は誰でも知っているが、高校時代は旧友の記憶にも残っていないほど存在感が薄かった。

【－を示す】〔Ｘが　Ｙに　（Ｍ）存在感を示す〕Ｘ：人／モノ　Ｙ：人
・画家Ａの作品は他の画家の作品と比べて、見る人に圧倒的な存在感を示している。

そんしつ　損失 （×する）（ある）

【－がある⇔－がない】〔Ｘに・は　（Ｍ）損失がある〕Ｘ：人、組織／コト
・株価の低迷によって多くの企業には損失があったが、幸い我が社にはほとんど損失がなかった。

【－が大きい⇔－が小さい】〔Ｙは　Ｘに　（Ｍ）損失が大きい〕Ｙ：コト　Ｘ：人、組織／コト
・優秀な技術者のＡさんの退職は、Ｂ社の将来の発展にとって製品開発面での損失が大きい。
　　＊「損失が大きい⇔損失が小さい」は、例文のように〔Ｘに〕の代わりに〔Ｘにとって〕と使うことが多い。

【－が生じる／－が出る】〔Ｘに・は　（Ｍ）損失が生じる〕Ｘ：人、組織／コト　（＝）－を生じる☆／－を出す
・リコール商品を出しその回収を始めたＡ社には１億円を越す損失が生じると見られている。
・経済状況の世界的な悪化を受け、企業経営のみなら

ず家計にも多大な損失が出ている。

【－を与える】〔Yが　Xに／Xに対して　（M）損失を与える〕Y：人、組織／コト　X：人、組織／コト
・A大学の財務担当理事のBさんは、資金の運用に失敗し、A大学に多額の損失を与えた。
・新製品開発に予想外の費用がかかり、結果的に、会社に対して多大な損失を与えてしまった。

【－を出す】〔Xが　（M）損失を出す〕X：人、組織／コト　（＝）－が出る
・我が社は、今期の販売実績が思わしくなく、2億円ほどの損失を出してしまった。

【－をもたらす】〔Yが　Xに／Xに対して　（M）損失をもたらす〕Y：人、組織／コト　X：人、組織／コト
・A証券会社は資金運用に失敗し、顧客に莫大な損失をもたらした。
・急激な株価の下落が株主に対して予想外の損失をもたらした。

たいさく　対策（×する）（ある）

【－がある⇔－がない】〔Xに・は　（M）対策がある〕Pという　X：人、組織
・市議会には、市街地の慢性的な交通渋滞を解消するための抜本的な対策は何もないようだ。

【－が立つ】〔（M）対策が立つ〕Pという　[他] －を立てる
・地震でガス管が破裂した。被害が予想外に大きく復旧に向けた対策が立たない状態が続いている。
　＊「対策が立つ」は、「対策が立たない」という否定表現で使うことが多い。

【－に乗り出す】《対策を考えることを始める》〔Xが　（M）対策に乗り出す〕Pという　X：人、組織
・以前からこの薬の害が指摘されていたが、政府は被害者が出てはじめて対策に乗り出した。
　＊「対策に乗り出す」では、〔X〕は組織のことが多い。

【－を打ち出す】《対策を公表する》〔Xが　（M）対策を打ち出す〕Pという　X：人、組織
・原発で想定外の事故があった。このような事故を想定した対策を早急に打ち出す必要がある。
　＊「対策を打ち出す」では、〔X〕は組織のことが多い。

【－を講じる】《対策をする》〔Xが　（M）対策を講じる〕Pという　X：人、組織
・世界の人口は60億を超えている。人口の爆発的な増加を抑制するための対策を講じる必要がある。
　＊「対策を講じる」では〔X〕は組織のことが多い。

【－をする】〔Xが　（M）対策をする〕Pという　X：人、組織
・「今夜は冷え込みますので、十分な防寒対策をしてお出かけください」と天気予報で言っていた。

【－を立てる】〔Xが　（M）対策を立てる〕Pという　X：人、組織　[自] －が立つ
・日本は都市部に人口が集中している。地方を活性化し人口を分散するという対策を立てたい。

【－を取る】《対策の内容を実行する》〔Xが　（M）対策を取る〕Pという　X：人、組織
・今年の夏は例年になく暑さが厳しいので、特に老人や乳幼児は十分な熱中症対策を取る必要がある。

【－を練る】《対策の具体案をいろいろ考える》〔Xが　（M）対策を練る〕Pという　X：人、組織
・この会のメンバーも高齢化してきた。若者をメンバーに引き込むための対策を練るべきではないか。

たいみんぐ　タイミング（×する）（×ある）

【－が合う】〔XはYと　（M）タイミングが合う〕〔XとYの／XとYは　（M）タイミングが合う〕X：人、組織／モノ／コト　Y：人、組織／モノ／コト　[他] －を合わせる
・二人三脚をしたが、一緒に走ったAさんとタイミングがあわず転倒してしまった。

【－がずれる】〔（M）タイミングがずれる〕[他] －をずらす
・車を運転しているとき、ブレーキを踏むタイミングがずれると危険なことがある。
　＊「タイミングがずれる」は、〔X〕〔Y〕などを伴わずに使うことが多い。

〔XとYの　（M）タイミングがずれる〕X：人、組織

／モノ／コト　Y：人、組織／モノ／コト　[他]−をずらす
- 今日のコーラスではソプラノとベースの歌い始めのタイミングが微妙にずれていた。
- 外国から送られてくるテレビ画像では、映像と音声のタイミングがずれることがよくある。

【−が外れる】〔(M) タイミングが外れる〕[他]−を外す
- 私のテニスは、ラケットを振るタイミングが外れているのか、球を上手に打ち返せない。
　　＊「タイミングが外れる」は、〔X〕〔Y〕などを伴わずに使うことが多い。

【−を合わせる】〔Xが　Yと／Yに　(M) タイミングを合わせる〕〔XとYが　(M) タイミングを合わせる〕X：人、組織　Y：人、組織／モノ／コト
[自]−が合う
- 「今回の演出では、ドラムの音に照明のスイッチを入れるタイミングを合わせたらどうだろうか」

〔Zが　XとYの　(M) タイミングを合わせる〕Z：人、組織　X：人、組織／モノ／コト　Y：人、組織／モノ／コト　[自]−が合う
- 監督は、デジタル操作によって、映像と字幕のタイミングを合わせた。

【−をずらす】〔Xが　(M) タイミングをずらす〕X：人、組織　[自]−がずれる
- 昼ごはんはレストランで食べる。昼時は込んでいるので多少タイミングをずらして行っている。

〔Zが　XとYの　(M) タイミングをずらす〕Z：人、組織　X：人、組織／モノ／コト　Y：人、組織／モノ／コト　[自]−がずれる
- A社は二つの新製品を開発したが、商品Bと商品Cの発売のタイミングをずらし、市場の動向を見ることにした。

【−をつかむ】〔Xが　(M) タイミングをつかむ〕X：人、組織
- 交渉にしても、株式投資にしても、成功する人はタイミングをつかむのが上手だ。

【−をはかる】《良いタイミングになるようにする》〔Xが　(M) タイミングをはかる〕X：人、組織
- 良いレストランでは、客の食べる速さに合わせ、タイミングをはかって料理を出すようだ。

【−を外す】〔Xが　(M) タイミングを外す〕X：人、組織　[自]−が外れる
- 忙しくてトマトの収穫のタイミングを外してしまったら、大きくなりすぎた。

たちば　立場 (×する)(ある)

【−がある】《役割がある》〔Xに・は　(M) 立場がある〕Pという　X：人、組織
- 昔は長男には一家の家長としての立場があり、家族の中で他の兄弟より権利も責任も大きかった。

【−がない】《面目が立たない》〔Xに・は　(M) 立場がない〕〔Xの／Xは　(M) 立場がない〕Pという　X：人、組織
- 「お母さんは何でも知っているのよ」と常々言っていたのに、子どもにコンピューターの使い方を聞いている私は立場がない。
- 帰国子女のAさんは英語教師のB先生より発音がうまく、B先生は「僕の立場がないなあ」と苦笑している。
　　＊「立場がない」は「立場がある」の単なる否定形ではない。

【−にある】《その境遇や地位にある》〔Xが　(M) 立場にある〕Pという　X：人、組織
- Aさんは弱い立場にある子どもたちのために働きたいと思って、児童福祉士の資格を取ったそうだ。

【−に置かれる】〔Xが　(M) 立場に置かれる〕Pという　X：人、組織
- 契約社員やフリーターなど雇用上不安定な立場に置かれている労働者への支援を政府に求めたい。

【−に立つ】〔Xが　(M) 立場に立つ〕Pという　X：人、組織
- 病気で入院した医者Aは、患者の立場に立ってはじめて、現行の医療制度の欠陥に気付いたと語った。

【−を取る】〔Xが　(M) 立場を取る〕Pという　X：人、組織
- A、B両国間の問題に対して、日本政府は中立的立場を取っている。

ちい　地位（×する）（ある）

【－がある⇔－がない】〔Xは　（M）地位がある〕X：人
・A教授は学会での地位がある人だから、皆、A教授に対しては気を使っている。

【－が高い⇔－が低い】〔Xの／Xは　（M）地位が高い〕X：人
・ある社会では女性の地位が高く、村の重要なことを決定するのは男性ではなく女性の長老だという。

【－に就く】〔Xが　M地位に就く〕Pという　X：人
・Aさんは長年衆議院議員を務め政治活動を行っていたが、ついに今度の内閣で大臣の地位に就いた。

【－を奪う】〔Yが　Xから／Xの　M地位を奪う〕Pという　Y：人、組織　X：人、組織
・後発メーカーのA社は優れた製品を開発することでB社の業界トップという地位を奪いつつある。
　＊「地位を奪う」は、〔Xが　Yに　（M）地位を奪われる〕のように受身表現を使うことがある。

【－を固める】《自分の地位を強固なものにする》〔Xが　M地位を固める〕Pという　X：人
・急速な中国経済の発展に伴って、香港は国際的金融センターとしての地位を固めた。

【－を築く】〔Xが　Zに　（M）地位を築く〕Pという　X：人、組織　Z：場
・自動車メーカーのA社は優れた技術力と経営力によって自動車産業界に不動の地位を築いた。

【－を占める】〔Xが　Zに　（M）地位を占める〕Pという　X：人、組織／コト　Z：場
・作家Aの作品は、日本の近代文学史上に独自の地位を占めている。

ちえ　知恵（×する）（ある）

【－がある⇔－がない】《知的能力や物事に対処する能力がある》〔Xに・は　（M）知恵がある〕X：人、動物
・カラスにはびっくりするほどの知恵があると言われている。

【－が浮かぶ】《知恵が出てくる》〔Xに　M知恵が浮かぶ〕X：人
・なかなかアイディアが出てこないとき、しばらく全く違うことをしていると突然思わぬ知恵が浮かんでくることがある。
　＊「知恵が浮かぶ」は、「良い知恵が浮かぶ」と使うことがある。・毎日の献立を考えるのに、良い知恵が浮かばなくて困る。

【－がつく】《いろいろなことが分かるようになる》〔Xに　Φ知恵がつく〕X：人、動物　[他]－をつける
・子どもも、2、3歳になると知恵がついてきて、意図的に親を喜ばせたりはらはらさせたりすることができるようになる。
　＊「知恵がつく」は、一人前の考え方、行動ができるようになることを言うが、一般的には2、3歳の幼児が物事が分かるようになることを言うことが多い。

【－を貸す】〔Yが　Xに　（M）知恵を貸す〕Y：人　X：人
・「私たちだけではこの問題が解決できませんので、先生のお知恵を貸していただけませんか」

【－を借りる】〔Xが　Yから／Yの　（M）知恵を借りる〕X：人　Y：人
・自分で問題解決を図ることは重要だが、他人の優れた知恵を借りることも必要ではないか。
　＊「知恵を借りる」は、丁寧な表現では「お知恵を拝借する」と言う。

【－を絞る】《問題解決のためによく考える》〔Xが　Zに　（M）知恵を絞る〕X：人　Z：コト
・店では、道を通る人に購買意欲を起こさせるようショーウィンドーの飾り付けに知恵を絞っている。
・収穫期に入った果樹をカラスの被害から守るため、農家はカラス対策に知恵を絞っている。
　＊1「知恵を絞る」は、「知恵を絞って～する」と使うことがある。・「みんなで知恵を絞って、パーティーを盛り上げてください」
　＊2「ない知恵を絞る」という表現もよく使う。・あまりいい案ではないのですが、ない知恵

を絞って考えた結果がこれです。
【−をつける】〔Yが Xに （M）知恵をつける〕Y：人　X：人、組織　[自]−がつく
・友人が優良株の見方の知恵をつけてくれたので、株を始めてみようと思い立った。

ちから　力 (×する)(ある)

(1) 能力という意味の「力」
※「理解する力」「表現する力」「免疫の力」などは、「理解力」「表現力」「免疫力」と使うことがある。

【−がある⇔−がない】〔Xに・は （M）力がある〕Pという　X：人、組織
・大学受験生のAさんはかなりの力があるから、難関校を目指しても大丈夫だろう。

【−が衰える】〔Xの／Xは （M）力が衰える〕Pという　X：人、組織
・高齢になると誰でも記憶力や判断力が衰える。

【−が付く】〔Xに・は （M）力が付く〕Pという　X：人、組織　[他]−を付ける
・「1年間の海外留学のおかげで、私は自立して生活していく力が付いたように思います」

【−をいかす】〔Yが Xの （M）力をいかす〕Pという　Y：人、組織　X：人、組織　[自]−がいきる☆
・チームプレーが求められる競技の監督は、個人の力を最大限にいかせるよう作戦を練る。

【−を高める】〔Yが Xの （M）力を高める〕Pという　Y：人、組織／コト　X：人、組織　[自]−が高まる☆
・両親は情操教育を施すことで、私たち子どもの音楽に対する力を高めてくれた。
〔Xが （M）力を高める〕Pという　X：人、組織　[自]−が高まる☆
・外国語学習では、実際に使うことが話す力を高める。

【−を付ける】〔Yが Xに （M）力を付ける〕Pという　Y：人、組織　X：人、組織　[自]−が付く
・先生は子どもたちに考える力を付けるため、いろいろな本を読ませている。

〔Xが （M）力を付ける〕Pという　X：人、組織　[自]−が付く
・A校チームは、以前は弱いチームだったが、ここ数年でめきめきと力を付けてきている。

【−を伸ばす】〔Yが Xの （M）力を伸ばす〕Pという　Y：人、組織　X：人、組織　[自]−が伸びる☆
・この幼稚園は子どもたちの自由な想像力を伸ばすために、自然と触れ合う活動を大切にしている。
〔Xが （M）力を伸ばす〕Pという　X：人、組織　[自]−が伸びる☆
・陸上のA選手はまだ若いが、大会ごとに自己記録を更新しており、ぐんぐん力を伸ばしている。

【−を持つ】〔Xが M力を持つ〕Pという　X：人、組織
・Aさんは若いが、囲碁の大会で優勝できる力を持っているので、落ち着いて対戦に臨んでほしい。

(2) エネルギー・活力という意味の「力」

【−がある⇔−がない】〔Xに・は （M）力がある〕X：人、組織
・近頃の若者には、はつらつとした力がないなどと批判する大人もいる。
〔Zには （M）力がある〕Z：モノ（作品）／コト（人の言動）
・「この絵の筆の使い方には力がありますね。画家の生命力を感じさせられます」

【−がこもる】〔Zに・は （M）力がこもる〕Z：モノ（作品）／コト（人の言動）　[他]−をこめる
・将来の夢を情熱的に語るAさんの言葉には力がこもっていた。
・小説家Aの作品には人々を勇気付ける力がこもっている。

【−が出る】〔Xは （M）力が出る〕X：人、組織　[他]−を出す
・母はいつも「ごはんをしっかり食べないと力が出ないよ」と言って、弁当を持たせてくれた。

【−が尽きる】〔Xは Φ力が尽きる〕X：人、組織
・マラソンでA選手は、ゴールまであと一歩のところ

で力が尽きて倒れた。

【―が抜ける】〔Xは （M）力が抜ける〕X：人　[他] ―を抜く
・プロジェクト成功のため皆が努力しているとき、非協力的な人がいると力が抜けてしまうものだ。
　　＊「肩の力が抜ける」という慣用表現があり、「不要な構えがなく、自然な」という意味である。・作曲家Aは最近、若いころの奇抜な発想から脱し、肩の力が抜けた良い作品を発表している。

【―が入る】〔Xは　Zに　Φ力が入る〕X：人、組織　Z：モノ（身体の一部）／コト　[他] ―を入れる
・息子のチームが優勝候補のチームと対戦した。一生懸命戦っていたので応援にも力が入った。
　　＊「肩に力が入る」という慣用表現があり、「リラックスしていない」という意味である。
　　　・入社試験の面接に失敗した。緊張で肩に力が入っていたからだろう。

【―が湧く】〔Xは （M）力が湧く〕X：人
・試験に失敗してやる気をなくしていたが、友人の励ましのおかげで再挑戦する力が湧いてきた。

【―を入れる】〔Xが　Zに　Φ力を入れる〕X：人、組織　Z：コト　[自] ―が入る
・A社は、地球環境にやさしいエネルギーの開発に力を入れている。

【―を得る】〔Xが　Zから／Zに　（M）力を得る〕X：人、組織　Z：コト
・選手たちは沿道の人々の声援に大きな力を得て、マラソンを完走することができた。

【―を込める】〔Xが　Zに　（M）力を込める〕X：人　Z：モノ（手、声など）／コト（人の言動）　[自] ―がこもる
・決勝戦進出を決めたA選手は、一語一語に力を込めて、優勝の決意を語った。

【―を注ぐ】〔Xが　Zに　（M）力を注ぐ〕X：人、組織　Z：コト
・A小学校では、自分の言葉で表現する能力を身に付けさせることに最大の力を注いでいる。

【―を高める】〔Yが　Xの　（M）力を高める〕Y：人、組織／コト　X：人、組織　[自] ―が高まる☆

・すぐれた演出と観客の好意的な反応が役者の舞台上での力を高めてくれる。

【―を出す】〔Xが　（M）力を出す〕X：人、組織　[自] ―が出る
・メダルの期待がかかっていたA選手だが、世界大会では力を出し切れず、4位に終わった。

【―を抜く】〔Xが　（M）力を抜く〕X：人　[自] ―が抜ける
・「どうしても勝ちたいという気持ちはわかるけど、少し力を抜いてリラックスしたほうがいいよ」
　　＊「肩の力を抜く」という慣用表現があり、「リラックスする」という意味である。・留学生活に慣れてくるとともに、肩の力を抜いて自然に振舞えるようになった。

(3) 努力・協力という意味の「力」

【―を合わせる】《協力する》〔Xが　Yと　（M）力を合わせる〕〔XとYが　（M）力を合わせる〕X：人、組織　Y：人、組織
・ボートの団体競技で優勝した。チームのメンバーが力を合わせて取り組んだ成果だ。

【―を得る】《協力してもらう》〔Yが　Xの　（M）力を得る〕Y：人、組織　X：人、組織
・橋の復旧工事で、地元の人々は多くのボランティアの力を得て、短期間のうちに完成させた。

【―を貸す】〔Xが　Yに　（M）力を貸す〕X：人、組織　Y：人、組織
・Aさんは、会社を設立しようとするBさんに、資金、人材の両面で力を貸した。

【―を借りる】〔Yが　Xに／Xから　（M）力を借りる〕Y：人、組織　X：人、組織
・倒産寸前だったA社は、取引先銀行や長年の得意先から力を借りて、何とか持ち直すことができた。

【―を尽くす】〔Xが　Zに　（M）力を尽くす〕X：人、組織　Z：コト
・新大臣は、就任後の記者会見で、国民生活の向上に力を尽くしたいと語った。

(4) 権力という意味の「力」

【－がある⇔－がない】〔Xに・は （M）力がある〕Pという　X：人、組織
・大国のリーダーには世界を動かすという力があるのだからその責任も重い。

【－が衰える】〔Xの／Xは （M）力が衰える〕Pという　X：人、組織
・財界の長老のA社社長も、世代交代が進んだ今では、業界内での影響力がだいぶ衰えてきたようだ。

【－が強まる】〔Xの／Xは （M）力が強まる〕Pという　X：人、組織　[他]－を強める
・A国は経済力の高まりとともに国際社会に対してさまざまな局面で影響を与える力が強まってきた。

【－を失う】〔Xが （M）力を失う〕Pという　X：人、組織
・権力をほしいままにした為政者が力を失い、権力の座から引きずり下ろされたという歴史はどこにでもある。

【－を強める】〔Xが （M）力を強める〕Pという　X：人、組織　[自]－が強まる
・権力をトップに集中し社長の力を強めすぎた結果、社員の不満が高まり会社の弱体化を招いた。

ちしき　知識（×する）（ある）

【－がある⇔－がない】〔Xに・は　Yについて （M）知識がある〕Pという　X：人　Y：モノ／コト（知識がある分野）
・私には東洋史に関する知識が全然ないので、中国の古い時代の話を聞いても全く理解できない。

【－が身につく】〔Xは （M）知識が身につく〕Pという　X：人　[他]－を身につける
・古今東西の優れた作品を読むことにより、はじめて本物の知識が身につくものだ。

【－をいかす】〔Xが （M）知識をいかす〕Pという　X：人　[自]－がいきる☆
・「卒業後は大学で得た知識をいかして、社会に役に立つような仕事がしたいです」

【－を得る】〔Xが （M）知識を得る〕Pという　X：人
・本から得る知識ももちろん大事だが、経験から得る知識も大事である。
　＊「知識を得る」と使う。「知識を学ぶ」「知識を勉強する」は誤った表現である。

【－を詰め込む】《受験などのために勉強する》〔Yが　Xに （M）知識を詰め込む〕Pという　Y：人、組織　X：人
・教育とは、教師が生徒に知識を詰め込むことだけではなく、考える力を育てることである。

【－を身につける】〔Xが （M）知識を身につける〕Pという　X：人　[自]－が身につく
・子どもたちは、日常の生活から自然界の事柄についての知識を身につけていく。
　＊「知識を身につける」と使う。「知識を学ぶ」「知識を勉強する」は誤った表現である。

ちつじょ　秩序（×する）（ある）

【－がある⇔－がない】〔Xに・は （M）秩序がある〕Pという　X：人（複）、組織／モノ／コト／場
・太陽は常に東から昇り西に沈み、季節は規則正しくめぐってくる。自然界には秩序がある。
・この中学の1年生は、一見秩序がないように見えるが、必要なときには整然と行動ができる。

【－が乱れる】〔Xの／Xは （M）秩序が乱れる〕Pという　X：人（複）、組織／モノ／コト／場　[他]－を乱す
・規制緩和は自由競争を刺激したが、長年の人間関係を尊重するというこれまでの商秩序が乱れる結果をも生んだ。

【－を保つ】〔Xが （M）秩序を保つ〕Pという　X：人、組織／モノ／コト／場
・伝統的な日本社会は、個人の自由より集団の秩序を保つことが重んじられた。
　＊「秩序を保つ」は、〔Xによって （M）秩序が保たれる〕のように受身表現を使うことがある。その場合、〔X〕が表面に現れないことが多い。・この団体は指導者の統率力が優れているのだろう。実によく秩序が保たれている。

【ーを乱す】〔Yが Xの (M)秩序を乱す〕Pという　Y：人／コト　X：人、組織／モノ／コト
[自] ーが乱れる
・Aさんの勝手な行動が私たちのクラスの秩序を乱していることに本人は全く気がついていない。

ちゃんす　チャンス（×する）（ある）

【ーがある⇔ーがない】〔Xに・は (M)チャンスがある〕Pという　X：人、組織
・「今回の人事で昇進はかなわなかったが、君は若いんだから、これからいくらでもチャンスがあるよ」
・とうとうAさんが好きだと打ち明けるチャンスがないまま、卒業式を迎えてしまった。

【ーをつかむ】〔Xが (M)チャンスをつかむ〕Pという　X：人、組織
・野球選手Aは、野球の本場でプレイするチャンスをつかみ、見事メジャーリーグにデビューした。

【ーを手に入れる】〔Xが (M)チャンスを手に入れる〕Pという　X：人、組織
・Aさんは会社に勤めていたとき、海外留学のチャンスを手に入れ米国の大学院で経営学を勉強した。

【ーを狙う】〔Xが (M)チャンスを狙う〕Pという　X：人、組織
・カメラマンたちは、絶好のシャッターチャンスを狙って、カメラを構えている。

【ーをものにする】《機会をうまく利用する》〔Xが (M)チャンスをものにする〕Pという　X：人、組織
・Aさんは、狙ったチャンスを必ずものにするという信念によって小さな商店を大企業に育て上げた。

ちゅうい　注意（する）（ある）

(1) 自分自身が気をつけるという意味の「注意」

【ーする】〔Xが Yに Φ注意する〕X：人、組織　Y：人、組織／モノ／コト
・肥満と成人病との関係が言われるようになって、人々は体重に注意するようになった。

【ーを怠る】《気をつけない》〔Xが (M)注意を怠る〕X：人、組織
・このスプレーは火に向けて噴射すると危険だ。この注意を怠ると火事になる恐れがある。
〔Xが Yに／Yに対して／Yに対する (M)注意を怠る〕X：人、組織　Y：人、組織／モノ／コト
・交差点の事故は、左折する車の運転手が後ろから来る自転車への注意を怠ったことで起こった。

【ーを払う】《気をつける》〔Xが Pと (M)注意を払う〕X：人、組織
・「当社ではお客様の個人情報が外部に漏れないように、細心の注意を払っております」
〔Xが Yに (M)注意を払う〕X：人、組織　Y：人、組織／モノ／コト
・医者は患者の容体に細心の注意を払って手術を行っている。
・バスの運転士は後ろから来る車に注意を払って、バスを発車させた。

(2) 気をつけるように言ったり、言われたりするという意味の「注意」

【ーする】〔Xが Yに Pと Φ注意する〕X：人、組織　Y：人、組織
・祖父は孫に常に地震や洪水などの災害に備えておかなければいけないと注意した。
・駅員はホームの端を歩いている人に、危険なので黄色い線の内側を歩くように注意した。

【ーがある⇔ーがない】〔Xから Yに (M)注意がある〕Pという　X：人、組織　Y：人、組織
・試験監督から受験者に、試験開始30分後まで退室してはいけないという注意があった。
〔Xから Yに Pと (M)注意がある〕X：人、組織　Y：人、組織
・劇場では開演前に係員から観客に上演中は携帯電話を切っておくようにと注意があった。

【ーを受ける】〔Yが Xに／Xから (M)注意を受ける〕Pという　Y：人、組織　X：人、組織
・授業中しゃべっていた学生たちは教師から、他の学生の迷惑になるからやめろという注意を受けた。
〔Yが Xに／Xから Pと (M)注意を受ける〕Y：

人、組織　X：人、組織
・撮影禁止場所で知らずに写真を撮っていて、警備員に「すぐやめなさい」と注意を受けた。

【―を促す】《注意するように言う》〔Xが　Yに／Yに対して　Pと　(M)注意を促す〕X：人、組織　Y：人、組織
・校長先生は児童たちに対して夏休みには水の事故に気をつけるように注意を促した。

〔Xが　Yに／Yに対して　Zに対する　(M)注意を促す〕X：人、組織　Y：人、組織　Z：コト
・この地域では今日は気温が35度を超えそうなので、気象庁は市民に熱中症に対する注意を促した。

【―を喚起する】《注意するように言う》〔Xが　Yに／Yに対して　Zに対する　(M)注意を喚起する〕X：人、組織　Y：人、組織　Z：コト
・冬になると消防署はいろいろな広報活動を通して、市民に火事に対する注意を喚起している。

〔Xが　Yに／Yに対して　Pと　(M)注意を喚起する〕X：人、組織　Y：人、組織
・世界環境会議は各国に対して温暖化防止策を速やかに推進するよう注意を喚起した。

(3) 注目するという意味の「注意」

【―をそらす】《人が注目しないようにする》〔Yが　Zから　Xの　Φ注意をそらす〕Y：人、組織　Z：人／モノ／コト　X：人、組織
・買い物中の母親は、子どもの注意をお菓子の棚からそらすのに苦労している。
　　＊「注意をそらす」は、例文のように〔Xの　注意を　Zから　そらす〕という語順になることが多い。

【―を引く】《注目させる》〔Yが　Xの　Φ注意を引く〕Y：人、組織／モノ／コト　X：人、組織
・交通標識には、赤や黄色といった人の注意を引く色が使われている。

ちゅうもく　注目（する）（×ある）

【―する】〔Xが　Yに　Φ注目する〕X：人　Y：人、組織／モノ／コト

・最近売り出し中の歌手Aは才能があり将来有望だと思うので、私はこの歌手に注目している。

【―が集まる】〔Yに　Xの　(M)注目が集まる〕Y：人、組織／モノ／コト　X：人（複）　[他]―を集める
・国中を騒がせた事件の裁判の判決に国民やマスコミの多大な注目が集まっている。

【―を集める】〔Yが　Xの　(M)注目を集める〕Y：人、組織／モノ／コト　X：人（複）　[自]―が集まる
・オリンピックは世界各国にテレビ中継されることもあり世界中の人々の注目を集める。

【―を浴びる】〔Yが　Xの　(M)注目を浴びる〕Y：人、組織／モノ／コト　X：人（複）
・昨年ヒットしたドラマの舞台となったことから、私の故郷の小さな町は注目を浴びることとなった。

ちゅうもん　注文（する）（ある）

(1) 手に入れるために頼むという意味の「注文」

【―する】〔Xが　Yに　Zを　Φ注文する〕X：人、組織　Y：人、組織　Z：モノ／コト
・通信販売のカタログを見て、生産者にリンゴを直接注文した。

〔Xが　Yに　Pと　Φ注文する〕X：人、組織　Y：人、組織
・すし屋でお客が店主に子どもが食べるおすしにはわさびを入れないでほしいと注文していた。
・商品の追加分を明日10時までに届けるようにと卸元（おろしもと）に注文した。

【―がある】⇔【―がない】〔Xは　(M)注文がある〕X：人、組織
・「ご注文は以上でよろしいでしょうか。他にも何かご注文があおりでしょうか」

【―を受ける】〔Yが　Xから・の　(M)注文を受ける〕Pという　Y：人、組織　X：人、組織（注文する）
・高級ハンドバッグを売るA社は顧客の注文を受けてから1点1点職人が手作りで製造している。
・A酒店は、近所の家からビールを1ダースすぐに届けてくれという注文を受けた。

〔Yが　Xから　Pと　(M)注文を受ける〕〔Yが

Pと Xの（M）注文を受ける〕Y：人、組織　X：人、組織（注文する）
・A料理店は、Bさんから10人前の料理を正午前に届けてほしいと注文を受けた。

【－をとる】〔Yが Xから・の（M）注文をとる〕Pという　Y：人、組織　X：人、組織（注文する）
・A商店はオンラインで客から注文をとることができるよう、ネット上にホームページを開いた。

(2) 相手に出す条件や要求という意味の「注文」

【－する】〔Xが Yに／Yに対して Pと Φ注文する〕X：人、組織（注文する）　Y：人、組織
・親は子どもに学校の勉強もスポーツも音楽もよくできる子になって欲しいと注文するものだ。

【－がある⇔－がない】〔Xに・は／Xから Yに対して／Yに対する（M）注文がある〕Pという〔X（に）は Yに（M）注文がある〕Pという　X：人、組織　Y：人、組織
・履修指導の席で、学生側から教員に対して採点基準を明確にしてほしいという注文があった。

〔Xから／Xは Yに／Yに対して Pと（M）注文がある〕X：人、組織（注文する）　Y：人、組織
・発注者からブラウスの製造元にもう少し襟幅を広くするようにと注文があった。

【－がうるさい】〔Xは Yに対して Pと（M）注文がうるさい〕X：人、組織（注文する）　Y：人／モノ／コト
・あの店の店主は、客の食べ方に対してこうして食べろなどと注文がうるさいが、そのことがかえって人気を呼んでいる。

【－に応じる】〔Xが Y（から）の（M）注文に応じる〕Pという　X：人、組織　Y：人、組織
・記者会見で女優のAはカメラマンの注文に応じていろいろなポーズをとっていた。

【－をつける】《要求を言う》〔Xが Yに／Yに対して（M）注文をつける〕Pという　X：人、組織　Y：人、組織／モノ／コト　[自]－がつく☆
・Aさんはヘアスタイルについてうるさく、いつも美容師にあれこれ細かい注文をつける。

〔Xが Yに／Yに対して Pと（M）注文をつける〕X：人、組織（注文する）　Y：人、組織／モノ／コト　[自]－がつく☆
・小説の編集者は作家に主人公をもっと情熱的な人物に書くようにと注文をつけた。

ちょうし　調子（×する）（×ある）

(1) 音程やリズムという意味の「調子」

【－が合う】〔Xが Yと Φ調子が合う〕〔XとYの Φ調子が合う〕X：人／モノ　Y：人／モノ　[他]－を合わせる
・バイオリンのような弦楽器は温度の変化に敏感で、暑くなるとピアノと調子が合わなくなる。
・人には相性があるからか、わたしはどうもAさんとは調子が合わなくて仕事がしづらい。
・コンサートに向けて練習している。何回も練習を重ねやっと各パートの調子が合ってきた。

【－を合わせる】〔Xが Yと／Yに Φ調子を合わせる〕〔XとYが／XとYの Φ調子を合わせる〕X：人／モノ　Y：人／モノ　[自]－が合う
・音楽教室で幼児たちは音楽に調子を合わせて歩き回るという活動をしていた。
・この曲は歌と伴奏の調子を合わせるのが難しく、練習を何度もしなくてはいけない。

【－をとる】《リズムを刻む》〔Xが Φ調子をとる〕X：人
・「リズムが難しかったら、音楽に合わせて足で調子をとりながら歌うとうまく歌えるよ」

(2) 体調や物事の機能という意味の「調子」

【－がいい⇔－が悪い】〔Xの／Xは Φ調子がいい〕X：人／モノ／コト
・空気のきれいな所へ引っ越ししてから、喘息に悩んでいた子どもは調子がいいようだ。
・最近、コンピューターの調子が悪い。もうそろそろ新しいのを買わなくてはいけない。

〔Xは Yの Φ調子がいい〕X：人／モノ／コト　Y：モノ／コト（調子がいい箇所）
・買ったばかりの新車はエンジンの調子がよくて走りが快適だ。

＊「調子がいい」で、「健康状態がいい」「気分がいい」という意味を表す。「健康の調子がいい」「気分の調子がいい」などは誤った使い方である。

【－が狂う】《普通の状態ではなくなる》〔Xの／Xは Φ調子が狂う〕X：人／モノ／コト [他]－を狂わせる☆
・何事にもスローペースなAさんといると、私のほうが調子が狂ってしまう。

〔Xは Yの Φ調子が狂う〕X：人／モノ／コト　Y：モノ／コト（調子が狂う箇所）[他]－を狂わせる☆
・このエアコンは温度センサーの調子が狂ったらしく、ちっとも涼しくならない。

(3) 相手に対する対応という意味の「調子」

【－がいい】《その場に合わせて軽々しく振舞う》〔Xは Φ調子がいい〕X：人
・Aさんはいつも調子がよく「はい、はい」と何でも引き受けるので、周囲の人はAさんに期待するが、実際にはあまり計画性もないし実行力もない。
　＊（3）の意味での「調子がいい」は、他人について批判的に言うときに使う表現なので注意すること。

【－に乗る】《いい気になって物事を続ける》〔Xが Φ調子に乗る〕X：人
・勧められるままに調子に乗って食べたり飲んだりしていたら、翌日胃もたれで大変だった。
　＊（3）の意味での「調子に乗る」は、他人について言うときは、批判的な意味が含まれるので注意すること。

【－を合わせる】《相手と話を合わせる》〔XがYに Φ調子を合わせる〕X：人　Y：人
・Aさんは仲間はずれになりたくないために皆の話に調子を合わせることが多いという。
　＊「調子を合わせる」は、例文のように〔Y〕の代わりに〔Yの話〕と使うことがある。

ちょうてん　頂点 (×する)(×ある)

【－に立つ】《あることの中でトップになる》〔Xが Yの Φ頂点に立つ〕X：人、組織　Y：場
・世界最高の競技会であるオリンピックで優勝したチームは世界の頂点に立ったことを意味する。

【－に達する】《感情、状態が最高になる》〔Xが Φ頂点に達する〕X：コト（感情、行為、状態）
・夏の終わりをいろどる高原でのロックコンサートは、大物スターの登場で興奮が頂点に達した。
・長い間無理をして働いていたAさんはストレスが頂点に達し、とうとう精神のバランスを失った。

【－を極める】《ある行為の最高のレベルに行き着く》〔Xが Yの Φ頂点を極める〕X：人、組織　Y：組織、場
・Aさんは20代前半でサッカー界の頂点を極めたが、30代を前にして実業界へ身を転じた。

つみ　罪 (×する)(ある)

a．罪があることを表す連語

【－がある⇔－がない】〔Xに・は (M) 罪がある〕Pという　X：人、組織
・たとえ親が犯罪者であってもその子どもには罪はない。

【－が重い】〔Xは Φ罪が重い〕X：人、組織
・実際に手を下して盗みをした人のほうが、見張りをしていただけの人より罪が重いのは当然だろう。

〔Zは Φ罪が重い〕Z：コト
・故意の傷害は過失による傷害よりずっと罪が重い。
　＊「罪が重い」は主に刑法上の犯罪の意味で使われる。

【－が深い】《倫理的、道徳的によくない》〔Xは Φ罪が深い〕X：人／コト
・俳優やタレントが次々に登場しても、1年も経たないうちに消えてしまう。新人をきちんと教育せず使い捨てにするのは罪が深いのではないだろうか。
　＊「罪が深い」は刑法上の犯罪より、道徳的、宗教的な意味で用いられることが多い。また「罪深い」という語もある。・キリスト教では、人は罪深い存在だとされている。

【－を負う】《自分に罪があると認める》〔Xが (M) 罪を負う〕X：人、組織

・会社に責任がある事故であっても、罪を負うのは現場責任者であることもある。
【－を償う】《罪に対して責任を取る》〔Xが　（M）罪を償う〕X：人、組織（罪がある）
・裁判長は、犯した罪を一生かけて償ってほしいと言って、被告に無期懲役を言い渡した。

b．罪になったり罪にしたりすることを表す連語
【－に問う】《罪があるとする》〔Yが　Xを（M）罪に問う〕Pという　Y：人、組織　X：人、組織（罪があるとされる）
・ネット上に犯罪をほのめかす書き込みが増えているが、表現の自由があるので罪に問えないらしい。
　　＊「問う」は「買う」などと活用が違う。「買う」は「買って」「買った」「買ったら」「買ったり」と活用するが、「問う」は「問うて」「問うた」「問うたら」「問うたり」と活用する。
【－に問われる】《罪があるとされる》〔Xが　Yから　（M）罪に問われる〕Pという　X：人、組織（罪があるとされる）　Y：人、組織
・貧しくて子どもに食べさせるものがないために盗みを働いた母親が罪に問われている。
　　＊「罪に問う」より「罪に問われる」という受身表現をよく使う。「殺人罪に問われる」「盗みの罪に問われる」といった具体的な罪の名前が用いられることが多い。
【－になる】〔Zが　（M）罪になる〕Pという　Z：コト
・A市では歩きながらの喫煙は、「清潔な街づくり条例違反」というれっきとした罪になるそうだ。
【－を犯す】〔Xが　（M）罪を犯す〕Pという　X：人、組織
・誤って人を死なせたとしても、その人は過失致死罪という罪を犯したことになる。
【－を着せる】《罪のない人に罪を押しつける》〔Xが　Yに　（M）罪を着せる〕Pという　X：人、組織　Y：人、組織
・事件に関わった容疑者Aは、友人に自分の犯した罪を着せ逃走したが、最後には逮捕された。

【－を着る】〔Yが　（M）罪を着る〕Pという　Y：人、組織
・この小説では、主人公が恋人を守るために無実の罪を着て、服役するという場面がある。

ていこう　抵抗（する）（ある）

（1）物理的に反対の方向に働く力という意味の「抵抗」
【－がある⇔－がない】〔Yに・は　Xの　（M）抵抗がある〕Y：モノ／コト　X：モノ
・水中には大きな水の抵抗があるため、運動量が空気中より大きくなる。
・パラシュートが落下するとき、空気抵抗がなければ地面に激突してしまう。
　　＊「抵抗がある⇔抵抗がない」は、〔Y〕と〔X〕が同一の場合は、〔X〕が現れないことが多い。・空気には抵抗がある。
【－が大きい／－が強い⇔－が小さい／－が少ない／－が弱い】〔Yは　Xの　（M）抵抗が大きい〕Y：モノ／コト　X：モノ／コト
・ゴムやガラスは電気抵抗が大きい。つまり電気を通しにくいということだ。
・イルカやオットセイの体型は水の抵抗が小さくなるような形になっている。

（2）権力や制度などに歯向かうことという意味の「抵抗」
【－する】〔Xが　Yに／Yに対して　φ抵抗する〕X：人、組織　Y：コト
・A国の民衆は宗主国の植民地支配に抵抗し独立運動を起こした。
【－がある⇔－がない】〔Yに／Yに対して　Xから・の　（M）抵抗がある〕〔Yに対する　Xの　（M）抵抗がある〕Y：コト　X：人、組織
・政府はダム建設を決定した。それに対して住民からの抵抗があったため建設計画の見直しが検討されている。
【－が強まる⇔－が弱まる】〔Yに／Yに対して　Xから・の　（M）抵抗が強まる〕〔Yに対する　X（か

ら）の（M）抵抗が強まる〕Y：人、組織／コト　X：人、組織　[他] −を強める⇔−を弱める
・フェミニズムの高まりとともに、職場などでの性差別に対する女性からの抵抗が強まった。

【−が激しい／−が強い⇔−が少ない】〔Yに対するX（から）の抵抗が激しい〕Y：人、組織／コト　X：人、組織
・捕鯨に対する環境保護団体からの抵抗がますます激しくなっている。

【−に遭う】〔Yが Xから・の（M）抵抗に遭う〕Y：人、組織／コト　X：人、組織
・A国軍はB島を簡単に占領できると思っていたが、地元民の激しい抵抗に遭ってついに撤退した。

【−に屈する】《抵抗に負ける》〔Yが Xの（M）抵抗に屈する〕Y：人、組織　X：人、組織
・A市はタバコ業界の激しい抵抗に屈することなく、禁煙条例を制定した。

【−を受ける】《反発が来る》〔Yが Xから・の（M）抵抗を受ける〕Y：人、組織／コト　X：人、組織
・製品の値上げは消費者の抵抗を受けるので、A社は価格は据え置き、減量してコスト高に対応した。

【−を強める⇔−を弱める】〔Xが Yに／Yに対して／Yに対する（M）抵抗を強める〕X：人、組織　Y：人、組織／コト　[自] −が強まる⇔−が弱まる
・経費節減のため出張手当が削減されたことに対し、社員は抵抗を強めている。

(3) 受け入れられない気持ちという意味の「抵抗」

【−がある⇔−がない】〔Xは Yに／Yに対して／Yに対する（M）抵抗がある〕X：人、組織　Y：モノ／コト
・私は他人が使ったものを使うことに抵抗がないので、リサイクルショップをよく利用している。

【−が強い⇔−が少ない】〔Xは Yに対して／Yに対する Φ抵抗が強い〕〔Yに／Yに対して／Yに対する Xの Φ抵抗が強い〕X：人、組織／コト　Y：人、組織
・日本の言語文化では、男女の言葉の違いを無視することには人々の抵抗がまだまだ強い。

【−が強まる⇔−が弱まる】〔Yに／Yに対して／Yに対する Xの Φ抵抗が強まる〕Y：人、組織／コト　X：人、組織　[他] −を強める⇔−を弱める
・近年、幼児連れで深夜にスーパーに行くことに対する人々の抵抗が弱まっている。

【−に遭う】〔Yが Xから・の（M）抵抗に遭う〕Y：人、組織／コト　X：人、組織
・毎週テストをすると言ったら学生からの強い抵抗に遭ったが、予定通り行った。

【−を感じる／−を覚える】〔Xが Yに／Yに対して／Yに対する（M）抵抗を感じる〕X：人　Y：モノ／コト
・いくら人間は平等であるとはいっても、目上の人に敬語を使わないことには、私は抵抗を感じる。

【−を示す】〔Xが Yに／Yに対して／Yに対する（M）抵抗を示す〕X：人、組織　Y：人、組織／コト
・今度の法律改正に対して野党側が強い抵抗を示している。このまま承認されるのは難しいだろう。

【−を強める⇔−を弱める】〔Xが Yに／Yに対して／Yに対する Φ抵抗を強める〕X：人、組織　Y：人、組織／コト　[自] −が強まる⇔−が弱まる
・喫煙者は禁煙の場所が増えていることに対する抵抗を強めている。

てま　手間（×する）（×ある）

【−がかかる】《時間や労力がかかる》〔Yに・は（M）手間がかかる〕Pという　Y：コト　[他] −をかける
・薪や炭を煮炊きに使っていた時代は火を起こすだけでかなりの手間がかかったが、現代では瞬時に火をつけることができる。
・てんぷらを作るのは下ごしらえをしたり衣をつけたりという手間がかかりなかなか面倒だ。

【−を惜しむ】《時間や労力のかかることを嫌だと感じる》〔Xが Yに（M）手間を惜しむ〕Pという　X：人　Y：コト
・最近、コツコツと文献を調べる手間を惜しんで、ネ

ット上の資料だけを参考にする人が目立つ。
【－をかける】〔Xが　Yに　(M)手間をかける〕Pという　X：人　Y：コト　[自]－がかかる
・人が手間と時間をかけて作る工芸品には、流れ作業で作る品物にはない深い味わいがある。
【－をとる】
①《時間がかかる》〔Xが　Yに　(M)手間をとる〕X：人　Y：コト
・私たちは計算に予想以上の手間をとり、アンケート集計の結果を出すのが遅くなってしまった。
　　＊「手間を取る」と同じ意味で、「手間取る」という語があり、〔Xが　Yに　Φ手間取る〕と使う。・私たちが集計作業に手間取ったため、アンケート結果の発表が遅れた。
②《面倒なことをする》〔Xが　Yに　(M)手間をとる〕X：人　Y：コト
・部下のミスのため、やり直しをした。この仕事を終わらせるのに余分な手間をとることになった。
・「すみません。私のつまらないミスのため、お手間をとらせまして申し訳ありません」
【－を省く】〔Zが　Yの　(M)手間を省く〕Z：モノ／コト　Y：コト
・マークシート方式は採点の手間を省くため、多くの大規模試験で採用されている。
〔Zが　Xの　(M)手間を省く〕Pという　Z：モノ／コト　X：人
・スキャナーは、読み取った画像を文字ファイルに変換するので、入力する手間を省いてくれる。
・大きい袋に入ったお菓子のほうが安いのは、ひとつひとつ包む手間を省いているからだ。

てんき　転機 (×する)(×ある)

【－が訪れる】〔Xに　(M)転機が訪れる〕X：人、組織／コト
・夫の死によって専業主婦だったAさんに人生の転機が訪れ、実業家としての道を歩むことになった。
【－に立つ】〔Xが　(M)転機に立つ〕X：人、組織／コト
・1989年はベルリンの壁崩壊がきっかけとなって世界の外交関係が転機に立った年であった。
【－を迎える】〔Xが　(M)転機を迎える〕X：人、組織／コト
・少子化に伴って社会構造が変わってきたため、日本の経済は今大きな転機を迎えている。

でんとう　伝統 (×する)(ある)

【－がある⇔－がない】〔Xに・は　(M)伝統がある〕Pという　X：組織／モノ／コト
・日本には、昔から自然を大切にし、自然と調和しながら生きるという伝統がある。
・最近設立されたA大学は、伝統はないが独自の教育方針によって、志願者を集めている。
【－を受け継ぐ】〔Xが　(M)伝統を受け継ぐ〕Pという　X：人、組織
・画家Aは日本画の伝統を受け継ぎつつ、新しい手法も取り入れた独自の画風で知られている。
【－を重んじる】《伝統を大切にする》〔Xが　(M)伝統を重んじる〕Pという　X：人、組織
・世の中には伝統を重んじる人たちと、伝統を打破し新しいことに挑戦しようとする人たちがいる。
【－を誇る】〔Xが　(M)伝統を誇る〕Pという　X：人、組織
・千数百年の伝統を誇る都「京都」には、町中いたる所に歴史を感じさせる建物や遺跡が残っている。
【－を守る】〔Xが　(M)伝統を守る〕Pという　X：人、組織
・少数民族からなるA国は、民族の言語や伝統を守り文化を継承していくための努力を続けている。
【－を破る】〔Xが　(M)伝統を破る〕X：人、組織
・Aさんは、女性が相撲の土俵に上ってはいけないという伝統を破ろうとしたため大騒ぎになった。

てんぼう　展望 (する)(ある)

(1) 景色という意味の「展望」
【－が開ける】〔Lは／Lから　(M)展望が開ける〕L：場所
・この山の山頂は、西と南に向かって展望が開けてい

るので眺望がいい。
・林の中を20分ほど歩くと、展望が開け、美しい湖が見えてきた。

(2) 将来の見通しという意味の「展望」

【－する】《将来を見通す》〔Xが　Yを　Φ展望する〕X：人、組織　Y：コト
・経済学者Aは世界経済の将来を展望して次のように述べている。

【－がある⇔－がない】〔Xに・は　(M) 展望がある〕Pという　X：人、組織／コト
・この企画に将来利益が出るという展望があるかどうか検討してみるようにと部長に言われた。
・部族間の争いが続いていて無政府状態のA国には、安定した国家再建の展望がない。

【－が開ける】〔Xに　(M) 展望が開ける〕Pという　X：人、組織／コト　[他]－を開く
・アジア諸国が友好的関係を築き平和共存していけば、21世紀の安定的成長に展望が開けるだろう。

【－に欠ける】〔Xが　(M) 展望に欠ける〕Pという　X：人、組織／コト
・環境保護の視点からは、石油のみに依存するエネルギー計画は将来の展望に欠けていると思われる。

【－に立つ】〔Xが　M展望に立つ〕Pという　X：人、組織
・教育制度の改革は国の将来をどのようにしたいかという明確な展望に立って行わなければならない。

【－を開く】〔Xが　(M) 展望を開く〕Pという　X：人、組織／コト　[自]－が開ける
・教師と子供たちや保護者が信頼し合うことが、現代の教育問題を解決する展望を開くと思われる。

【－を持つ】〔Xが　Yへの　(M) 展望を持つ〕Pという　X：人、組織　Y：コト
・定職のないAさんは、将来への展望が持てないため、結婚など考えたことがないそうだ。

とっぷ　トップ (×する)(×ある)

【－に躍り出る】《突然トップに出てくる》〔Xが　Φトップに躍り出る〕X：人、組織
・マラソン競技でA選手はトップから300メートルぐらい遅れていたが、徐々に差を縮め40キロでトップに躍り出て優勝した。

【－に立つ】《一番になる》〔Xが　Yの　Φトップに立つ〕X：人、組織　Y：人（複）、組織／場
・A選手が全英オープンゴルフで二日目に単独トップに立った。

【－を走る】〔Xが　Yの　Φトップを走る〕X：人、組織　Y：人（複）、組織／場
・Aさんは運送業界のトップを走る会社の社長として、業界での発言にも力がある。

な　名 (×する)(ある)

(1) 名前という意味の「名」

【－が挙がる】《その名前が出る》〔Yは　Zに／Zとして　Φ名が挙がる〕〔Zに／Zとして　Yの　Φ名が挙がる〕Y：人、組織／モノ／コト　Z：人、組織／モノ／コト　[他]－を挙げる
・この公園は桜の名所として必ず名が挙がるところだ。
・今年のアカデミー賞主演男優賞候補に俳優Aの名も挙がったが、最終的には俳優Bに決まった。

【－を挙げる】《候補として言う》〔Xが　Zに／Zとして　Yの　Φ名を挙げる〕X：人、組織　Z：人、組織／モノ／コト　Y：人、組織／モノ／コト　[自]－が挙がる
・日本人の多くは、アメリカから連想される建物としてホワイトハウスの名を挙げる。

【－を連ねる】《名前を並べる》〔Yが　Zに　Φ名を連ねる〕Y：人、組織／モノ／コト　Z：人、組織／モノ／コト
・反戦運動の発起人(ほっきにん)には国際的に著名な人が名を連ねている。

(2) 有名・名誉という意味の「名」

※「名もない」以外は、「名」の代わりに「名前」と言っても良い。

【－がある《有名だ》⇔－がない】〔Yは　Φ名がある〕Y：人、組織／モノ
・この町は小さい町だが、名のある大学がいくつもあ

り、学園町として知られている。
・よく「名もない草花」というが、実は、名がないわけではなく、私たちがその名を知らないだけだ。
　　＊「名がある⇔名がない」は、名詞の前では〔名のある＋名詞〕〔名もない＋名詞〕になり、「よく知られている」「あまり知られていない」という意味になる。・名のある会社に就職したがる学生が多い。・偶然通りがかった名もない町で思いがけなくおいしいコーヒーとお菓子を楽しむことができた。

【－が上がる】《有名になる》〔Yは　Φ名が上がる〕Y：人、組織／モノ　[他]－を上げる
・漫画家Aは長い間売れなかったが、この作品で一挙に名が上がり、人気漫画家となった。

【－が売れる】《有名になる》〔Yは　Zとして　Φ名が売れる〕Y：人、組織／モノ　Z：コト
・Aさんはもともと歌手だが、映画俳優として先に名が売れた。

【－が通る】《有名だ》〔Yは　Zとして　Φ名が通る〕Y：人、組織／モノ　Z：コト
・Aホテルはこの町では老舗ホテルとしてかなり名が通っている。

【－を上げる】《有名になる》〔Yが　Φ名を上げる〕Y：人、組織／モノ　[自]－が上がる
・脚本家Aは、政財界の癒着をテーマにしたドラマで脚光を浴び、社会派として名を上げた。

【－を汚す】《名誉を傷つける》〔Xが　Yの　Φ名を汚す〕X：人、組織　Y：人、組織／モノ　[自]－が汚れる
・名家の令嬢が麻薬所持により逮捕され、名家の名を汚すこととなった。

【－を残す】《有名になり後世でも有名である》〔Yが　Zとして　Φ名を残す〕Y：人、組織／モノ　Z：コト　[自]－が残る☆
・商人でもあったコロンブスはアメリカ大陸に到達したことで探検家として歴史に名を残している。

なっとく　納得（する）（×ある）

【－する】〔Xが　Zに　Φ納得する〕X：人　Z：コト
・会社側の一方的賃金カットの通告に納得できない社員は、その理由を説明してほしいと交渉の場で幹部に詰め寄った。
　　＊「完全に理解し受け入れられる」という意味では「納得できる」を使うことが多い。

【－がいく】〔Xは　Zに　Φ納得がいく〕X：人　Z：コト
・僕は、何度も説明してもらって、ようやく彼の言っていることに納得がいった。
　　＊「納得がいく」は自分の気持ちを述べる場合にのみ用いる。第三者の気持ちについて使うときには「らしい」や「ようだ」をつけなければならない。・彼は納得がいかなかったらしく、何度も質問した。

【－を得る】〔Yが　Xの　Φ納得を得る〕Y：人、組織　X：人、組織
・市民病院の移転を計画するA市は、移転によって不便になる市民の納得を得るため、さまざまな代案を考えている。

なみ　波（×する）（ある）

(1) 海や川に立つ波という意味の「波」

【－がある⇔－がない】〔Lに・は　(M)波がある〕L：場所
・今日は適度な波があるから、サーフィンが楽しめそうだ。
・海は一日に二度風がおさまり波がない状態になる。

【－が打ち寄せる】〔Lに　(M)波が打ち寄せる〕L：場所
・普段は静かな入り江だが、台風が近づいているせいなのか岸壁に高い波が打ち寄せている。

【－が大きい⇔－が小さい】〔Lは　Φ波が大きい〕L：場所
・A海岸は波が大きいから、サーフィンには絶好の場所だ。

【－が高い】〔Lは　Φ波が高い〕L：場所
・台風が去った後でも、まだ波が高いので、遊泳には

気をつけたほうがいい。

【－が立つ】《波ができる》〔Lに・は （M）波が立つ〕L：場所　[他]－を立てる
・モーターボートが勢いよく沖合いに出て行ったあとには、大きな波が立った。

【－にのまれる】〔Xが （M）波にのまれる〕X：人／モノ
・地震のあと津波が押し寄せ、わずか数秒の間に家も人も大きな波にのまれてしまった。

【－に乗る】〔Xが （M）波に乗る〕X：人／モノ
・波に乗って運ばれた海草が、浜辺に点々と打ち寄せられていた。
　　＊「波乗り」という語がある。・夏の海岸には、波乗りを楽しむ子どもたちの姿がある。

【－にもまれる】《波によって、自分をコントロールできない状態になる》〔Xが （M）波にもまれる〕X：人／モノ
・強い風に乗って沖に流された小舟は、波にもまれて、あっという間に見えなくなった。

【－を立てる】《波を作る》〔Xが （M）波を立てる〕X：人／モノ　[自]－が立つ
・小学生くらいの子どもが、模型の船を動かそうと、池に手を入れて波を立てている。

(2) 比喩的な意味の「波」

【－がある】《周期的な変化がある》〔Yに・は （M）波がある〕Y：コト
・ファッションの流行には波があり、20年ぐらいの周期で昔のものがまた流行する傾向がある。
〔Xは Yに （M）波がある〕X：人　Y：コト
・喜怒哀楽の激しいAさんは感情に波があり、周りの人は振り回されている。

【－が大きい⇔－が小さい】〔Xは Yの／Yに Φ波が大きい〕X：人　Y：コト
・Aさんは数学の成績に波が大きく、満点を取るときもあれば30点に満たないときもある。

【－にのまれる】《社会情勢などから悪影響を受ける》〔Xが Yの 波にのまれる〕X：人、組織　Y：コト
・父が設立した会社は軌道に乗ったものの、大恐慌の波にのまれて、創立十数年で人手に渡った。

【－に乗る】《そのときの勢いや風潮に合う》〔Xが （M）波に乗る〕X：人、組織／モノ／コト
・初戦で優勝候補の選手を破ったA選手は、波に乗って決勝戦まで勝ち進んできた。
・エコロジーブームの波に乗って、A社が開発した消費電力の少ないエアコンは売れ行きが好調だ。

【－にもまれる】《苦しい経験をする》〔Xが （M）波にもまれる〕X：人
・あいつは世間知らずだから、一人暮らしでもして、もう少し社会の荒波にもまれたほうがいい。
　　＊「波にもまれる」と同じ意味で、「社会の荒波にもまれる」という表現がある。

【－をかぶる】《社会情勢などから悪影響を受ける》〔Xは Yの Φ波をかぶる〕X：人、組織　Y：コト
・中小企業の中には、景気の悪化により不況の波をまともにかぶって倒産した会社が多い。

なみだ　涙（＊する）（×ある）

(1) 生理的な意味の「涙」

【－する】《泣く》〔Xが Yに 涙する〕X：人　Y：コト（人の状態、行為）
・主人公が子どもの頃生き別れた母に再会する場面に、私は老いた母を思い出し思わず涙した。

【－が溢れる】〔Xは （M）涙が溢れる〕X：人
・その映画のラストシーンでは、私は感動の涙が溢れてとまらなかった。

【－がこぼれる】《泣く》〔Xは （M）涙がこぼれる〕X：人　(＝)－をこぼす
・学費を稼ぐため時給のいいアルバイトを始めたが、仕事が辛くてつい涙がこぼれた。

【－がこみ上げる】《涙が出そうになる》〔Xは （M）涙がこみ上げる〕X：人
・テニスの大会で接戦の末優勝したA選手は、記者会見で喜びの涙がこみ上げて、言葉に詰まった。

【－が出る】〔Xは Φ涙が出る〕X：人
・10年ぶりにふるさとに帰ったとき、空港に降り立ったとたんに、懐かしさのあまり涙が出てきた。

【－が止まらない】《泣き止むことが出来ない》〔Xは （M）涙が止まらない〕X：人
・精一杯練習しているのに、監督から「もっとまじめにやれ」と言われ、悔し涙が止まらなかった。

【－が流れる】《泣く》〔Xは （M）涙が流れる〕X：人　（＝）－を流す
・二十歳の若さで病に倒れた友人の葬儀では、涙が流れてしかたなかった。

【－に暮れる】《非常に悲しむ、または泣いて暮らす》〔Xが （M）涙に暮れる〕X：人
・事故で夫と子どもを失ったAさんは、毎日写真を見ては悲しみの涙に暮れている。

【－にむせぶ】《涙で声がよく出ない、または激しく泣く》〔Xが （M）涙にむせぶ〕X：人
・長年の夢であった優勝を果たしたA選手は、涙にむせんでインタビューに答えられなかった。

【－を浮かべる】《涙を見せる》〔Xが （目に）（M）涙を浮かべる〕X：人　（＝）－が浮かぶ☆
・結婚式で、新婦の父親は娘の花嫁姿を見てうっすらと涙を浮かべていた。
　＊「涙を浮かべる」は、〔M〕に「大粒の」「目にいっぱいの」などを使う。

【－をこぼす】《泣く》〔Xが （M）涙をこぼす〕X：人　（＝）－がこぼれる
・新入社員のころ、上司に叱られてよく悔し涙をこぼしたものだ。

【－をこらえる】《泣くのをがまんする》〔Xが Φ 涙をこらえる〕X：人
・卒業式では泣くまいと涙をこらえていたが、さまざまな思い出が浮かんできて思わず涙がこぼれた。

【－を溜める】《涙を見せる》〔Xが （目に）（M）涙を溜める〕X：人　（＝）－が溜まる☆
・津波で家族も家も失った少年が、目にいっぱい涙を溜めて、悲しみに耐えている姿が印象的だった。
　＊「涙を溜める」は、〔M〕に「大粒の」「目にいっぱいの」などを使う。

【－を流す】《泣く》〔Xが （M）涙を流す〕X：人　（＝）－が流れる
・会社の不祥事の責任を取らされたAさんは、自分は無実だと涙を流して真実を訴えた。

【－をぬぐう】〔Xが （M）涙をぬぐう〕X：人
・兄とけんかして負けた弟は、こぶしで悔し涙をぬぐいながら、兄をにらんでいた。

(2) 比喩的な意味の「涙」

【－をのむ】《悔しい思いをする》〔Xが （M）涙をのむ〕X：人
・今年こそは優勝したいと意気込んでいたのに、準決勝で延長戦の末負けて、また涙をのんだ。
　＊「交渉事で思い通りにいかず譲歩する」ということを直接表現せずに「涙をのむ」ということもある。・価格交渉で相手のオファーは受け入れられる金額ではなかったが、涙をのんで承諾せざるを得なかった。

にんき　人気（×する）（ある）

a．人気があることを表す連語

【－がある⇔－がない】〔Xが　Yに／Yの間で（M）人気がある〕X：人、組織／モノ／コト　Y：人(複)
・漫画のキャラクターグッズは、子どもたちだけではなく若者にも人気がある。
・アメリカではなぜサッカーは人気がないのか不思議に思う。

【－が上がる】〔Xの／Xは （M）人気が上がる〕X：人、組織／モノ／コト
・地味なスポーツでも、選手が格好よかったりオリンピックでメダルを取ったりすると人気が上がる。
　＊「人気が上がる」と同じ意味で、「人気が上昇する」という表現もある。・日本では海外旅行先としてアジアの人気が上昇している。

【－が集まる】〔Xに （M）人気が集る〕X：人、組織／モノ／コト　（＝）－を集める
・A国では、エンジンが不要のため家電メーカーでも製造できる電気自動車に人気が集まっている。

【－が高い】〔Xの／Xは （M）人気が高い〕X：人、組織／モノ／コト
・どこの遊園地でもスリルのある乗り物の人気が高い。

【－が高まる】〔Xの／Xは （M）人気が高まる〕X：人、組織／モノ／コト

・健康志向の高まりとともに、中高年世代を中心にウォーキングの人気が高まっている。

【ーを集める】〔Xが （M）人気を集める〕X：人、組織／モノ／コト （＝）ーが集まる
・動物園では、珍しい動物やかわいい仕草(しぐさ)をする動物などが訪れる人々の人気を集めている。

【ーを博す】《人気が高く、特別に評判がいい》〔Xが Yに／Yの間で （M）人気を博す〕X：人、組織／モノ／コト Y：人（複）
・歌手Aは抜群の歌唱力とルックスのよさで若者の間で人気を博している。

【ーを呼ぶ】〔Xが （M）人気を呼ぶ〕X：人、組織／モノ／コト
・自動車ショーでは、映画の「007シリーズ」で使われた水陸両用車が人気を呼んだ。

b．人気がなくなることを表す連語

【ーが落ちる】〔Xの／Xは Φ人気が落ちる〕X：人、組織／モノ／コト
・女優Aが出ていてもテレビドラマの視聴率が低い。彼女の人気が落ちてきたことがわかる。

【ーが衰える】〔Xの／Xは Φ人気が衰える〕X：人、組織／モノ／コト
・歌手Aは30年間も第一線で活躍している。人気が衰えるどころか人気はますます高まっている。

にんむ　任務 (×する)(ある)

【ーがある⇔ーがない】〔Xに・は （M）任務がある〕Pという　X：人、組織
・A国の軍隊には国防に携わる任務とともに、地震などの災害時に出動するという重要な任務がある。

【ーに就く】〔Xが （M）任務に就く〕Pという　X：人、組織
・A国海軍の軍艦は、海賊(かいぞく)が出ると噂(うわさ)のある海域を航行する商船の護衛任務に就いた。

【ーを負う】〔Xが （M）任務を負う〕Pという　X：人、組織
・今回の南極観測隊は極地観測とは別に南極基地の大規模な保守点検という任務も負っている。

【ーを帯びる】《重要な仕事がある》〔Xが （M）任務を帯びる〕Pという　X：人、組織
・今回Aさんは市場調査と市場開拓という任務を帯びて、海外出張に赴くことになった。

【ーを解く】《任務から開放する》〔Yが Xの （M）任務を解く〕Pという　Y：人、組織　X：人、組織（任務を実施した主体）
・部長は社長に、プロジェクトが完了し、リーダーだったAさんの任務を解いたことを報告した。
〔Yが Zの （M）任務を解く〕Y：人、組織　Z：コト（任務の内容）
・Aさんは駐B国大使の任務を解かれ、帰国して元の職に戻った。
　　＊1「任務を解く」は、例文のように〔Zが Yに （M）任務を解かれる〕と使うことが多い。その場合、〔Y〕は文の表面に現れないことが多い。
　　＊2「任務を解く」と同じ意味で、「解任する」という語がある。・A監督は今期の不成績を理由に解任された。

【ーを担う】〔Xが （M）任務を担う〕Pという　X：人、組織
・赤十字は戦場において敵味方の区別なく負傷者の治療にあたるという重要な任務を担っている。

【ーを果たす】〔Xが （M）任務を果たす〕Pという　X：人、組織
・災害救助隊は任務を果たし、本部に詳細を報告した後、任務を解かれた。

【ーを全うする】《任務を完全に実施する》〔Xが （M）任務を全うする〕Pという　X：人、組織
・宇宙飛行士は宇宙基地拡張の任務を全うし地球に帰還した。

ね　値 (×する)(×ある)

【ーが付く】《値段が決まる》〔Yに （M）値が付く〕Pという　Y：モノ　[他]ーを付ける
・オークションで無名の画家の作品に高い値がついた。居合わせた人々は一様に驚きの表情を見せた。

【－が出る】《書画などが将来高い値段になる》〔Yの／Yは Φ値が出る〕Y：モノ
・「この新人陶芸家の皿は、将来きっと値が出ますよ。今買っておくのはお買い得ですよ」

【－が張る】《値段が高い》〔Yは Φ値が張る〕Y：モノ
・皮製のソファーや大理石のテーブルは値が張るが、長年使っても飽きないし傷みも少ない。

【－を付ける】《値段を決める》〔Xが Yに (M) 値を付ける〕Pという X：人、組織 Y：モノ
[自] －が付く
・骨董品の鑑定士は、その品物を一目見ただけで本物だと鑑定し、高い値を付けた。

ねつ　熱 (する)(ある)

(1) 物の温度という意味の「熱」

【－する】〔Xが Yを Φ熱する〕X：人／モノ（熱くする） Y：モノ（熱くなる）
・鉄を熱すると次第に赤色から白色に変わってくる。
・夏、地面が熱せられると空気がゆらゆら揺らいで見える。

【－を帯びる】〔Yが Φ熱を帯びる〕Y：モノ
・パソコンを長く使っているとバッテリーのあたりが熱を帯びてくる。

(2) 体温という意味の「熱」

【－がある⇔－がない】《平熱より高い》〔Xは (M) 熱がある〕X：人
・寒気がしたので熱を計ったら、少々熱があった。

【－が上がる】《体温が高くなる》〔Xの／Xは (M) 熱が上がる〕X：人
・夕方から熱が上がりフラフラしたので、救急車を呼んで病院に行った。

【－が下がる】《高かった体温が低くなる》〔Xの／Xは (M) 熱が下がる〕X：人 [他] －を下げる☆
・40度を超える熱があったが、解熱剤を飲んで休んだら熱が下がった。

【－が出る】《体温が平熱より高くなった状態》〔Xは (M) 熱が出る〕X：人 (＝) －を出す

・「喉が腫れていますから、これから熱が出るかもしれません。熱が出たらこの薬を飲んでください」

【－に浮かされる】《体温がとても高く、意識がはっきりしない》〔Xが (M) 熱に浮かされる〕X：人
・肺炎にかかった父は40度近い熱に浮かされて何か言っていたが、よく聞き取れなかった。
　＊「熱に浮かされる」は、例文のように「熱に浮かされて〜する」と使うことが多い。

【－を出す】《体温が平熱より高くなった状態》〔Xが (M) 熱を出す〕X：人 (＝) －が出る
・赤ちゃんは、ちょっと環境が変わっただけで高熱を出すので、新米両親は驚いてしまうことがある。

(3) 熱中すること、何かに一生懸命になることという意味の「熱」

【－が冷める】《熱中しなくなる》〔Xの／Xは (M) 熱が冷める〕X：人
・一時的にブームになった健康食品も、数ヶ月過ぎると消費者の熱が冷め、売れなくなった。

【－が入る】《他のことを忘れるほど一所懸命になる》〔Xは Yに Φ熱が入る〕X：人 Y：コト [他] －を入れる
・サッカーの試合では、自国の応援に熱が入ったファンが乱闘している姿をよく見る。

【－を上げる】《大好きである》〔Xが Yに Φ熱を上げる〕X：人 Y：人、コト
・Aさんは歌手Bに熱を上げていて、ファンレターや花束などを送っているそうだ。

【－を入れる】〔Xが Yに Φ熱を入れる〕X：人 Y：コト [自] －が入る
・私は、最近市民劇団に入っている。次回の公演の稽古に熱を入れていて家事がおろそかになっている。

【－を帯びる】《熱中し盛んになる》〔Yが Φ熱を帯びる〕Y：コト
・法案を審議している議会では賛否両論ある。それぞれに理があり、議論が熱を帯びてきた。

ねらい　狙い (×する)(ある)

【－がある⇔－がない】〔Xに・は（M）狙いがある〕Pという　X：人、組織／コト
・企業が消費者をコンサートなどに招待することがあるが、どのような狙いがあるのだろうか。

【－が当たる】〔Xの／Xは（M）狙いが当たる〕Pという　X：人、組織
・今年は女性向けの小型車が売れるだろうという会社の狙いが当たり、新車種は大ヒットした。

【－が外れる】〔Xの／Xは（M）狙いが外れる〕Pという　X：人、組織　[他]－を外す☆
・セールをすれば売れるだろうと思ったが、狙いが外れ、思ったほど売り上げが伸びなかった。

【－を定める】〔XがYに　Φ狙いを定める〕X：人、組織　Y：人、組織／モノ／コト　[自]－が定まる☆
・アーチェリーの選手は的にじっくりと狙いを定めて、矢を放った。

【－をつける】〔XがYに　Φ狙いをつける〕X：人、組織　Y：人、組織／モノ／コト　[自]－がつく☆
・釣り人は、魚のいそうな場所に狙いをつけ、釣り糸をその場所に正確に投げ込んだ。

ねんがん　念願（する）（×ある）

【－する】〔XがYを　Φ念願する〕X：人、組織　Y：コト
・外国語に堪能(たんのう)なAさんは入社以来ずっと海外勤務を念願していたが、今年その夢が実現した。
〔XがPと　Φ念願する〕X：人、組織
・親はみな、子どもに幸せになってほしいと念願している。

【－がかなう】《長年望んでいたことが実現する》〔Xの／Xは（M）念願がかなう〕Pという　X：人、組織　[他]－をかなえる
・北海道一周旅行をしてみたいとずっと思っていたが、今年、ようやくその念願がかなった。
　＊「念願がかなう」は、「念願かなって～する」と使うことがある。・念願かなって、自分たちの家を建てることができた。

【－をかなえる】〔Xが（M）念願をかなえる〕Pという　X：人、組織　[自]－がかなう
・私はエベレスト登頂という念願をかなえるために、トレーニングを積んでいる。
〔ZがXの（M）念願をかなえる〕Pという　Z：人／コト／モノ　X：人
・科学技術の進歩は、人間の宇宙へ行きたいという念願をかなえてくれた。

【－を果たす】《長年望んでいたことを行う》〔Xが（M）念願を果たす〕Pという　X：人、組織
・世界数学テストでA国チームは優勝し、長年の念願を果たした。

のうりょく　能力（×する）（ある）

※「身体能力」「運動能力」「知的能力」「判断能力」などのように、「何の能力か」を表す語と共に使うことがある。

【－がある⇔－がない】〔Xに・は（M）能力がある〕Pという　X：人、組織、動物／モノ
・人間の赤ちゃんは他の動物と違い、生まれてすぐには歩く能力がない。
・この工場は一日1000台の電化製品を製造する能力がある。
・サルには人間の3歳児と同じ程度の知的能力があるらしい。

【－が高い⇔－が低い】〔Xの／Xは（M）能力が高い〕Pという　X：人、動物／モノ
・柔道の無差別級では、体の大きさにかかわらず運動能力の高い人が勝つのが魅力だ。

【－が高まる】〔Xの／Xは（M）能力が高まる〕Pという　X：人、動物／モノ　[他]－を高める☆
・コンピューターの起動ソフトは世代を経るごとに処理能力が高まってきている。

【－に欠ける】〔Xが（M）能力に欠ける〕Pという　X：人、動物／モノ
・最近は、個の世界にいる人が多いせいか、他人とのコミュニケーション能力に欠ける人を見かける。

【－に優れる】〔Xが（M）能力に優れる〕Pという　X：人、動物／モノ

・魚類の中には、音波を感知する能力に優れているものが多いという。
・新しく開発されたロボットは障害物を感知する能力に優れており、物の運搬作業に適している。

【－に乏しい】〔Xが　(M)能力に乏しい〕Pという　X：人、動物
・ケータイやテレビゲームに慣れた子どもたちは言葉で表現する能力に乏しいと言われている。

【－に恵まれる】〔Xが　(M)能力に恵まれる〕Pという　X：人、動物
・それほど身体能力に恵まれていなくても、努力によって一流の選手になることもある。

【－を発揮する】〔Xが　(M)能力を発揮する〕Pという　X：人、動物／モノ
・Aさんは、普段は遊んでいるように見えるが、いざというときにはすごい能力を発揮するタイプだ。
・情報センターのコンピューターは、集計作業にすばらしい情報処理能力を発揮している。

のぞみ　望み（×する）（ある）

(1) 願いという意味の「望み」

【－がある⇔－がない】〔Xに・は　(M)望みがある〕Pという　X：人、組織
・私には故国の教育に力を尽くしたいという望みがあり、留学先の大学で研鑽を積んでいる。

【－が大きい】〔Xの／Xは　(M)望みが大きい〕Pという　X：人、組織
・若者は望みが大きければ大きいほどいいと思うが、望みを持ちにくい時代になってしまったようだ。
〔Zは　Φ望みが大きい〕Z：コト
・宇宙に行きたいという私の夢は、望みが大きすぎると思うが、毎晩空を眺めて宇宙基地での生活を想像している。

【－がかなう】〔Xの／Xは　(M)望みがかなう〕Pという　X：人、組織　[他]－をかなえる
・ピアノのレッスンを続けていたAさんは、子どものころからの望みがかない、音楽大学に合格した。

【－が高い】〔Xの／Xは　(M)望みが高い〕Pという　X：人、組織
・結婚相手に対する望みが高すぎると、なかなか相手を見つけるのが難しい。
〔Zは　Φ望みが高い〕Z：コト
・その程度の勉強でA大学に合格したいというのは、望みが高すぎる。

【－が強い】〔Xの／Xは　(M)望みが強い〕Pという　X：人、組織
・社内で出世したいという望みが強い人がいる一方で、出世を第一義と考えない人もいる。

【－を抱く／－を持つ】〔Xが　(M)望みを抱く〕Pという　X：人
・歌手Aは、世界の音楽に触れ、歌手として大成したいという望みを抱いて日本を旅立った。

【－をかなえる】〔Yが　Xの　(M)望みをかなえる〕Pという　Y：人／コト　X：人、組織　[自]－がかなう
・魔法使いは、金持ちになりたいという男の望みをかなえてやった。
〔Xが　(M)望みをかなえる〕Pという　X：人、組織　[自]－がかなう
・Aさんは長年の望みをかなえ、会社を設立した。コツコツと努力してきた成果である。

【－を捨てる】〔Xが　(M)望みを捨てる〕Pという　X：人、組織
・最後まで望みを捨てずに戦えば、必ずチャンスはやってくる。

(2) 将来性という意味の「望み」

【－がある⇔－がない】〔Xに・は　(M)望みがある〕Pという　X：人、組織／コト
・今は貧しくても国民が国づくりに励もうという意欲を持っているこの国は望みがある。
・産業もなく人口流出が続くこの地域の経済発展には、もはや望みはないだろう。

【－をかける】〔Xが　Yに／Yへの　(M)望みをかける〕Pという　X：人、組織　Y：人、組織／コト
・我が社は、幅広い年齢層の顧客を確保するために、若手のデザイナーに望みをかけている。
・ファンは、Aチームの最後の一戦での逆転優勝に望みをかけている。

はいりょ　配慮（する）（ある）

※「配慮する」以外の連語は、やや硬い表現である。

【－する】〔Xが　Yに　配慮する〕X：人、組織　Y：人、組織／コト
・イベントの主催者は足の悪い客に配慮して、会場に車椅子用の場所を用意した。
・21世紀に生きる現代人は地球の環境に配慮して暮らさなければならない。

【－がある⇔－がない】〔Xに・は　Yに対する（M）配慮がある〕Pという　X：人、組織　Y：人、組織／コト
・小さい子どもを持つ社員に単身赴任を命じる会社は、社員に対する配慮があるのか疑わしい。
・Aさんは社交的で豪快な人だが、内気な人の気持ちへの配慮がないことが欠点だ。

【－に欠ける】〔Xが　Yに対する（M）配慮に欠ける〕Pという　X：人、組織　Y：人、組織／コト
・闘病中の友人に「頑張って」と言ったが、後で病人への配慮に欠ける言葉だったと反省した。
・A大臣の発言は弱者を切り捨てるような内容で、人権に対する配慮に欠けるものだ。

【－を怠る】《配慮をしない》〔Xが　Yに対する（M）配慮を怠る〕Pという　X：人、組織　Y：人、組織／コト
・社員の健康への配慮を怠って超過勤務をさせたことで、役所はその会社を行政処分した。

【－を欠く】〔Xが　Yに対する（M）配慮を欠く〕Pという　X：人、組織　Y：人、組織／コト
・新しい都市計画は、古い町並みの歴史的景観を保護しようという配慮を欠くものであった。

【－を加える】〔Xが　Yに（M）配慮を加える〕X：人、組織　Y：人、組織／コト
・戦後すぐに制定された法律は、最近の社会情勢に配慮を加えて改正する必要があるだろう。

【－を求める】〔Xが　Zに　Yに対する（M）配慮を求める〕Pという　X：人、組織　Z：人、組織　Y：人、組織／コト
・校長は、担任の教師に家庭の事情のため欠席の多かった生徒への特別の配慮を求めた。

はじ　恥（×する）（×ある）

【－をかく】《人前で恥ずかしい思いをする》〔Xが　⓪恥をかく〕X：人
・人を紹介するときに相手の人の名前を間違ってしまって恥をかいた。

【－をさらす】《自分の恥を不本意に多くの人に見せる》〔Xが　⓪恥をさらす〕X：人
・子どもが人前で行儀の悪いことをした。日ごろの家庭のしつけが暴露されて、思わぬところで恥をさらすことになった。

【－を忍ぶ】《恥ずかしいのをがまんする》〔Xが　⓪恥を忍ぶ〕X：人
・「恥を忍んでお尋ねしますが、この漢字は何と読むのでしょうか」
　＊「恥を忍ぶ」は、例文のように「恥を忍んで～する」と使うことが多い。

【－を知る】《恥ずかしいことだと自覚している》〔Xが　⓪恥を知る〕X：人
・「恩を受けた人をあざむいてまで出世したいのか。恥を知れ」と上司は部下を叱った。
　＊「恥を知る」は、例文のように「恥を知れ」という命令表現で使うと、人に対するののしりの言葉となる。

はた　旗（×する）（×ある）

※「国旗」「軍旗」「大漁旗」「五輪の旗」「赤十字の旗」など、何の旗かを明示することが多い。

【－が揚がる】〔Lに・は（M）旗が揚がる〕L：場所（旗が揚がる）　[他]－を揚げる
・私の学校にはいつも玄関前のポールに校旗が揚がっている。
・スタートを示す旗が揚がると同時に、各チームのヨットは一斉に走り始めた。

【－が翻る】〔Lに・は（M）旗が翻る〕L：場所（旗が翻る）　[他]－を翻す
・スポーツ大会の行われる野外スタジアムでは、各国

の国旗が風にへんぽんと翻っている。
　＊「旗が翻る」は、例文のように「へんぽんと」「ゆったり」など旗が翻っている様子を表す語と共に使うことが多い。

【－を揚げる】〔Xが　（M）旗を揚げる〕X：人、組織　[自]－が揚がる

・A国の官公庁や学校では、毎朝、国旗だけではなく州の旗も揚げる習慣がある。
　＊「旗を揚げる」には「新しく事（現代では特に劇団）を起こす」という意味の比喩的な使い方がある。同様の意味で「旗揚げする」という語がある。・俳優Aは新しい劇団を結成した。来春、旗揚げする予定で準備に忙しい。

【－を降ろす】〔Xが　（M）旗を降ろす〕X：人、組織

・閉会式では表彰の後、スピーチがあり最後に大会の旗が降ろされるという手順になっている。

【－を掲げる】〔Xが　（M）旗を掲げる〕X：人、組織

・公海を行く船は船尾に国旗を掲げて、どこの国の船かを示す決まりがある。

【－を立てる】〔Xが　（M）旗を立てる〕X：人、組織　[自]－が立つ☆

・エベレストを征服した登山隊は頂上に旗を立て、笑顔でカメラに向かった。

【－を翻す】〔Xが　（M）旗を翻す〕X：人、組織　[自]－が翻る

・優勝したチームは真っ赤な優勝旗を翻して凱旋行進した。
　＊「反対する」という意味の「反旗を翻す」という表現がある。・A国はB国の支配に反旗を翻した。

【－を振る】〔Xが　（M）旗を振る〕X：人、組織

・市内を走るマラソンでは、沿道に立った多くの人が旗を振って選手たちを応援した。
　＊「旗を振る」にはリーダーシップをとるという意味もある・何かを始めるときには、旗を振る人がいると物事は円滑に進む。

はなし　話（×する）（ある）

【－がある】〔Xに・は　M話がある〕Pという　X：人／モノ／コト／場

・Aさんは今、お見合いの話があるが、あまり気が進まないようだ。
・長い道のりを経てのAさんの絵画展での金賞受賞には、語りつくせないほどの話がある。
・この村には北から風が吹くと雪になるという昔から言い伝えられている話がある。

a．共通の話題などを表す連語

【－が合う】《話題や趣味が一致してうちとけて話ができる》〔XはYと　Φ話が合う〕〔XとYは　Φ話が合う〕X：人　Y：人　[他]－を合わせる

・友人の紹介で知り合ったAさんはBさんと大変話が合うようで、その後よく会っているらしい。
・団体旅行の参加者たちは初対面ながら話が合ったらしく、最後には次に会う約束をしていた。

【－が弾む】《会話が楽しく進む》〔XはYと　Φ話が弾む〕〔XとYは　Φ話が弾む〕X：人　Y：人

・私はパーティーで初めて会った人と話が弾み、飲み屋に席を移して遅くまで話した。
・私たちは同じ電車で帰宅する途中ずっと旅行のことで話が弾んだ。

【－が分かる】

① 《話の内容が分かる》〔XはYの（M）話が分かる〕Pという　X：人　Y：人
・この子は小さいのに、大人の話が分かったかのようにうなずいている。
② 《納得して受け入れる》〔Xは　Φ話が分かる〕X：人
・無理な要望だが、部長は話が分かる人だから、きっと聞き入れてくれると思う。

【－にならない】《取り上げるには不足で、頼みにはならず使えない》〔Yは　Φ話にならない〕Y：人／モノ／コト（能力や技能、程度が足りない）

・部長に新しい企画を持って行ったが「こんな企画じゃ話にならないから作り直せ」と言われた。

【－を合わせる】《意図を持って話の相手をする》〔Xが Yに Φ話を合わせる〕X：人 Y：人 [自]－が合う
・Aさんは私には興味のない話をしていたが、「おもしろいですね」「本当ですか」などと話を合わせていたら、どんどん話が広がって行き閉口した。

【－をする】《話す／相談する》〔Xが Yと （M）話をする〕〔XとYが （M）話をする〕Pという X：人、組織 Y：人、組織
・私はAさんとは話をしたことがなかったが、話してみたら面白い人だということが分かった。
・最近は、医者と患者が対等な立場で治療法についての話をするようになった。

b．まとめるべき相談などを表す連語

【－がある】《特に話したいことがある》〔Xは Yに／Yに対して Zについて （M）話がある〕Pという X：人（話す人） Y：人（話を聞く人） Z：コト（話題）
・「先生が君の大学進学について話があるから教員室に来るようにとおっしゃっていたよ」

【－がつく】《相談がまとまる》〔Xは Yと（の間で） Φ話がつく〕〔XとY（の間）で Φ話がつく〕X：人、組織 Y：人、組織 [他]－をつける
・隣家との境に塀を作る件で、私たちは隣家との間で話がついたので、工事を始めることにした。
・中古の車を買いたいと思い、売り主と値段の交渉をしていたが、ようやく双方の間で話がついた。

【－が早い】《問題になっていることが早く片付く》〔Φ話が早い〕
・緊急事態の場合、普段の手順を踏むより直接部長と話せば、一番話が早い。
　＊「話が早い」は、〔X〕〔Y〕などを伴わずに使う。

【－をつける】《相談をまとめる》〔Xが Yと Φ話をつける〕〔XとYが／XとY（の間）で Φ話をつける〕X：人、組織 Y：人、組織 [自]－がつく
・顧客からのクレームの対応に困っていたところ、上司がその顧客とうまく話をつけてくれた。
・「お金の貸し借りのような個人的な問題に関しては、あなたがた自身が話をつければ済むことで、カウンセラーの先生は相談に乗ってくれないでしょう」
・交通事故の賠償について当事者同士で話をつけるのは難しい。弁護士が代理人をしてくれる。

【－を詰める】《最終的な結論を出すために話し合う》〔Xが Yと Zについて Φ話を詰める〕〔XとYが Zについて Φ話を詰める〕X：人、組織 Y：人、組織 Z：コト（決めること）
・パーティーの日時と場所はもう決まった。後は会場の担当者と会の進め方について話を詰めるだけだ。
・委員会のメンバーは討議の内容をどのように発表するかについて、最終的な話を詰めねばならない。

ぱにっく　パニック（×する）（×ある）

※　パニックは、〔Φパニック〕としたが、〔(M)パニック〕と使うこともある。この場合、〔M〕は「ひどい」「叫び声を上げるほどの」などひどさを表す語や表現に限られる。

【－が起こる】〔Φパニックが起こる〕（＝）－を起こす
・地震の予知ができるようになると、知ることによってかえってパニックが起こるかもしれない。
　＊「パニックが起こる」は、〔X〕〔Y〕などを伴わずに使う。

【－に陥る】《パニックの状態になる》〔Xが Φパニックに陥る〕X：人、組織
・ラッシュ時の電車内から白い煙が出て、乗客は一時ひどいパニックに陥った。

【－になる】〔Xが Φパニックになる〕X：人、組織
・試写会後、出演者のサイン会があった。ファンが殺到し会場はパニックになるほどだった。
　＊　例文中の「会場」が「会場に集まった人々」を表すように、場所を表す言葉を人の集団という意味で使うことがある。・誤ったニュースによって国中がパニックになった。

【－を起こす】〔Xが Φパニックを起こす〕X：人 （＝）－が起こる
・突然の事故に遭った場合、普段冷静な人でもパニックを起こしてしまうことが多い。

はば　幅（×する）（ある）

(1) 物理的な意味の「幅」

【－がある⇔－がない】〔Yは　M幅がある〕Y：モノ

・この道は狭いが、バスが対向して通れるだけの幅はある。

【－が縮まる】〔Yは／Yの　Φ幅が縮まる〕Y：モノ　[他]－を縮める

・ゴムのベルトは古くなると自然に幅が縮まる性質があるものだ。

【－が縮む】〔Yは／Yの　Φ幅が縮む〕Y：モノ　[他]－を縮める

・セーターを洗濯してそのまま干したら、縦方向に延びて、横の幅が縮んでしまった。

【－が広い⇔－が狭い】〔Yは／Yの　Φ幅が広い〕Y：モノ

・柔道で使われる帯は着物の帯より幅が狭い。

【－が広がる⇔－が狭まる】〔Yの／Yは　Φ幅が広がる〕Y：モノ　[他]－を広げる⇔－を狭める

・道路拡張工事によって国道の幅が広がったおかげで、渋滞が解消した。
・この川はA谷周辺で幅が狭まり流れが速くなっているが、そこを抜けると急にゆるやかになる。

【－を縮める】〔Xが　Yの　Φ幅を縮める〕X：人　Y：モノ　[自]－が縮まる

・ワープロで作成中の表の幅を縮めたいのだが、どんな操作をすればよいのかわからない。

【－を広げる⇔－を狭める】〔Xが　Yの　Φ幅を広げる〕X：人　Y：モノ　[自]－が広がる⇔－が狭まる

・新しい靴を買った。右足が少しきつかったので、履く前に幅を広げてもらった。
・同じように見えるズボンにも流行があるようで、今年は裾の幅を狭めたものに人気があるようだ。

【－を持たせる】《余裕を作る》〔Xが　Yに　Φ幅を持たせる〕X：人　Y：モノ

・コートの下に厚手のものを着る関係で、冬服のコートは袖ぐりの幅を持たせて作られている。

(2) 抽象的な意味での範囲を表す「幅」

【－がある】〔X（に）は　Yに／Yの　(M)幅がある〕〔Xの　Yに　(M)幅がある〕X：人（複）、組織（複）／モノ（複）／コト（複）　Y：コト

・経営者側と労働組合は、経営の合理化についての考え方に大きな幅がある。
・同じメーカーの同じ商品であっても、店によって値段に幅があるのはどうしてだろう。

【－が大きい⇔－が小さい】〔Xは　Yの　Φ幅が大きい〕X：人（複）、組織（複）／モノ（複）／コト（複）　Y：コト

・農産物は、年によって収穫高の幅が大きい。
・モデルチェンジ前の製品は、需要が低くなるので、値下げの幅が大きい。

【－が縮まる】〔Xは　Yの　(M)幅が縮まる〕X：人（複）、組織（複）／モノ（複）／コト（複）　Y：コト　[他]－を縮める

・補習授業の成果が上がり、生徒たちはテストの点数の幅が縮まった。

【－が広がる⇔－が狭まる】〔Xは　Yの　(M)幅が広がる〕X：人（複）、組織（複）／モノ（複）／コト（複）　Y：コト　[他]－を広げる⇔－を狭める

・海外旅行をすると視野が広がって、関心の幅も広がる。
・女性は自分より高学歴の男性を望む傾向があるため、大学院卒の女性は結婚相手の選択の幅が狭まるという説がある。

【－を利かせる】《影響力を持つ》〔Xが　Zに　Φ幅を利かせる〕X：人、組織　Z：場／コト

・政界の長老のAさんは所属の党に幅を利かせていて、党内人事にも発言権を持っている。
・Aさんは建設業界の実力者なので、公共事業を請け負う業者の選定に幅を利かせている。

【－を縮める】〔Xが　Yの　(M)幅を縮める〕X：人、組織　Y：コト　[自]－が縮まる

・丁寧な補習授業が、生徒間の学力の幅を縮めるのに役立っている。

【－を広げる⇔－を狭める】〔Xが Yの （M）幅を広げる〕X：人、組織　Y：コト　[自]－が広がる⇔－が狭まる
・新進ピアニストのAさんは、「古典から現代音楽まで演奏曲目の幅を広げたい」と語った。

〔Zが Yの （M）幅を広げる〕Z：コト　Y：コト　[自]－が広がる⇔－が狭まる
・留学生活で得た貴重な体験は、学生の思考の幅を広げるにちがいない。
・好きなことだけに熱中するのもよいが、それが自分の将来の可能性の幅を狭めることにもなる。

【－を持たせる】《余裕を作る》〔Wが Yに （M）幅を持たせる〕W：人、組織　Y：コト
・どんな仕事をする場合でも、スケジュールに幅を持たせると余裕を持ってすることができる。

ばらんす　バランス（×する）（×ある）

※〔YとZ〕は、バランスを取る2つのものを指すだけではなく、バランスを取るべきものの全体を指すことがある。◆上半身と下半身のバランス→体のバランス、◆タンパク質と脂肪とビタミン…のバランス→栄養のバランス

(1) 物理的な意味での「バランス」
a．バランスがとれることを表す連語

【－が取れる】〔Xは YとZの （M）バランスが取れる〕X：人、動物／モノ　Y：モノ　Z：モノ　[他]－を取る
・風のある日に凧をあげた。私の作った凧は本体と足のバランスがうまく取れていなかったらしく、くるくる回りながら落下してしまった。
・貨物船にコンテナを積むときは、左舷と右舷のバランスが取れるように注意して積み込む。

【－を保つ】〔Xが YとZの （M）バランスを保つ〕X：人、動物／モノ　Y：モノ　Z：モノ
・体操競技の吊り輪では、両手を水平に広げて数秒間、体のバランスを保つことが要求される。
・この天秤は同じ重さのおもりがかかっているので、左右のバランスが保たれた状態で止まっている。

【－を取る】〔Xが YとZの （M）バランスを取る〕X：人、動物／モノ　Y：モノ　Z：モノ　[自]－が取れる
・動物や鳥の尾は歩いたり飛んだりするとき、体のバランスを取るために重要な役割を果たしている。
・サーカスの綱渡りで、演技者は両手を広げて左右のバランスを取りながら最後まで渡りきった。

b．バランスがとれないことを表す連語

【－が崩れる】〔Xは YとZの （M）バランスが崩れる〕X：人、動物／モノ　Y：モノ　Z：モノ　[他]－を崩す
・トラックが止まった瞬間、荷台に積み上げた荷物のバランスが崩れて、道路に散乱した。

【－を失う】〔Xが YとZの （M）バランスを失う〕X：人、動物／モノ　Y：モノ　Z：モノ
・自転車に乗っていたら、小石に乗り上げ、私は体のバランスを失って倒れてしまった。

【－を崩す】〔Xが YとZの （M）バランスを崩す〕X：人、動物／モノ　Y：モノ　Z：モノ　[自]－が崩れる
・ボートに乗っていたが、立ち上がった瞬間バランスを崩して水に落ちてしまった。
・クレーンで鉄骨をつり上げる作業で、鉄骨の左右のバランスを崩さないようにするのに熟練を要する。

〔Wが Xの （M）バランスを崩す〕W：モノ／コト　X：人、動物／モノ／コト　[自]－が崩れる
・突風がつり橋を渡っていた人のバランスを崩し、転落させた。

(2) 抽象的・精神的な意味の「バランス」
a．バランスが取れることを表す連語

【－が取れる】〔Xは YとZの （M）バランスが取れる〕X：人、組織／モノ／コト　Y：人／モノ／コト　Z：人／モノ／コト　[他]－を取る
・あのスーツは、ジャケットとスカートのバランスがよく取れていて、センスの良い服だ。
・この料理は、肉と野菜を使っていて、栄養のバランスがうまく取れている。
・Aチームはいろいろな能力を持った選手のバランス

が取れており、他のチームから恐れられている。

【－を保つ】〔Xが　YとZ（の間）の（M）バランスを保つ〕X：人、組織　Y：人／モノ／コト　Z：人／モノ／コト
・成長期でもある思春期の子どもは、心と体のバランスを保つのがむずかしいと言われている。
・A政党のB幹事長は、党内の多種多様な議員の間のバランスを保っており、党内で評価が高い。
・私たちが健康に暮らすには食事、睡眠、運動の適度なバランスを保つことが大切だ。

【－を取る】〔Xが　YとZの（M）バランスを取る〕X：人、組織　Y：人／モノ／コト　Z：人／モノ／コト　［自］－が取れる
・子育てをしながら仕事を続けるには、仕事と家庭生活のバランスを上手に取ることが肝心だ。

b．バランスが取れないことを表す連語

【－が崩れる】〔Xは　YとZの（M）バランスが崩れる〕X：人、組織／モノ／コト　Y：人／モノ／コト　Z：人／モノ／コト　（＝）－を崩す
・今期は予想外の営業不振のため収支のバランスが崩れ、来期に大幅な赤字を繰り越すこととなった。
・ワシやタカのような猛禽類の減少によって小動物が増え、生態系のバランスが崩れる危険がある。

【－を失う】〔Xが　YとZの（M）バランスを失う〕X：人、組織／モノ／コト　Y：モノ／コト　Z：モノ／コト
・Aさんはハリケーンで家族と家を同時に失い、心のバランスを失ってしまった。

【－を崩す】〔Xが　YとZの（M）バランスを崩す〕X：人、組織／モノ／コト　Y：人／モノ／コト　Z：人／モノ／コト　（＝）－が崩れる
・この著名な作家は晩年になって精神のバランスを崩し、うつ状態になっていたという。
・仕事のストレスと不規則な食事が体のホルモンバランスを崩してしまう場合がある。
　＊「バランスを崩す」は結果的にそうなることを表すことが多いが、意図的な行為のこともある。・A国は、B国とC国の力のバランスを崩そうと画策をしている。

はんきょう　反響（＊する）（ある）

※　物理的な音が反射するという意味では「反響する」と使える。・トンネル内では、音が反響する。

【－がある⇔－がない】〔Yに／Yに対して／Yに対する　Xから・の（M）反響がある〕Y：コト　X：人（複）、組織（複）／場
・心臓移植を待つAさんを救おうという呼びかけに同僚たちから予想以上の反響があり、多くの寄付金が集まった。
・これまでの通説を覆すようなA博士の新しい理論に対して、大きな反響があった。

【－が大きい⇔－が小さい】〔Yに対して／Yに対する　X（から）の　Φ反響が大きい〕Y：コト　X：人（複）、組織（複）／場
・核兵器廃絶を呼びかけるA国市民の訴えに対して、とりわけ核保有国からの反響が大きかった。

【－を巻き起こす】《あることが多くの人々を驚かせ話題になる》〔Yが　Xに（M）反響を巻き起こす〕Y：コト　X：人（複）、組織／場
・イギリスの人気グループ「ビートルズ」の来日は、当時の日本社会に大きな反響を巻き起こした。
　＊「反響を巻き起こす」は、〔M〕に「大」「大きな」「すさまじい」など、程度が大きいことを表す語が用いられることが多い。

【－を呼ぶ】《あることが多くの人々の話題になる》〔Yが　X（の間）に（M）反響を呼ぶ〕Y：コト　X：人（複）、組織／場
・クローン羊「ドリー」の誕生のニュースは、世界中の人々の間にその是非をめぐり大反響を呼んだ。
　＊「反響を呼ぶ」は、〔M〕に「大」「大きな」「すさまじい」など、程度が大きいことを表す語が用いられることが多い。

はんせい　反省（する）（×ある）

※１　「反省する」以外の連語はほとんど硬い文体で使う。
※２　非常に深く反省することを「猛省」と言う。

【ーする】〔Xが　Zを／Zについて　Φ反省する〕
X：人、組織　Z：コト（反省の内容）
・学生時代、テストがあるたびに日頃勉強していなかったことを反省した。
〔Xが　Pと　Φ反省する〕X：人、組織
・試験の出来がよくなかった。もっと勉強しておけばよかったのにと反省した。

【ーを促す】〔Yが　Xに／Xに対して　Pと　Φ反省を促す〕Y：人、組織（反省させる）　X：人、組織（反省する）
・父親は息子に怠惰な生活をやめろと反省を促したが、息子は聞く耳を持たなかった。
〔Yが　Xに　Zに対して／Zに対する　（M）反省を促す〕〔Yが　Xに対して　Zに／Zに対する　（M）反省を促す〕〔Yが　Zに／Zに対して／Zに対する　Xの　（M）反省を促す〕Y：人、組織（反省させる）　X：人、組織（反省する）　Z：コト（反省すべきこと）
・A校の野球チームの監督は、練習をサボった部員にサボったことに対する反省を促した。

【ーを迫る】〔Yが　Xに／Xに対して　Pと　Φ反省を迫る〕Y：人、組織（反省させる）　X：人、組織（反省する）
・市民はゴミの不法投棄を見逃していた市長に、もっとしっかり監督してほしいと反省を迫った。
〔Yが　Xに　Zに対して／Zに対する　（M）反省を迫る〕〔Yが　Xに対して　Zに／Zに対する　（M）反省を迫る〕〔Yが　Zに／Zに対して／Zに対する　Xの　（M）反省を迫る〕Y：人、組織（反省させる）　X：人、組織（反省する）　Z：コト（反省すべきこと）
・近隣住民は、A社の起こした公害事件での対応の悪さに対して会社側の反省を迫った。
・実直に生きたAさんの伝記を読んで、自分のこれまでの生き方に反省を迫られた。
　＊「反省を迫る」は、2番目の例文のように、〔XがYに（M）反省を迫られる〕と受身表現を使うこともある。

【ーを求める】〔Yが　Xに／Xに対して　Pと　Φ反省を求める〕Y：人、組織（反省させる）　X：人、組織（反省する）
・教授は期末試験において不正行為を働いた学生Aに対して、二度と過ちをしないよう反省を求めた。
〔Yが　Xに　Zに対して／Zに対する　（M）反省を求める〕〔Yが　Xに対して　Zに／Zに対する　（M）反省を求める〕〔Yが　Zに／Zに対して／Zに対する　Xの　（M）反省を求める〕Y：人、組織（反省させる）　X：人、組織（反省する）　Z：コト（反省すべきこと）
・野党はA大臣に差別的な発言をしたことに対して深い反省を求めている。

はんだん　判断 (する)（×ある）

【ーする】〔Xが　Pと　Φ判断する〕X：人、組織
・「株を大量に売ったそうですね。今が売り時だと判断した理由は何ですか」

【ーがつく】《判断できる》〔Xに・は　（M）判断がつく〕Pという　X：人
・担当医にもレントゲン検査だけでは手術に踏み切ったほうがよいかどうか判断がつかなかった。

【ーを誤る⇔ーが正しい】〔Xが　（M）判断を誤る〕Pという　X：人、組織
・日本では右折するとき、前方から来る車との距離の判断を誤り、交通事故につながることがある。

【ーを下す】《最終的な判断を示す》〔Xが　（M）判断を下す〕Pという　X：人、組織　[自]ーが下る☆
・山頂には雲がかかっていたが、隊長は登頂は可能だという判断を下した。

はんのう　反応 (する)（ある）

※「反応する」以外は、「薬物反応」「連鎖反応」「化学反応」などのように「何の反応か」、あるいは「どんな反応か」を示す語と共に使うことがある。

【ーする】〔Xが　Yに／Yに対して　Φ反応する〕X：人、組織／モノ（反応する）　Y：人／モノ／コト（反応の起因）
・生まれたばかりの赤ちゃんは目が見えないと言われているが、光には反応するようだ。
・赤いリトマス試験紙はアルカリに反応すると青くなる。

【－がある⇔－がない】
①《無意識的な反応》〔Ｘに・は　（Ｍ）反応がある〕
Ｐという　Ｘ：人、組織／モノ（反応する）
・検査した結果、ドーピングの疑いのあったＡ選手に微量の薬物反応があった。
・自動ドアの前に立って開くのを待ったが、何の反応もなかった。
②《意識的な反応》〔Ｘから　Ｙに／Ｙに対して／Ｙに対する　（Ｍ）反応がある〕〔Ｙに／Ｙに対して／Ｙに対する　Ｘの　（Ｍ）反応がある〕Ｐという　Ｘ：人、組織／モノ（反応する）　Ｙ：コト（反応の起因）
・仲間に共同研究をしないかと提案した。それに対してＡさんから考えてみたいという反応があった。
・同じ授業を受講しているクラスメートに一緒に勉強しようと申し出てみたが、皆の反応がなかった。

【－が起こる】〔Ｘに・は　（Ｍ）反応が起こる〕Ｐという　Ｘ：人、組織／モノ（反応する）　[他] －を起こす
・Ａ薬とＢ薬を混ぜるとその液体に化学反応が起こって、緑色に変化する。
・「移植手術は成功しました。あとは、拒絶反応さえ起こらなければ大丈夫です」と担当医が語った。

【－を起こす】〔Ｘが　Ｙに／Ｙに対して／Ｙに対する　（Ｍ）反応を起こす〕Ｐという　Ｘ：人、組織／モノ（自然に反応を起こす）　Ｙ：人、組織／モノ／コト（反応の起因）　[自] －が起こる
・Ａさんは風邪薬(かぜぐすり)に対してアレルギー反応を起こしたことがある。
・人間の体は移植された他人の内臓に拒絶反応を起こすことがある。
・Ａ国は、Ｂ国の人工衛星打ち上げの成功に過剰反応を起こして、宇宙開発予算を大幅に拡充した。
〔Ｙが　Ｘに　（Ｍ）反応を起こす〕Ｐという　Ｙ：コト／モノ（反応の起因）　Ｘ：人、組織／モノ／コト（反応する）　[自] －が起こる
・Ａ国で起こった民族運動が他国にも連鎖反応を起こし、世界各地で民族自立の声が高まってきた。
・スギ花粉がＡさんにアレルギー反応を起こした。

はんぱつ　反発（する）（ある）

【－する】〔Ｘが　Ｙに／Ｙに対して　Φ反発する〕Ｘ：人、組織　Ｙ：人、組織／コト
・成長の過程で子どもたちが親に反発する時期は反抗期と呼ばれている。
〔Ｘが　Ｙに／Ｙに対して　Ｐと　Φ反発する〕Ｘ：人、組織　Ｙ：人、組織／コト
・組合の理事長が勝手に行った組合資産の運用に対して、組合員が職権乱用だと反発した。

【－がある⇔－がない】〔Ｘから　Ｙに／Ｙに対して　（Ｍ）反発がある〕Ｐという　〔Ｘから・の　Ｙに対する　（Ｍ）反発がある〕Ｐという　〔Ｙに／Ｙに対して　Ｘから・の　（Ｍ）反発がある〕Ｐという　〔Ｙに対する　Ｘ（から）の　（Ｍ）反発がある〕Ｐという　Ｘ：人、組織　Ｙ：人、組織／コト
・知事が私学への助成金削減を提案した直後、学校関係者から知事に対する大きな反発があった。
・高速道路の料金値上げに対して流通業界や運輸業界から反発があった。
〔Ｘから　Ｙに／Ｙに対して　Ｐと　（Ｍ）反発がある〕〔Ｘから　Ｐと　Ｙに／Ｙに対して／Ｙに対する　（Ｍ）反発がある〕Ｘ：人、組織　Ｙ：人、組織／コト
・冬でも薄着で通させたいという校長の方針に対して、保護者たちから子どもが風邪(かぜ)を引いたら困ると強い反発があった。

【－が大きい／－が強い】〔Ｘから　Ｙに／Ｙに対して　（Ｍ）反発が大きい〕Ｐという　〔Ｘから・の　Ｙに対する　（Ｍ）反発が大きい〕Ｐという　〔Ｙに／Ｙに対して　Ｘから・の　（Ｍ）反発が大きい〕Ｐという　〔Ｙに対する　Ｘ（から）の　（Ｍ）反発が大きい〕Ｐという　Ｘ：人、組織　Ｙ：人、組織／コト
・新しい年金制度に対して納得できないという国民からの反発が大きい。
・初めて父親になるＡさんが育児休暇を取ろうとしたところ、保守的な同僚たちから、Ａさんに対する反発が強かった。
〔Ｘから　Ｙに／Ｙに対して　Ｐと　Φ反発が大きい〕〔Ｘから　Ｐと　Ｙに対する　Φ反発が大きい〕Ｘ：

人、組織　Y：人、組織／コト
- 労働組合から会社に対して、人員削減よりコスト削減が先決だと反発が大きい。

【−が強まる⇔−が弱まる】〔Xから　Yに／Yに対して　(M)反発が強まる〕Pという〔Xから・のYに対する　(M)反発が強まる〕Pという〔Yに／Yに対して　Xから・の　(M)反発が強まる〕Pという〔Yに対する　X(から)の　(M)反発が強まる〕Pという　X：人、組織　Y：人、組織／コト　(＝)−を強める⇔−を弱める
- A国の外交政策に対して諸外国から安全保障体制を脅かすものだという反発が強まった。

〔Xから　Yに／Yに対して　Pと　Φ反発が強まる〕〔Xから　Pと　Yに対する　Φ反発が強まる〕X：人、組織　Y：人、組織／コト　(＝)−を強める⇔−を弱める
- 赤字鉄道の廃止に対して地域住民から自分たちの生活権が奪われると反発が強まっている。

【−を受ける】〔Yが　Xから・の　(M)反発を受ける〕Pという　Y：人、組織／コト(反発を受ける)　X：人、組織(反発する)
- A社は、先ごろ発表した新サービスがユーザーからの反発を受けたため、内容を変更した。

〔Yが　Xから　Pと　(M)反発を受ける〕Y：人、組織／コト　X：人、組織
- 新しい教育方針を示した校長は、保護者から厳し過ぎると激しい反発を受けた。

【−を覚える】〔Xが　Yに／Yに対して　Pと　(M)反発を覚える〕〔Xが　Pと　Yに対する　(M)反発を覚える〕X：人、組織(反発する)　Y：人、組織／コト(反発の起因)
- 思春期の子供は親のすること、なすことすべてに反発を覚えるようだ。
- Aさんは、その映画の主人公が最後には死ぬという結末に対し、ステレオタイプだと反発を覚えた。

【−を買う】〔Yが　Xから・の　(M)反発を買う〕Y：人、組織／コト(反発を受ける)　X：人、組織(反発する)
- 政府の雇用対策は経営者側を優先していると、多くの労働者から反発を買った。

〔Yが　Xから　Pと　(M)反発を買う〕Y：人、組織／コト(反発を受ける)　X：人、組織(反発する)
- 薬害に苦しむ患者を救済しなかった製薬会社は、国民から無責任すぎると反発を買った。

【−を強める⇔−を弱める】〔Xが　Yに／Yに対して／Yに対する　Φ反発を強める〕Pという〔Yに／Yに対して　Xが　Φ反発を強める〕Pという　X：人、組織　Y：人、組織／コト　(＝)−が強まる⇔−が弱まる
- A社のパソコンの度重なるモデルチェンジに対してユーザーは反発を強め、顧客離れが進んだ。

〔Xが　Yに／Yに対して　Pと　Φ反発を強める〕〔Xが　Pと　Yに対する　Φ反発を強める〕X：人、組織　Y：人、組織／コト　(＝)−が強まる⇔−が弱まる
- 新知事がダム建設の中止を決めた。建設業者は既定の契約を変更するべきではないと新知事に対する反発を強めた。

【−を招く】〔Yが　Xから・の　(M)反発を招く〕Y：人、組織／コト(反発の起因)　X：人、組織(反発する)
- 貿易交渉におけるA国の強引なやり方は、世界各国から反発を招くことになるだろう。

〔Yが　Xから　Pと　(M)反発を招く〕Y：人、組織／コト(反発の起因)　X：人、組織(反発する)
- すべてを自分で決めようとする委員長は、委員たちからやり方が民主的ではないと反発を招いた。

ひ　日 (×する) (ある)

a. 太陽が出ている、または出てくることを表す連語

【−がある】《まだ日が暮れない》〔Φ日がある〕
- 登山では安全のために、日があるうちに山小屋に到着するように計画を立てる。
    * 1 「日がある」は、〔X〕〔Y〕などを伴わずに使う。
    * 2 この連語は、例文のように「日があるうちに」と使うことが多い。

【—が差す】
① 《太陽の日》〔Lに・は／Lから　（M）日が差す〕L：場所
・朝のうちは前日からの雨が残っていたが、午後になると日が差してきた。
・東向きの私の部屋には、早くから朝日が差す。
　　＊「日が差す」は、「部屋に日が差す」「窓から日が差す」のように使う。

② 《事態が好転する》〔Xに　Φ日が差す〕X：コト／場
・不況が続き出口の見えなかった日本経済にようやく日が差し始めた。
　　＊「薄日が差す」という表現があり、「事態が少し好転した」という意味である。・最近、雇用状況も改善されてきた。わが国の経済にも薄日が差してきたようだ。

【—が昇る】《朝日が出てくる》〔Lから／Lに　（M）日が昇る〕L：場所
・東の空がうっすらと明るくなり、水平線から日が昇ってきた。
・山に日が昇るころ、西の空に月が傾いていく。
　　＊「日が昇る」と同じ意味で、「朝日が昇る」という表現もある。・山の端から朝日が昇ってきた。

b. 太陽が消えていくことを表す連語

【—が落ちる】《暗くなる》〔Lに　Φ日が落ちる〕L：場所
・日本の多くの地域では、夏、日が落ちてからもなかなか気温が下がらない。

【—が傾く】《夕刻になる》〔Lに　（M）日が傾く〕L：場所
・本を読んでいるうちに眠ってしまったらしい。目が覚めると、もう西に日が傾きかけていた。

【—が暮れる】《夜になる》〔Φ日が暮れる〕
・日が暮れるころになると、外で遊んでいた子供たちが帰って行く。
　　＊「日が暮れる」は、〔X〕〔Y〕などを伴わずに使う。

【—が沈む】〔Lに　（M）日が沈む〕L：場所
・ホテルの窓から水平線に真っ赤な日が沈む様子が美しく見えた。

ひ　火（×する）（×ある）

(1) 火そのものの意味の「火」

【—がおきる／—がおこる】〔Φ火がおきる〕[他] —をおこす
・野外で料理をするのに薪を使うと、なかなか火がおきず大変な思いをすることがある。
　　＊1　「火がおきる／火がおこる」は、〔X〕〔Y〕などを伴わずに使う。
　　＊2　この連語は、「火が点く」という意味では〔Φ火がおきる〕と使う。ただし、火の様子を表現するときには、〔M火がおきる〕と使う。・暖炉に赤い火がおきる。

【—が消える】〔Yの／Yは　（M）火が消える〕Y：モノ（火がついているもの）[他] —を消す
・懸命な消火活動の結果、燃え盛っていた家の火がついに消えた。

【—がつく】〔Yに　（M）火がつく〕Y：モノ [他] —をつける
・焚き火をしようと思ったが、マッチが湿っていて火がつかなかった。

【—が強い⇔—が弱い】〔Yの／Yは　（M）火が強い〕Y：モノ（火がついているもの）
・肉を焼くとき、コンロの火が強いと焦げるだけで中まで火が通らないことがある。

【—が出る】《火事になる》〔Yから　Φ火が出る〕Y：モノ（火が出る物や場所）（＝）—を出す
・昨夜の火事は焼け跡の状況からみて台所付近から火が出たものと思われる。
　　＊「顔から火が出る」という表現もある。・人前でバカなことを言って、顔から火が出るほど恥ずかしかった。

【—に当たる】〔Xが　（M）火に当たる〕X：人
・戸外は寒かったが、皆で枝を拾い集めておこした焚き火の火に当たって寒さをしのいだ。

【—をおこす】〔Xが　（M）火をおこす〕X：人 [自] —がおきる／—がおこる
・ガスも電気もなかった時代は、火をおこすことは大

変な作業だった。

【ーを落とす】《火を消す》〔Xが Yの Φ火を落とす〕X:人 Y:モノ（かまど、暖炉など）［自］ーが落ちる☆

・「寝る前には必ず暖炉の火を落としてください。火が残っていると火事になる危険があります」
　＊「火を落とす」は、かまどや暖炉で薪（まき）などを使っている場合に使う。

【ーを消す】〔Xが Yの Φ火を消す〕X:人 Y:モノ ［自］ーが消える

・「地震のときは火事にならないようにまずコンロの火を消すように」と言われている。

【ーを出す】《火事になる》〔Yから Φ火を出す〕Y:モノ（火が出る物や場所）（＝）ーが出る

・集合住宅に住んでいる。自分の家から火を出すと大変なので、火の扱いに細心の注意を払っている。
　＊「火を出す」は「誤って火事になる」という意味であり、故意に行う動作ではない。

【ーをつける】〔Xが Yに （M）火をつける〕X:人 Y:モノ ［自］ーがつく

・近所で火事があった。子どもが紙にライターの火をつけて遊んでいたことが原因だったそうだ。

【ーを強める】〔Xが Yの （M）火を強める〕X:人 Y:モノ（火がついているもの）

・グラタンを焼いていた見習いコックは料理長の指示で最後にオーブンの火を強めた。

【ーを噴く】〔Xが （M）火を噴く〕Y:モノ（火を噴くもの）

・使用中のドライヤーが突然火を噴くという事故が相次ぎ、メーカーは製品を回収し始めた。
　＊「火を噴く」は「火が勢いよく出る」という意味であり、故意に行う動作ではない。

(2) 調理をするという意味の「火」

【ーが通る】《煮えたり焼けたりする》〔Yに Φ火が通る〕Y:モノ ［他］ーを通す

・豚肉は火が通るまでよく焼いたほうがいい。

【ーに掛ける】〔Xが Yを Φ火に掛ける〕X:人 Y:モノ（調理道具）

・湯をわかしたいので、やかんを火に掛けた。

【ーを通す】《煮たり、焼いたりする》〔Xが Yに Φ火を通す〕X:人 Y:モノ（火を通すもの）
［自］ーが通る

・日本ではバナナは生で食べるのが普通だが、バナナに火を通して食べる文化もある。

(3) 物事の程度が急に大きくなるという意味の「火」

【ーがつく】《程度が激しくなる》〔Yに Φ火がつく〕Y:コト（精神、人気） ［他］ーをつける

・競争相手から馬鹿にされたA選手は闘争心に火がつき、猛然と練習して雪辱（せつじょく）を果たした。
・Aベーカリーのパンは、テレビで紹介されたことから一気に人気に火がついた。
　＊1 「火がつく」は、〔Y〕に「闘争心」「競争心」「闘志」「○○魂（役者魂／プロ魂／職人魂…）」などの人の気持ちを表す語や「人気」「好奇心」などの語が用いられる。
　＊2 「お尻に火がつく《仕事などの期限が近づき落ち着いていられない》」という表現がある。・論文提出期限が迫ってくると、のんびりしていた彼もお尻に火がついたようで、必死に執筆している。

【ーをつける】〔Xが Yに （M）火をつける〕X:人／コト Y:コト ［自］ーがつく

・テレビゲームの内容の奇抜さが子供たちの好奇心に火をつけた。

ひ　灯（×する）（×ある）

(1) 明かりという意味の「灯」

【ーが消える】〔Yの／Yは （M）灯が消える〕Y:モノ ［他］ーを消す

・この辺りは夜10時ごろには店の灯が消えて、ひっそりとする。

【ーがともる】《灯がつく》〔Yに （M）灯がともる〕Y:モノ（灯がつくところ） ［他］ーをともす

・明かりセンサーがついているので、暗くなると家の門灯に自動的に灯がともるようになっている。

【－を消す】〔Xが　Yの　(M)灯を消す〕X：人　Y：モノ　[自]－が消える
・学校の警備員は生徒が帰った後の校舎を見回り、教室の灯を消して歩いている。

【－をともす】《灯をつける》〔Xが　Yに　(M)灯をともす〕X：人　Y：モノ（灯がつくところ）[自]－がともる
・電気がなかった時代には、人が街路のガス灯の一本一本に灯をともして歩いたそうだ。

(2) 比喩的な用法の「灯」

【－が消える】〔M灯が消える〕[他]－を消す
・村の人口が減り、村祭りなどの伝統の灯が消えかかっている所が多い。
　　＊1「灯が消える」は、〔X〕〔Y〕などを伴わずに使う。
　　＊2　この連語の〔M〕は、「伝統の」「伝統的な暮らしの」などに限られる。

【－がともる】〔Yに　M灯がともる〕Y：モノ（心）[他]－をともす
・転んだおばあさんに「大丈夫ですか」と小さい子どもが声をかけているのを見て、心に灯がともったような気がした。

【－を消す】〔Xが　M灯を消す〕X：人、コト　[自]－が消える
・西欧文明の流入がこの地方の人々の伝統的な暮らしの灯を消してしまった。
　　＊「火を消す」の〔M〕は、「伝統の」「伝統的な暮らしの」などに限られる。

【－をともす】〔Xが　Yに　(M)灯をともす〕X：人、コト　Y：モノ（心）[自]－がともる
・子どもたちの純真な態度がかたくなな男の心に灯をともした。
　　＊比喩的な意味での「灯をともす」は文学的叙述が多い。

ひがい　被害（×する）（ある）

a．被害があることを表す連語

【－がある⇔－がない】〔Yに・は　(M)被害がある〕Pという　Y：人、組織／モノ／コト（被害が生じる）
・この地方には台風によって総額1億円を超える被害があった。
・幸いにも、台風のコースからはずれたA地域では被害がまったくなかった。

【－が大きい⇔－が小さい】〔Yに・は／Yの　(M)被害が大きい〕Y：人、組織／モノ／コト（被害が生じる）
・農業地帯に雹が降ったが、果樹よりもキャベツのような野菜に被害が大きかった。

【－が発生する】〔Yに・は　(M)被害が発生する〕Pという　Y：人、組織／モノ／コト（被害が生じる）
・温暖化により海面が上昇し、太平洋の一部の島々に海抜の低い土地が冠水するという深刻な被害が発生している。

【－に遭う】〔Yが　(M)被害に遭う〕Pという　Y：人、組織／モノ／コト（被害が生じる）
・Aさんは、外出している間に空き巣に入られ、多額の現金を盗まれるという被害に遭った。

【－を与える】〔Xが　Yに　(M)被害を与える〕Pという　X：人、組織、動物／モノ／コト　Y：人、組織、動物／モノ／コト（被害が生じる）
・去年の夏、異常発生したクラゲは沿岸の漁業に大きな被害を与えた。
・無差別爆撃を辞さないA国軍は、B地域の人々に多大な被害を与えた。

【－を受ける】〔Yが　Xで／Xによって／Xによる　(M)被害を受ける〕Pという　Y：人、組織、動物／モノ／コト（被害が生じる）　X：人、組織、動物／モノ／コト
・その地方の住民は津波で大きな被害を受けた。
・A地方は、イナゴの大群によって農作物に総額2億ドルという被害を受けた。

【－をもたらす】〔Xが　Yに　(M)被害をもたらす〕Pという　X：人、組織、動物／モノ／コト　Y：人、組織、動物／モノ／コト（被害が生じる）
・海外からの病害虫は日本の植物に被害をもたらすため、検疫所では厳しくチェックしている。

- A地域を通過した竜巻（たつまき）は街路樹を倒し、100軒を超す民家を吹き飛ばすという被害をもたらした。

b．被害がないことを表す連語

【－を食い止める】《被害を少しでも少なくしようとする》〔Zが　Xの／Xによる　Yに対する　(M)被害を食い止める〕Pという　Z：人、組織／モノ／コト　X：人、組織、動物／モノ／コト　Y：人、組織、動物／モノ／コト（被害が生じる）

- スマトラ沖地震では海岸線に生えるマングローブの林が津波による被害を食い止めたそうだ。
- 外来種による生態系への被害を食い止めるため、A国では入国の際、靴底の消毒を義務づけている。

【－を免れる】〔Yが　Xの／Xによる　(M)被害を免れる〕Pという　Y：人、組織、動物／モノ／コト（被害が生じる）　X：人、組織／動物／モノ／コト

- A川が氾濫（はんらん）したが、Bさんの家は高台にあったので洪水の被害を免れた。
- A火山が爆発したが、溶岩が住宅のない方に流れたことで居住地域が全滅するという被害を免れた。

ひかり　光（×する）（×ある）

【－が当たる】〔Yに　(M)光が当たる〕Y：人／モノ／コト　[他]－を当てる

- この本は窓辺（まどべ）に置いてあったので光が当たって、黄色に変色してしまった。
- 介護士を主役としたドラマのヒットにより、介護士という地味な仕事に光が当たるようになった。
    * 「光が当たる」は、2番目の例文のように比喩（ひゆ）的に使うと「表だって取り上げられる」という意味になる。

【－が強い⇔－が弱い】〔(M)光が強い〕

- 夏は冬に比べて太陽の光が強いので、サングラスをかける人が多い。
    * 「光が強い⇔光が弱い」は、〔X〕〔Y〕などを伴わずに使う。

【－が強まる⇔－が弱まる】〔(M)光が強まる〕
[他]－を強める⇔－を弱める

- 北半球の地域では春になると次第に太陽の光が強まり、動物の活動が活発になる。
    * 「光が強まる⇔光が弱まる」は、〔X〕〔Y〕などを伴わずに使う。

【－を当てる】〔Xが　Yに　(M)光を当てる〕X：人　Y：人／モノ／コト　[自]－が当たる

- 撮影のため、モデルの女性に照明の光を当てた。
- 新聞は、社会のひとつの出来事にさまざまな角度から光を当てて、報道するものだ。
    * 「光を当てる」は、2番目の例文のように比喩（ひゆ）的に使うと「目立たなかったものを取り上げる」という意味になる。

【－を浴びる】〔Yが　(M)光を浴びる〕Y：人／モノ

- この地方のトマトやナスなどの野菜は強い太陽の光を浴びて、生育がよい。
    * 「人々から注目される」という意味の「脚光を浴びる」という表現がある。・新進デザイナーのAさんは今脚光を浴びている。

【－を強める⇔－を弱める】〔Xが　(M)光を強める〕X：人　[自]－が強まる⇔－が弱まる

- ファッション雑誌の撮影では、光を強めたり弱めたりして、何枚も写真を撮るようだ。

ひっと　ヒット（する）（×ある）

※　ヒットは野球で使われる語だが、比喩（ひゆ）的に「大成功」の意味でも使われる。

【－する】〔Yが　Φヒットする〕Y：モノ／コト

- 日本では桜をテーマにした歌はヒットすることが多いそうだ。
- 自分で組み立てて家具を作るパーツ組み立て方式が若い世代の間でヒットしている。

【－が出る】〔Xに　(M)ヒットが出る〕Pという
X：人、組織　[他]－を出す☆

- ここ5試合ヒットのなかったA球団のB選手に、ようやくヒットが出た。
    * 「ヒットが出る」は、野球以外のことで使うと俗語的な表現になる。・飲料メーカーのA社が発売した新しい飲み物はさわやかな味が好まれて売れ行きが好調だ。A社にひさびさに

ヒットが出たようだ。

〔Zに（M）ヒットが出る〕Pという　Z：場（ヒットが出る分野）

・今年の音楽業界では、クラシックの分野に売り上げ10万枚という爆発的なヒットが出た。

【－を打つ】〔Xが（M）ヒットを打つ〕X：人（野球をする）

・A選手は昨晩の野球の試合で、久しぶりに得点につながるヒットを打った。
　　＊「ヒットを打つ」は、野球についての話に限定される。

【－を生む】〔Yが（M）ヒットを生む〕Pという　Y：モノ／コト

・CO₂排出量の削減をめざす社会情勢の中、A社のハイブリッドカーは空前のヒットを生んだ。
・インターネットを通じたオークションが思わぬヒットを生んでいる。

【－を飛ばす】〔Xが（M）ヒットを飛ばす〕Pという　X：人、組織

・A選手は、チャンスにヒットを飛ばす確率が高く監督からもチームメイトからも信頼が厚い。
　　＊「ヒットを飛ばす」は、野球以外のことで使うと俗語的な表現になる。・人気漫画家Aは発表する作品すべてでヒットを飛ばしている。

ひとめ　人目（×する）（ある）

a. 人に見られることを表す連語

【－がある《人が見ている》⇔－がない】〔Φ人目がある〕

・廊下は人目があるから、内密の話をするなら部屋に入ってからにしてほしい。
・Aさんは人前では紳士ぶっているが、人目がないところでは、案外行儀が悪い。
　　＊「人目がある⇔人目がない」は、〔X〕〔Y〕などを伴わずに使う。

【－につく】《人に見える／目立つ》〔Xが Φ人目につく〕X：人／モノ／コト

・新入生をサークルへ勧誘するため、加入者募集のポスターを人目につくような場所に貼った。
・有名な俳優は人目につかないよう、外出の時は地味な服装をし、目立たない眼鏡をかけるようだ。

【－を引く】《目立つ》〔Xが Φ人目を引く〕X：人／モノ／コト

・駅前にある本屋の看板は大きく人目を引く。
・評論家Aの発言は一見人目を引くが、専門家から見れば大した内容はない。

b. 人に見られないようにすることを表す連語

【－を避ける】《気づかれないようにする》〔Xが Φ人目を避ける〕X：人

・船から降りてきた怪しい男たちは、人目を避けるように急いで車に乗り込んで走り去っていった。

【－を忍ぶ】《他人に見られないようこっそりとする》〔Xが Φ人目を忍ぶ〕X：人

・交際を親に反対されている二人は、人目を忍んで会うよりほかなかった。
　　＊「人目を忍ぶ」は、「会いたくても会わせてもらえない状況」で用いることが多い。また、「人目を忍ぶ仲」「人目を忍んで～する」と使うことが多い。

【－を盗む】《見られないように行動する》〔Xが Φ人目を盗む〕X：人

・最近は、まわりの目が厳しいので、人目を盗むようにしてタバコを吸うことが多くなった。

【－をはばかる】《人に見られることを気にする》〔Xが Φ人目をはばかる〕X：人

・第一志望の大学の入試合格の知らせにうれしくて、人目をはばからず泣いてしまった。
　　＊「人目をはばかる」は、例文のように「人目をはばからず」の形で使うことが多い。

ひなん　非難（する）（×ある）

※「非難がある」とはあまり言わない。「非難の声がある」をよく使う。

【－する】〔Xが Yを Pと Φ非難する〕X：人、組織　Y：人、組織／モノ／コト

・難民救済に係わっているNPOは、A国政府による難民への虐待を非難した。

【－が激しい】〔Yに対して　Xから・の　(M)非難が激しい〕〔Yに対する　X(から)の　(M)非難が激しい〕Y：人、組織／モノ／コト　X：人、組織
・党大会で、執行部に対して若手党員からの非難が激しく、大会は白熱した。
・嘘の申告をして兵役の義務を逃れようとした人に対して、世間の非難が激しかった。

【－の的になる】〔Yが　Xの　(M)非難の的になる〕Y：人、組織／モノ／コト　X：人、組織
・講演会でのAさんの不用意な発言は、聴衆の痛烈な非難の的になった。

【－を浴びせる】〔Xが　Yに／Y対して　Pと(M)非難を浴びせる〕X：人、組織　Y：人、組織
・国連安全保障理事会は、難民流入を防ぐために国境を封鎖したA国政府に対して、非人道的行為だと非難を浴びせている。

【－を浴びる】〔Yが　Xから　(M)非難を浴びる〕Pという　Y：人、組織／コト　X：人、組織
・災害発生時に迅速な対応を怠った政府は、国民から鋭い非難を浴びている。
〔Yが　Xから　Pと　(M)非難を浴びる〕Y：人、組織／コト　X：人、組織
・賞味期限を過ぎた食品を販売したA社は、利益優先で安全性への配慮を欠いていると消費者から強い非難を浴び、その企業倫理を問われた。

【－を受ける】〔Yが　Xから　(M)非難を受ける〕Pという　Y：人、組織／コト　X：人、組織
・うっかり「女性はやさしいほうがいい」と言ったら、みんなから女性差別だという非難を受けた。
〔Yが　Xから　Pと　(M)非難を受ける〕Y：人、組織／コト　X：人、組織
・うっかり「女性はやさしいほうがいい」と言ったら、みんなから女性差別だと激しい非難を受けた。

【－をかわす】《非難を受けないようにする》〔Yが　Xから・の　(M)非難をかわす〕Pという　Y：人、組織　X：人、組織
・A国は、自国の行った環境破壊に対する国際的非難をかわすために、B国の行っている動物虐待に矛先を向けている。

【－を免れる】〔Yが　X(から)の　(M)非難を免れる〕Y：人、組織／コト　X：人、組織
・A国がB国に対して行った一方的な国境封鎖は、国際的な非難を免れないだろう。

【－を招く】〔Yが　Xの　(M)非難を招く〕Pという　Y：人、組織／コト　X：人、組織
・人に相談せず好きなように仕事をしてきたAさんは、自己中心的だという同僚の非難を招いた。
〔Yが　Xから　Pと　(M)非難を招く〕Y：人、組織／コト　X：人、組織
・先進国によるCO₂削減案は、先進国の身勝手な案だと発展途上国の激しい非難を招いている。

ひはん　批判(する)(ある)

【－する】〔Xが　Yを　Pと　φ批判する〕X：人、組織　Y：人、組織／モノ／コト
・野党は与党の政策を国民の実体を知らなすぎると批判している。

【－がある⇔－がない】〔Yに・は　X(から)の　(M)批判がある〕Pという　Y：人、組織／モノ／コト　X：人、組織
・新しい税制には国民から格差を増幅するものだという批判がある。
〔Yに・は　Xから　Pと　(M)批判がある〕Y：人、組織／コト（批判される）　X：人、組織（批判する）
・テレビ局には視聴者から視聴率ばかり重視して内容のない番組を制作していると批判がある。

a.　批判を言うことを表す連語

【－が大きい／－が強い】〔Yに／Yに対して　Xから・の　(M)批判が大きい〕Pという　〔Yに対する　X(から)の　(M)批判が大きい〕Pという　Y：人、組織／コト　X：人、組織（批判する）
・今回の選挙ではマスコミに対して、先走った報道が選挙民に影響を与えたという批判が大きい。
〔Yに／Yに対して　Pと　Xから・の　(M)批判が大きい〕〔Pと　Yに対する　X(から)の　(M)批判が大きい〕Y：人、組織／コト　X：人、組織（批判する）

・前内閣に対して選挙時のマニフェストを守らなかったと国民からの批判が大きい。

【ーが高まる／ーが強まる⇔ーが弱まる】〔Yに／Yに対して　Xから・の　(M)批判が高まる〕Pという　〔Yに対する　X(から)の　(M)批判が高まる〕Pという　Y：人、組織／コト　X：人、組織（批判する）（＝）ーを高める☆／ーを強める☆⇔ーを弱める☆

・先進国がCO_2削減を叫んでいるが、身勝手な態度だと発展途上国から批判が高まっている。

〔Yに／Yに対して　Pと　Xから・の　(M)批判が高まる〕〔Pと　Yに対する　X(から)の　(M)批判が高まる〕Y：人、組織／コト　X：人、組織（批判する）（＝）ーを高める☆／ーを強める☆／⇔ーを弱める☆

・A教授の発表した論文に、データの捏造（ねつぞう）があるのではないかと他の研究者から批判が高まっている。

【ーを浴びせる】〔Xが　Yに／Yに対して　(M)批判を浴びせる〕Pという　X：人、組織（批判する）Y：人、組織／コト

・A国は、難民受け入れを拒否したB国に、非人道的行為だという批判を浴びせている。

〔Xが　Yに／Yに対して　Pと　(M)批判を浴びせる〕X：人、組織（批判する）　Y：人、組織／コト

・食品に故意にせよ不注意にせよ有害物質を混入した会社に対し、人体への影響をどう考えているのかと、消費者が強い批判を浴びせている。

b. 批判を言われることを表す連語

【ーが起こる】〔Yに／Yに対して　Xから・の　(M)批判が起こる〕Pという　Y：人、組織／コト（批判される）　X：人、組織（批判する）

・医療行政に対し国民から救急医療システムの立て直しをすべきだという批判が起こっている。

〔Xから　Yに／Yに対して　Pと　(M)批判が起こる〕X：人、組織（批判する）　Y：人、組織／コト（批判される）

・授業時間を減らして自由時間を増やした「ゆとり教育」に対し、子どもの学力低下を招いたと批判が起こったため、教育内容が見直されることになった。

【ーが及ぶ】〔Yに／Yに対して　Xから・の　(M)批判が及ぶ〕Pという　Y：人、組織／コト（批判の対象）　X：人、組織（批判する）

・鉄道事故を起こしたA社に、過酷な労働を強いる勤務体制に問題があるという批判が及んだ。

〔Yに／Yに対して　Xから　Pと　(M)批判が及ぶ〕Y：人、組織／コト（批判の対象）　X：人、組織（批判する）

・この論文に対し多くの研究者から、誤った実験データに基づいた推論であると批判が及んでいる。

【ーを浴びる】《批判が各方面からある》〔Yが　Xから・の　(M)批判を浴びる〕Pという　Y：人、組織／コト（批判される）X：人、組織（批判する）

・A社長は、まだ若い自分の息子を厚遇し、社員から公私混同だという批判を浴びている。

〔Yが　Xから　Pと　(M)批判を浴びる〕Y：人、組織／コト（批判される）　X：人、組織（批判する）

・A知事は、予算削減のため音楽ホールや博物館を閉館すると発表し、人々から文化行政の軽視だと批判を浴びている。

【ーを受ける】〔Yが　Xから・の　(M)批判を受ける〕Pという　Y：人、組織／コト（批判される）X：人、組織（批判する）

・市庁舎の建設に巨費を投じたA市の市長は、市民から税金を無駄に使ったという批判を受けている。

〔Yが　Xから　Pと　(M)批判を受ける〕Y：人、組織／コト（批判される）　X：人、組織（批判する）

・市庁舎の建設に巨費を投じたA市の市長は、市民から税金の無駄遣いをしたと批判を受けている。

【ーを招く】〔Yが　Xから　(M)批判を招く〕Pという　Y：人、組織／コト　X：人、組織（批判する）

・差別的発言をした政治家Aは、国民から大臣として不適格だとの批判を招いた。

〔Yが　Xから　Pと　(M)批判を招く〕Y：人、組織／コト　X：人、組織（批判する）

・A市が制定したシンボルマークは、B市のそれと酷似していると各方面から批判を招いた。

ひみつ　秘密（×する）（ある）

【－がある⇔－がない】
① 《他人に知られたくないこと》〔Ｘに・は　（Ｍ）秘密がある〕Ｐという　Ｘ：人、組織／モノ／コト
・Ａさんは親友にも言えない出生の秘密がある。
② 《特別な仕掛け》〔Ｘに・は　Ｚに　（Ｍ）秘密がある〕Ｐという　Ｘ：モノ／コト　Ｚ：モノ（仕掛けのある）
・この容器には底の部分に秘密があり倒しても自然に元に戻る。幼児やお年寄りに使いやすい容器だ。

【－が漏れる】〔Ｘから　Ｙに　（Ｍ）秘密が漏れる〕Ｐという　Ｘ：人、組織　Ｙ：人、組織　[他]－を漏らす
・「極秘情報だから他部署に秘密が漏れないように細心の注意をしてほしい」

【－を明かす】《秘密を話す》〔Ｘが　Ｙに　（Ｍ）秘密を明かす〕Ｐという　Ｘ：人、組織　Ｙ：人
・世界を驚かせたオリンピック開会式の演出者Ａが、今日の番組でその秘密を明かしてくれる。
・「この商品の製法は企業秘密ですから、どなたにも明かすことはできません」
〔Ｘが　Ｙに　Ｐと　（Ｍ）秘密を明かす〕Ｘ：人、組織　Ｙ：人
・しばらくテレビや映画に出ていなかった俳優Ａは、実は病気だったと秘密を明かした。

【－を打ち明ける】《秘密を知らせる》〔Ｘが　Ｙに　（Ｍ）秘密を打ち明ける〕Ｐという　Ｘ：人、組織　Ｙ：人
・Ａさんは恋人に、今まで黙っていた秘密を打明けるべきかどうか迷っている。
〔Ｘが　Ｙに　Ｐと　（Ｍ）秘密を打明ける〕Ｘ：人、組織　Ｙ：人
・Ａさんは友人に自分は亡命者だとこれまで隠してきた秘密を打ち明けた。

【－を抱える】〔Ｘが　（Ｍ）秘密を抱える〕Ｐという　Ｘ：人、組織
・Ａさん夫婦は、10歳になる子どもが実子ではないという秘密を抱えたまま、いまだ打ち明けずにいる。

【－を守る】〔Ｘが　（Ｍ）秘密を守る〕Ｐという　Ｘ：人、組織
・噂話をするのは楽しいので、ゴシップの秘密を守るのは難しい。

【－を漏らす】〔Ｘが　Ｙに　（Ｍ）秘密を漏らす〕Ｐという　Ｘ：人、組織　Ｙ：人、組織　[自]－が漏れる
・Ａさんは、酒を飲んでつい仕事上の秘密を友人に漏らしてしまった。
〔Ｘが　Ｙに　Ｐと　（Ｍ）秘密を漏らす〕Ｘ：人、組織　Ｙ：人、組織　[自]－が漏れる
・研究開発部のＡ研究員は、他社に新技術を開発したと社外秘の秘密を漏らし、懲戒免職となった。

ひょうか　評価（する）（ある）

【－する】
① 《良し悪しなどを考え価値を判断する》〔Ｘが　Ｙを　Ｐと　Φ評価する〕Ｘ：人、組織　Ｙ：人、組織／モノ／コト
・担任教師はＡさんを成績優秀、性格温厚と評価している。
② 《値打ちを認めて褒める》〔Ｘが　Ｙを　Φ評価する〕Ｘ：人、組織　Ｙ：人、組織／モノ／コト
・社長は、社員のＡさんを評価しているらしく、いつもＡさんを褒める言葉を口にする。

【－がある】〔Ｙに・は　Ｍ評価がある〕Ｐという　Ｙ：人、組織／モノ／コト（評価される）
・Ａ地方産の陶磁器には、デザインが優れており実用性も高いという一定の評価がある。

【－が高い⇔－が低い】〔Ｙは　Ｘから　Ｐと　Φ評価が高い〕Ｙ：人、組織／モノ／コト　Ｘ：人、組織
・服飾デザイナーＡの作品は、キャリアウーマンから上品で着やすいと評価が高い。

【－が高まる】〔Ｙの／Ｙは／Ｙに対して／Ｙに対する　（Ｍ）評価が高まる〕Ｐという　Ｙ：人、組織／モノ／コト　[他]－を高める☆
・Ａ博士の研究成果はガン細胞の発見に大変有効だという評価が高まっている。
〔Ｙは／Ｙに対して　Ｐと　（Ｍ）評価が高まる〕〔Ｐ

と　Yの　(M)評価が高まる〕Y：人、組織／モノ／コト（評価される）　[他]　―を高める☆
・没後10年の作家Aは、生前は批判が多かったが、最近その作風が前衛的だと評価が高まっている。

【―を得る】〔Yが　Xから・の　(M)評価を得る〕Pという　Y：人、組織／モノ／コト（評価される）　X：人、組織（評価する）
・美術展に2年連続入賞した画家Aは、批評家から若手のホープだという評価を得ている。

〔Yが　Xから　Pと　(M)評価を得る〕Y：人、組織／モノ／コト（評価される）　X：人、組織（評価する）
・A国の子育て支援政策は出生率の改善に効果を上げていると高い評価を得ている。

【―を下す】《成績をつける》〔Xが　Yに／Yに対して　(M)評価を下す〕Pという　X：人、組織　Y：人、組織／モノ／コト（評価する対象）　[自]―が下る☆
・スカウトはA選手のサッカーでの活躍ぶりを見て、有望な人材だという評価を下した。
・Aさんの論文に対しては、歴史の新解釈というより一つの小説としての評価を下すべきであろう。

〔Xが　Yに／Yに対して　Pと　(M)評価を下す〕X：人、組織　Y：人、組織／モノ／コト（評価する対象）　[自]―が下る
・スピーチコンテストで審査員が参加者Aのスピーチに抽象的で具体性がないと厳しい評価を下した。

ひょうじょう　表情（×する）（ある）

【―がある⇔―がない】〔Xに・は　(M)表情がある〕X：人
・この絵に描かれている女性の肖像には人をほっとさせる表情がある。
・Aさんはいつも表情がないので、うれしいのか悲しいのか、何を考えているのかわからない。

【―が明るい⇔―が暗い】〔Xの／Xは　Φ表情が明るい〕X：人
・就職も決まり、卒業を待つだけの学生たちは希望に満ちた顔つきで表情が明るい。
・Aさんは最近やや表情が暗いように思う。何か心配事を抱えているのだろうか。
　　＊「表情が明るい⇔表情が暗い」は、「明るい表情」「暗い表情」と使うことが多い。・貧しくても元気な子どもたちの明るい表情にほっとした。

【―が曇る】《表情が暗くなる》〔Xの／Xは　Φ表情が曇る〕X：人　（＝）―を曇らせる
・話題が先ごろ亡くなった子どもの話になると、それまで柔和な顔つきだったAさんの表情が曇った。

【―が険しい】《喜んでいない感情が表れる》〔Xの／Xは　Φ表情が険しい〕X：人
・会議を終えた参加者たちの表情は険しく、厳しい内容を実感させる場面であった。
　　＊「表情が険しい」は、「険しい表情」と使うことが多い。・試合に負けたA選手は会見中、険しい表情で質問に答えた。

【―が柔らかい⇔―が硬い】〔Xの／Xは　Φ表情が柔らかい〕X：人
・日ごろ険しい表情のA社長も孫と遊んでいるときは表情が柔らかい。
・Aアナウンサーは声や話し方はいいのだが、表情が硬いのが難点だ。

【―を硬くする】《緊張する》〔Xが　Φ表情を硬くする〕X：人
・友人と談笑しながら歩いていたAさんは、突然警官に呼び止められて表情を硬くした。

【―を崩す】〔Xが　(M)表情を崩す〕X：人
・A国との会談も結論が出ないまま終わり、大臣は険しい表情を崩すことなく議場を後にした。
・普段は緊張した面持ちで記者会見などに臨む首相だが、小学生の質問に表情を崩して笑顔で答えた。
　　＊「表情を崩す」は、2番目の例文のように〔M〕に当たる語や表現がない場合、「ほっとした喜びの様子になる」ことを表す。

【―を曇らせる】《暗い表情になる》〔Xが　Φ表情を曇らせる〕X：人　（＝）―が曇る
・W杯で惜しくも入賞を逃したA選手は「期待に答えられなくて残念」と表情を曇らせた。

ひょうばん　評判（×する）（ある）

【－がある】〔Xに・は　M評判がある〕Pという
X：人、組織／モノ／コト
・A病院の医師Bは、日本一の心臓外科医だという評判がある。

【－がいい⇔－が悪い】〔Xは　Yに／Yの間で　Pと　Φ評判がいい〕X：人、組織／モノ／コト　Y：人、組織
・A監督の映画は映画通の間でこれまでにない新しい手法を使った映画だと評判がいい。
・A先生はすぐ怒るし、教え方が下手だと学生の間で評判が悪い。
　　＊「評判がいい」「評判が悪い」と言うが、「いい評判がある」「悪い評判がある」とは言わない。

【－が立つ】《皆が知るようになる》〔Xに・は　Yの間で　(M)評判が立つ〕Pという　X：人、組織／モノ／コト　Y：人（複）
・最近開店したパン屋は近隣の主婦の間でおいしいという評判が立ち、連日行列が出来ている。

〔Xに・は　Yの間で　Pと　(M)評判が立つ〕X：人、組織／モノ／コト　Y：人（複）
・口下手なAさんは、いつの間にか級友の間で偉そうで傲慢な奴だと悪い評判が立っている。

【－を落とす】《評判が悪くなる》〔Xが　Pと　(M)評判を落とす〕X：人、組織／モノ／コト　（＝）－が落ちる☆
・生徒が起こした傷害事件で、名門校として評価の高かったA校は評判を落とした。

〔Zが　Pと　Xの　(M)評判を落とす〕Z：人、組織／モノ／コト　X：人、組織／モノ／コト
・創業300年のA商店の新商品は、老舗の名に恥じるものだとA商店の評判を落とした。

【－を取る】《皆が知るようになる》〔Xが　(M)評判を取る〕Pという　X：人、組織／モノ／コト
・主演女優Aは弱冠21歳だが、すばらしい演技で将来大物になる素質十分だという評判をとった。

〔Xが　Pと　(M)評判を取る〕X：人、組織／モノ／コト
・秋に放送されたテレビドラマは、今年一番の優れたドラマだと大きな評判をとった。

ぴんと　ピント（×する）（×ある）

【－が合う】〔Yは　Φピントが合う〕Y：モノ（写真）
[他] －を合わせる
・この写真はピントが合っている。

〔Yは　Zに　Φピントが合う〕Y：モノ（写真）　Z：人／モノ（被写体）　[他] －を合わせる
・この写真は背景にピントが合っていて、並んで立っている人々の顔がぼけている。

【－が外れる】
①《写真の焦点が合っていない》〔Yは　Φピントが外れる〕Y：モノ（写真）　[他] －を外す
・この写真はピントがはずれているが、デジタルカメラで撮ったので後で修正ができる。

②《テーマと合っていない》〔Yは　Φピントが外れる〕Y：コト　[他] －を外す
・この「環境問題」というレポートは、ピントがはずれていて肝心の環境については触れていない。

【－を合わせる】《焦点を合わせる》〔Xが　Zに　Φピントを合わせる〕X：人　Z：人／モノ（被写体）
[自] －が合う
・子どもの写真を撮ろうと思うが、動き回ってうまくピントを合わせることができない。

【－を外す】《写真の焦点を合わせない》〔Xが　Zから　Φピントを外す〕X：人　Z：人／モノ（被写体）　[自] －が外れる
・カメラマンは女優の肌が美しく写るように、わざとピントを外して撮影した。
　　＊「ピントを外す」と同じ意味で、「ピントをぼかす」という表現がある。・効果を狙って意図的にピントをぼかして撮影することもある。

ふあん　不安（×する）（ある）

a．不安を持つことを表す連語

【－がある⇔－がない】〔X（に）は　Zに（M）不安がある〕Pという　X：人／モノ／コト　Z：人、組織／モノ／コト
・Aさんは健康に不安があるので、海外旅行に参加しないことにした。
・A社の車は耐久性に不安があるので、長距離ラリーには使用されなかった。

【－が大きい／－が強い】〔Xは　Zに対して／Zに対する　Φ不安が大きい〕〔Zに対して／Zに対する　Xの　Φ不安が大きい〕X：人　Z：コト
・我が社は事業拡大を決めたが、経済情勢を考えると私はその方針に対する不安が非常に大きい。
・日本の文部科学省は小学校からの英語教育を決定した。しかし、教育の現場では英語の授業に対する教師たちの不安が大きい。

〔Xの間で　Zに対して／Zに対する　Φ不安が大きい〕X：人（複）　Z：コト
・投資家の間では、為替レートの変動が激しい外国債券に対する不安が強い。

【－が募る】《不安が大きくなる》〔Xは　Zに／Zに対して／Zに対する　Φ不安が募る〕〔Zに対して／Zに対する　Xの　Φ不安が募る〕X：人　Z：コト　（＝）－を募らせる☆
・冬山に出かけた友人から連絡がない。友人の安否に次第に不安が募ってきた。
・残業が多く睡眠時間を減らして働いているので、健康に対するAさんの不安が募っているようだ。

【－にする】〔Wが　Xを　Φ不安にする〕Z：コト　X：人　［自］－になる
・親のちょっとした言動が幼い子供たちを不安にすることがある。

【－になる】〔Xは　Zが　Φ不安になる〕X：人　Z：コト　［他］－にする
・Aさんは、中学生の子どもが勉強嫌いな上、粗暴なので、将来が不安になっている。
・ケータイ依存症といわれる人は、外出中バッテリーが切れないかが不安になるそうだ。

【－に襲われる】〔Xが（M）不安に襲われる〕Pという　X：人
・高層ビル街を歩いていた時、もし今、地震が起こったらと想像しただけで、強い不安に襲われた。
・地下鉄が停電で止まった。私はこのまま出られないのではないかという不安に襲われた。

【－を抱く／を持つ】〔Xが　Zに（M）不安を抱く〕Pという　X：人　Z：モノ／コト
・先の見えない社会では、若者が将来に不安を抱くのも当然だろう。
・A国農業の安全管理が問題になったため、A国産野菜に不安を抱く人が多い。

〔Xが　Zに　Pと（M）不安を抱く〕X：人　Z：モノ／コト
・最近の経済状況から考えて、多くの学生が就職できるのだろうかと将来に不安を抱いている。

【－を覚える】〔Xが　Zに（M）不安を覚える〕Pという　X：人　Z：人、組織／モノ／コト
・Aさんは、親から離れて暮らしているため、初めての育児に不安を覚えている。

〔Xが　Zに　Pと（M）不安を覚える〕X：人　Z：人、組織／モノ／コト
・翻訳をしていて言葉の解釈に迷い、できあがった訳文は正しいのだろうかと不安を覚えた。

【－を抱える】〔Xが　Zに（M）不安を抱える〕Pという　X：人　Z：モノ／コト
・A国は、出生率の高さと周辺から流入する難民によって膨れ上がる人口に不安を抱えている。

【－を強める】〔Xが　Zに（M）不安を強める〕Pという　X：人　Z：モノ／コト］（＝）－が強まる☆
・この地域の人々は、治安の悪化に夜外出できなくなるのではないかという不安を強めている。

〔Xが　Zに　Pと（M）不安を強める〕X：人　Z：モノ／コト　（＝）－が強まる☆
・この地域の人々は、治安の悪化に夜外出できなくなるのではないかと不安を強めている。

b．他人に不安を起こすことを表す連語
【－を与える】〔Yが　Xに　Zに対する／Zに対して（M）不安を与える〕Pという　Y：人／モノ／コト（不安を与える）　X：人、組織　Z：モノ／コト
・白衣を着た看護師が子どもに不安を与えるようなの

で、A病院では看護師の制服をピンクにした。
・社長の説明は社員に会社の将来に対する不安を与えた。

【－を煽る】〔Yが　Zに対する　Xの　(M)不安を煽る〕Pという　Y：人／コト（不安を与える）　Z：モノ／コト　X：人、組織（不安を持つ）
・コメンテーターたちの無責任な発言が社会情勢に対する市民の不安を煽っている。

【－を掻き立てる】〔Yが　Xの　Zに対する　(M)不安を掻き立てる〕Pという　Y：人／コト（不安を与える）　X：人、組織（不安を持つ）　Z：モノ／コト
・占星術師の恐ろしい予言が市民の地球滅亡に対する不安を掻き立てている。

c．不安がなくなることを表す連語

【－が解消する】〔Xは　Zの／Zに対する　(M)不安が解消する〕〔Xの　Zに対する　(M)不安が解消する〕X：人、組織　Z：モノ／コト（不安の対象）　[他] －を解消する
・来月留学する予定のAさんは、先輩の説明によって、留学に対する漠然とした不安が解消した。
・医者は、患者の手術に対する不安が解消するよう、他の症例を話し手術の利点を強調した。

【－を解消する】〔Yが　Xの　Zに対する　(M)不安を解消する〕Y：人／コト　X：人、組織　Z：モノ／コト（不安の対象）　[自] －が解消する
・医者は患者の手術への不安を解消しようと、一つ一つの不安に対して丁寧に説明した。

ぶーむ　ブーム (×する)(×ある)

※1　〔X〕が人のときは必ず複数であり、〔Xの間に／Xの間で〕となる。
※2　「健康ブーム」「海外旅行ブーム」「和食ブーム」などのように「何のブームか」を表す語と共に使うことが多い。

【－が起こる】〔X（の間）に／X（の間）で　(M)ブームが起こる〕X：人（複）、組織／場　[他] －を起こす
・若い人の間で、メールを書くように気軽に小説を書くケータイ小説ブームが起こっている。
・日本では何かがはやるとみんながそれに飛びつきブームが起こることが多い。

【－が広がる】〔X（の間）に　Mブームが広がる〕X：人（複）、組織／場
・世界各国に和食ブームが広がっており、日本料理のレストランが急増しているそうだ。

【－になる】〔Yが　X（の間）で　(M)ブームになる〕Y：モノ／コト　X：人（複）、組織／場
・日本人が作った数字ゲームがヨーロッパでブームになっている。

【－に乗る】〔Xが　(M)ブームに乗る〕X：人、組織
・健康ブームに乗って、スポーツクラブに通うビジネスマンが急増しているそうだ。

〔Yが　(M)ブームに乗る〕Y：モノ／コト
・Aさんの古代中国を扱った新作小説は、歴史ブームに乗ってベストセラーとなった。
　＊「ブームに乗る」は、例文のように「ブームに乗って～する」と使うことが多い。

【－を起こす】〔Yが　X（の間）に／X（の間）で　(M)ブームを起こす〕Y：人、組織／モノ／コト　X：人（複）、組織／場　[自] －が起こる
・歌手Aはその歌の内容が若者に共感を呼んでいる上、そのライフスタイルがブームを起こしている。

ふしん　不信 (×する)(ある)

【－がある】〔Xに・は　Yに対して／Yに対する　(M)不信がある〕X：人（不信を持つ）　Y：人、組織／モノ／コト
・その国の国民には警察に対する根強い不信があるようで、事件があってもだれも警察に連絡しない。
　＊「不信がない」とは言わない。

【－が募る】〔Xに・は　Yに対して／Yに対する　(M)不信が募る〕X：人（不信を持つ）　Y：人、組織／モノ／コト（不信の対象）　(＝) －を募らせる
・いい仕事を紹介するから紹介料を払えと言ったAさんからその後何の連絡もないし、金も返してくれない。Aさんに対する不信が募ってきた。

【－を抱く／－を持つ】〔Xが　Yに／Yに対して　Pと　Φ不信を抱く〕X：人、組織　Y：人、組織／コト
・借金はすぐに返すと言いながらなかなか返済しないAさんに、返す気があるのかと不信を抱いた。

【－を買う】〔Yが　Xから・の　(M)不信を買う〕Y：人、組織／コト（不信の対象）　X：人（不信を持つ）
・道路工事の業者の選定に不正を行った市長は、市民から不信を買った。
・新オーナーの強引な経営方針は従業員からの不信を買っただけで、何の効果もなかった。

【－を募らせる】〔Xが　Yに対して／Yに対する　(M)不信を募らせる〕X：人（不信を持つ）　Y：人、組織／モノ／コト（不信の対象）　(＝)－が募る
・新政府になってからも一向に景気はよくならない。国民は政府への不信を募らせている。

【－を招く】〔Yが　Xから・の　(M)不信を招く〕Y：人、組織／コト（不信の対象）　X：人（不信を持つ）
・先日の大臣の問題発言は政府に対する国民の強い不信を招いた。

ふたん　負担（する）（ある）

【－する】〔Xが　Yを　Φ負担する〕X：人、組織　Y：モノ（負担になるもの）
・後援会が旅費を負担してくれたおかげで、私たちは海外遠征に行けることになった。

【－がある⇔－がない】〔Xに・は　M負担がある〕Pという　X：人、組織
・日本では健康保険に入っていても、被保険者本人に診療費の3割の負担がある。
・学生の演奏旅行の費用はすべてOB会が出してくれるので、参加者には負担がない。

【－が重い⇔－が軽い】〔Xに・は／Xに対する　M負担が重い〕X：人、組織
・働く女性は家事の負担が重い。負担を軽くするためには、家族の協力が必要だ。
・A市は市内にある大企業からの税が収入の大半を占めているため、市民への税負担は軽いそうだ。

　　　＊〔Xに対する〕と同じ意味で〔Xにとって〕も使える。
・働く女性にとって家事の負担は重い。

【－がかかる】〔Xに／Xに対して／Xに対する　(M)負担がかかる〕X：人、組織／モノ　[他]－をかける
・今の仕事のやり方では、一部の人ばかりに大きな負担がかかっているように思われる。
・長い坂道を下るとき、ブレーキを踏み続けるとブレーキに負担がかかって、エンジンが過熱することがある。

【－が増える／－が増す】〔Xの／Xに・は　M負担が増える〕X：人、組織（負担がある）　[他]－を増やす☆／－を増す☆
・A社では人員削減によって労働力が減ったため、社員一人当たりの仕事の負担は大幅に増えた。

【－が減る／－が軽減する】〔Xの／Xに・は　M負担が減る〕X：人、組織（負担ある）　[他]－を減らす／－を軽減する
・少子化で子どもの数は減ったが、教育にかかる経済的負担は減るどころか増えているそうだ。

【－になる】〔Yが　Xに／Xの　(M)負担になる〕Y：人、組織／モノ／コト　X：人、組織
・Aさんは社長の一人息子で後継者であるが、それが彼には負担になっているようだ。
・親会社から来る生産コストの削減要求が下請工場の大きな負担になっている。

【－をかける】〔Yが　Xに／Xに対して　(M)負担をかける〕Y：人、組織／モノ／コト　X：人、組織／モノ　[自]－がかかる
・病気の母親は、自分が子どもたちに経済的な負担をかけていることを辛く思っているようだ。
・腰痛があるため重いものを持つと腰に負担をかけるので、荷物は持たないことにしている。

【－を減らす／－を軽減する】〔Yが　Xの／Xに対する　(M)負担を減らす〕Y：人、組織／モノ／コト　X：人、組織／モノ（負担がある）　[自]－が減る／－が軽減する
・高校と大学のうちの子はみな私たち親の負担を減らすために、小遣いはアルバイトで稼いでいる。
・心臓が悪いので、できるだけ心臓への負担を軽減す

るよう、激しい運動は禁止されている。

ふまん　不満（×する）（ある）

a．不満を持っていることを表す連語

【−がある⇔−がない】〔Xに・は　Yに対して／Yに対する　（M）不満がある〕Pという　〔X（に）はYに（M）不満がある〕Pという　〔Yに／Yに対して　Xから・の（M）不満がある〕Pという　〔Yに対する　X（から）の（M）不満がある〕Pという　X：人、組織　Y：人、組織／モノ／コト（不満を引き起こす）
・Aさんには会社に対して待遇が悪いという不満がある。
・この洗濯機は性能はよいが音が大きい。使用者は音に対して不満があるので、改良の必要がある。

【−が大きい】〔Xは　Yに／Yに対して／Yに対する　（M）不満が大きい〕Pという　〔Yに／Yに対して　Xから・の（M）不満が大きい〕Pという　〔Yに対する　X（から）の（M）不満が大きい〕Pという　X：人、組織　Y：人、組織／モノ／コト（不満の対象）
・観光地の駅なのにコインロッカーが少ないことに対して、観光客の不満が大きい。

【−がくすぶる】〔Xの間で／Xの間に　Yに／Yに対して／Yに対する　（M）不満がくすぶる〕Pという　〔Yに／Yに対して／Yに対する　Xの（M）不満がくすぶる〕Pという　X：人（複）、組織　Y：人、組織／モノ／コト（不満の対象）
・A党では党執行部に対して党員の不満がくすぶっていたが、党首の突然の退陣でそれが表面化した。
〔Xの間で／Xの間に　Yに／に対して　Pと（M）不満がくすぶる〕〔Xの間で／Xの間に　Pと　Yに対する（M）不満がくすぶる〕　X：人（複）、組織　Y：人、組織／モノ／コト（不満の対象）
・前回のオリンピックのフィギュアスケート競技では、誰の目からみても一番よかった選手が低い得点だった。ファンの間で今でも審判に対して不満がくすぶっている。
　　＊「不満がくすぶる」は、〔X〕が一人の場合もある。そのときは、〔Xの中で〕と使う。・今

回の人事異動で降格された私の中で査定に対する不満がくすぶっている。

【−を抱く／−を持つ】〔Xが　Yに／Yに対して／Yに対する　（M）不満を抱く〕Pという　X：人、組織　Y：人、組織／モノ／コト（不満の対象）
・どんな組織でも、上層部の方針に対して不満を抱いている人々は少なからずいるだろう。
〔Xが　Yに／Yに対して　Pと（M）不満を抱く〕〔Xが　Pと　Yに対する（M）不満を抱く〕X：人、組織　Y：人、組織／モノ／コト（不満の対象）
・役所による道路拡張の決定に対し、地域住民は住民の意向を無視していると強い不満を抱いている。

【−を覚える】〔Xが　Yに／Yに対して／Yに対する　（M）不満を覚える〕Pという　X：人、組織　Y：人、組織／モノ／コト（不満の対象）
・契約社員の多くは、正規社員との雇用条件の違いに不満を覚えている。
〔Xが　Yに／Yに対して　Pと（M）不満を覚える〕〔Xが　Pと　Yに対する（M）不満を覚える〕X：人、組織　Y：人、組織／モノ／コト（不満の対象）
・契約社員の多くは、雇用条件に対し正規社員との雇用条件の違いが大き過ぎると不満を覚えている。

【−を抱える】〔Xが　Yに／Yに対して／Yに対する　（M）不満を抱える〕Pという　X：人、組織　Y：人、組織／モノ／コト（不満の対象）
・若い社員たちはA課長に対して、自分たちに仕事を任せてくれないという不満を抱えている。
〔Xが　Yに／Yに対して　Pと（M）不満を抱える〕〔Xが　Pと　Yに対する（M）不満を抱える〕　X：人、組織　Y：人、組織／モノ／コト（不満の対象）
・若い社員たちはA課長に対して、自分たちに仕事を任せてくれないと不満を抱えている。

【−を募らせる】〔Xが　Yに／Yに対して／Yに対する　（M）不満を募らせる〕Pという　X：人、組織　Y：人、組織／モノ／コト　（＝）−が募る☆
・学生たちはA先生の不透明な成績評価に不満を募らせている。
〔Xが　Yに／Yに対して　Pと（M）不満を募らせる〕〔Xが　Pと　Yに対する（M）不満を募らせる〕X：人、組織　Y：人、組織／モノ／コト（不満の対象）

・最近は医療の世界でインフォームドコンセントが一般的だが、かつては病状や治療方針を正確に教えてもらえないと不満を募らせる患者が多かった。

b．不満が表に出ることを表す連語

【－が噴き出す】〔Xから Yに／Yに対して／Yに対する （M）不満が噴き出す〕Pという X：人、組織（不満を持つ） Y：人、組織／モノ／コト（不満が向かう先）

・今回の不祥事が発覚して以来、社員から会社の企業倫理意識の欠如に対する不満が一気に噴き出した。

〔Xから Yに対して Pと （M）不満が噴き出す〕〔Xから Pと Yに対する （M）不満が噴き出す〕X：人、組織（不満を持つ） Y：人、組織／モノ／コト（不満が向かう先）

・ファンから、連敗続きの球団オーナーに対して、監督が若手を積極的に起用しないからだと不満が噴き出した。

【－が漏れる】〔Xから Yに／Yに対して／Yに対する （M）不満が漏れる〕Pという X：人（複）、組織 Y：人、組織／モノ／コト （＝）－を漏らす

・設計部門から営業部門に対して、価格設定が安すぎるという不満が漏れてきた。

〔Xから Yに対して Pと （M）不満が漏れる〕〔Xから Pと Yに対する （M）不満が漏れる〕X：人（複）、組織（不満を持つ） Y：人、組織／モノ／コト（不満が向かう先） （＝）－を漏らす

・合宿も1週間目となると、学生から練習がきつすぎると不満が漏れてきた。

【－を唱える】〔Xが Yに／Yに対して／Yに対する （M）不満を唱える〕Pという X：人（不満を持つ） Y：人、組織／モノ／コト（不満が向かう先）

・労働組合が会社側に対していくら給与に関する不満を唱えても、会社側は耳を貸そうともしない。
・A国では、政府の消費政策の無策に対して不満を唱える人が少なくない。

〔Xが Yに／Yに対して Pと （M）不満を唱える〕〔Xが Pと Yに対する （M）不満を唱える〕X：人（不満を持つ） Y：人、組織／モノ／コト（不満が向かう先）

・留学を希望している弟は、留学についてもっと話を聞いてほしいと、父に対する不満を唱えている。

【－を漏らす】〔Xが Yに／Yに対して／Yに対する （M）不満を漏らす〕Pという X：人（不満を持つ） Y：人、組織／モノ／コト（不満が向かう先） （＝）－が漏れる

・普段は泰然としているAさんだが、酒席で上司の仕事のやり方に不満を漏らしていた。
・Aさんはお姉さんと同居しているが、私にお姉さんが意地悪で困るという不満を漏らすことがある。

〔Xが Yに／Yに対して Pと （M）不満を漏らす〕〔Xが Pと Yに対する （M）不満を漏らす〕X：人 Y：人、組織／モノ／コト（不満が向かう先） （＝）－が漏れる

・学期も半ばとなると大半の学生が教師に、宿題が多すぎると不満を漏らすようになった。

c．不満がなくなる表現

【－が解消する】〔Xの Yに対する （M）不満が解消する〕X：人（不満を持つ） Y：人、組織／モノ／コト（不満の向う先） ［他］－を解消する

・能力給を採用したら、社員たちの待遇に対する不満が解消した。

【－を解消する】〔Zが Xの Yに対する （M）不満を解消する〕Z：人／コト（不満を取り除く） X：人（不満を持つ） Y：人、組織／モノ／コト（不満の向う先） ［自］－が解消する

・上層部は社員たちの待遇に対する不満を解消するべく、新たな給与体系を考えた。

ぺーす　ペース（×する）（×ある）

【－が上がる】〔Xは／Xの （M）ペースが上がる〕X：人／コト ［他］－を上げる

・私は音楽を聴きながらすると仕事のペースが上がるので、仕事場ではいつも音楽をかけている。

【－が落ちる】〔Xは／Xの （M）ペースが落ちる〕X：人／コト ［他］－を落とす

・先頭を走っていたA選手は、後半でペースが落ちて残念な記録に終わった。

・A国は過去十数年二桁(ふたけた)の経済成長を続けてきたが、不況の影響を受け、そのペースが落ちてきた。

【－が狂う】〔Xは／Xの　(M)ペースが狂う〕X：人／コト　[他]－を狂わせる☆

・漢字練習帳を毎日5ページずつする予定だったが、風邪(かぜ)を引いて寝込み、ペースが狂ってしまった。

【－が速い⇔－が遅い】〔Xは／Xの　(M)ペースが速い〕X：人／コト

・売れっ子作家Aは何本もの連載小説を平行して執筆しているが、書くペースは驚異的に速い。

【－が速まる】〔Xは／Xの　(M)ペースが速まる〕X：人／コト　[他]－を速める☆

・パソコンソフトの開発はペースが速まり、ファイルの互換性が失われて困ることが多い。

【－を上げる】〔Xが／Xの　(M)ペースをあげる〕X：人　[自]－が上がる

・納期まで時間がないから、従業員はもう少し作業のペースを上げるようにと社長から指示があった。

【－を落とす】〔Xが／Xの　(M)ペースを落とす〕X：人　[自]－が落ちる

・仕事にせよ何にせよ常に全速力で走り続けるのは無理だ。走るペースを落とすことも必要だ。

【－をつかむ】〔Xが／Xの　(M)ペースをつかむ〕X：人

・新入社員Aも、ようやく会社に慣れてきたようで、仕事のペースがつかめるようになった。

ほうしん　方針（×する）（ある）

※「施政方針」「教育方針」「指導方針」などのように、「何の方針か」あるいは「どんな方針か」を示す語と共に使うことがある。

【－がある】〔Xに・は　M方針がある〕Pという　X：人、組織

・この学校は生徒の主体性を尊重するという独自の教育方針があるので、服装も自主性に任せている。

【－が固まる】〔Xは　M方針が固まる〕Pという　X：人、組織　[他]－を固める

・会議の結果、我が社は電気自動車の生産に踏み切るという方針が固まった。

【－が立つ】〔Xは　M方針が立つ〕Pという　X：人、組織　[他]－を立てる

・Aさんの病気は原因が不明なので、担当医師も治療方針が立たず困っているようだ。

【－に掲げる】〔Xが　Yを　Zの　(M)方針に掲げる〕〔Xが　Zに　Yを　(M)方針に掲げる〕X：人、組織　Y：コト（方針の内容）　Z：コト（方針が必要な分野）

・我が社は新たな購買層の開拓を次年度の方針に掲げ、社内で実効策の検討が繰り返されている。

・ある高齢者施設は、高齢者への運動の奨励に、「少しでも体を動かすこと」を方針に掲げている。

・飲酒運転撲滅(ぼくめつ)に、「警察は飲んだら乗るな、乗るなら飲むな」の方針を掲げて取り組んでいる。

【－を打ち出す】〔Xが　M方針を打ち出す〕Pという　X：人、組織

・A大学は、開かれた大学を目指し、今後積極的に留学生を受け入れるという方針を打ち出した。

・地球温暖化防止のために、政府は環境保護に関するより厳しい方針を打ち出した。

【－を掲げる】〔Xが　M方針を掲げる〕Pという　X：人、組織

・A社は、年齢や経験に関係なく実力次第でどんどん昇進させるという方針を掲げている。

【－を固める】〔Xが　M方針を固める〕Pという　X：人、組織　[自]－が固まる

・政府は、近いうちに消費税率の引き上げを実施するという方針を固めた。

【－を立てる】〔Xが　M方針を立てる〕Pという　X：人、組織　[自]－が立つ

・レポートは思いつくまま書いていくのではなく、全体の方針を立ててから書き始めることが必要だ。

【－を貫く】〔Xが　M方針を貫く〕Pという　X：人、組織

・海外への工場進出を図る企業が多い中で、A社は国内生産に専念するという方針を貫いている。

みず　水（×する）（×ある）

【－があく】《差がつく》〔XとYの間に（M）水があく〕X：人、組織　Y：人、組織　[他]－をあける
・水泳競技会で1位のA選手とそれを追うB選手の間に3メートルほどの水があいた。

【－に流す】《過去の好ましくないことをなかったことにする》〔XとYが　Zを　φ水に流す〕〔XがYとの　Zを　φ水に流す〕X：人、組織　Y：人、組織　Z：コト
・一時期対立していたAさんとBさんは過去のことは水に流して、今後、協力していくことにした。

【－をあける】《差をつけてリードする》〔XがYに（M）水をあける〕X：人、組織　Y：人、組織　[自]－があく
・IC開発の競争において、A社は最近新技術を導入したことでやや他社に水をあけているようだ。

【－を差す】
①《水を加える》〔XがZに（M）水を差す〕X：人　Z：モノ
・「ポットのお湯が少なくなっているから、ポットに水を差しておいて。沸いたらお茶にしましょう」
②《うまくいっているのに邪魔をする》〔XがZにφ水を差す〕X：人、組織／コト　Z：コト
・「あなた方の恋愛に水を差すようだけど、結婚を考えるのなら年齢や将来のことをよく考えてするように」と母は言った。
・大雪で運動場が使えなくなり、サッカー大会も中止になった。とんだことで水を差されてしまった。

【－を向ける】《話をしてもらうためにもちかける》〔XがYにPとφ水を向ける〕X：人、組織　Y：人、組織
・人気タレントAに司会者が「B女優との結婚の噂がありますが」と水を向けたが、Aは黙って笑っただけで、すぐに話題を変えようとした。

みち　道（×する）（ある）

※　本書で採りあげた「道」は、すべて比喩的な意味の「道」である。

【－がある⇔－がない】《進路、仕事の分野がある》〔Xに・は（M）道がある〕Pという　X：人、組織
・若い人にはいろいろな可能性を秘めた道がある。
・話者が数千人しかいないという言語を勉強しても、食べていく道はないのではないか。

【－が開ける】《将来の展望が見えてくる》〔Xに・は（M）道が開ける〕X：人、組織／コト　[他]－を開く
・万能細胞の発見により、失われた細胞組織の回復を目指す再生医療に道が開けそうだ。

【－に迷う】《進路の選択で困る》〔XがM道に迷う〕X：人
・私は、卒業後、音楽の世界か実業の世界か、進むべき道に迷ったが、結局実業の世界を選んだ。

【－を歩む】《それを専門として生きる》〔XがM道を歩む〕Pという　X：人
・A氏は移民として渡った国で事業に成功したが、決して平坦な道を歩んできたわけではない。
・Bさんは音楽大学卒業後、指揮者の道を歩み始め、世界の著名なオーケストラを指揮している。
　＊「道を歩む」は、「音楽の道」「医者の道」「学問の道」のように「～の道を歩む」と使い、「～を専門として生きる」という意味になる。

【－を志す】《専門の分野を目指す》〔XがM道を志す〕X：人
・子供のころから芝居を見るのが好きだったAさんは、演劇の道を志し、ダンスや歌を勉強している。
　＊「道を志す」は、「音楽の道」「医者の道」「学問の道」のように「～の道を志す」と使うこと多い。

【－を探る】《方法を探す》〔Xが（M）道を探る〕X：人、組織
・サルが出没し農作物に被害が出ている。地域住民が野生動物と共生する道を探ることが必要だろう。

【－を進む】《生き方をする》〔XがM道を進む〕X：人
・だれが何と言おうと、絶対に自分で決めた道を進むつもりだ。

【－を付ける】《先駆者になる》〔Xが（M）道を付ける〕X：人、組織　[自]－が付く☆
・伝統文化を維持するのは大変だが、先人が道をつけてくれたお陰で、後を行く私たちはずっと楽だ。

【−を開く】《将来の展望を作る》〔Xが Yに (M)道を開く〕X:人、組織/コト Y:人、組織 [自]−が開ける
・A財団は多額の資金援助をして、若手研究者に遺伝子研究の道を開いた。

【−を踏み出す】《新しい物事を始める》〔Xが M道を踏み出す〕X:人、組織
・ノーベル賞を受けたA教授も、大学卒業後はまず研究助手として研究の道を踏み出している。
・A社はやっと自社の排水が引き起こした公害の実情を理解し、患者を救済する道を踏み出した。
　　＊「道を踏み出す」は、〔M〕に「研究の」「政治家への」「画家としての」「患者を救済する」「夫婦二人の新たな」など進路や方向性を表す語や表現が用いられる。

【−を踏み外す】《人としての生き方、倫理からはずれる》〔Xが (M)道を踏み外す〕X:人
・Aさんが悪の誘惑に負けて道を踏み外しそうなところを、親友のBさんが必死に説得し救った。

【−を見失う】《生活の仕方や方法が分からなくなる》〔Xが (M)道を見失う〕X:人
・何をやってもうまくいかなかった当時の私は歩むべき道を見失い、占い師を訪ねた。

みとおし　見通し（×する）(ある)

(1) 物理的な意味の「見通し」

【−がいい⇔−が悪い】〔Lは (M)見通しがいい〕
L:場所
・この道路は直線であり周囲に何もないので、見通しがいい。
・この公園は立ち木が邪魔をして道路からの見通しが悪く、夜は怖くて一人では歩けない。

【−がきく】《先がよく見える》〔Φ見通しがきく〕
・この交差点はカーブになっている上、街路樹があるので見通しがきかず、よく衝突事故が起こる。
　　＊「見通しがきく」は、〔X〕〔Y〕などを伴わずに使う。

(2) 比喩的な意味の「見通し」

【−がある】《計画に実現可能性がある》⇔−がない】
〔Xに・は M見通しがある〕Pという X:人、組織/コト
・給料の低いこの仕事を続けるのは辛いが、私には将来独立できるという見通しがあるので頑張れる。
・A社の株価は瞬く間に下がってしまった。近い将来回復する見通しはなさそうだ。

【−が明るい】〔Yの／Yは (M)見通しが明るい〕
Y:コト
・我が社は営業成績もよく各種のパテントを持っているので、将来は見通しが明るいと言えよう。
・好天が続き、農作物の生育の見通しは明るい。

【−が甘い】《将来のことの判断が安易だ》〔Xは (M)見通しが甘い〕X:人、組織
・インターネット販売を始めたが、予想以上のアクセスが集中したため接続不能に陥ってしまった。当初の見通しが甘かったようだ。

【−がきく】《将来のことが予測できる》〔Xは M見通しがきく〕X:人、組織
・企業の経営には中長期の見通しがきく経営者が求められる。

【−が立つ】《計画の実現可能性がある》〔Xに・は M見通しが立つ〕Pという X:人、組織 [他]−を立てる
・会社を設立しようと準備を進めてきた。銀行からの資金借り入れができることとなり、私たちは開業をする見通しが立った。
・国道が地震によって寸断された。崩壊した箇所があまりに多いので復旧の見通しは立っていない。

【−を示す】〔Xが M見通しを示す〕Pという X:人、組織
・社長は最近の情勢から、今後、石油消費が伸び悩むだろうという見通しを示した。

【−を立てる】〔Xが M見通しを立てる〕Pという X:人、組織 [自]−が立つ
・私は留学後の見通しを立てて来日した。

むじゅん　矛盾（する）(ある)

【－する】〔Yが　Zと　Φ矛盾する〕〔YとZが　Φ矛盾する〕Y：コト　Z：コト
・先生の説明が教科書に書いてあることと矛盾しているので、学生は困っている。
・A省の政策とB省の政策は矛盾していることがあり、省庁間での協議を頻繁に行うことが望まれる。

【－がある⇔－がない】〔Yに・は　(M)矛盾がある〕Pという　Y：コト
・Aさんの謝罪内容にはいくつかの矛盾もあり誠意も感じられないので、全然納得できない。
・最近発見された古い歴史書の記述にはまったく矛盾がないことがわかり、本物と鑑定された。

【－が生じる】〔Yに　(M)矛盾が生じる〕Pという　Y：コト
・Aさんの仮説通りに実験してみたが、実験結果には矛盾が生じてしまった。

【－を生む】〔Zが　Yに　矛盾を生む〕Pという　Z：コト　Y：人、組織／コト
・A国では、麻薬を2種に分類したことが法令と法施行の間に矛盾を生んだ。

【－を抱える／－を抱え込む】〔Yが　(M)矛盾を抱える〕Pという　Y：人、組織／コト
・A国の急激な経済発展の陰には貧困に苦しむ人々がいる。A国は大きな矛盾を抱えている。
・インターネットの普及は、世界をより便利にする一方で、より危険にするという矛盾を抱え込むことになった。

【－を突く】〔Xが　Yの　(M)矛盾を突く〕X：人　Y：コト
・検察官は、被告人の証言の矛盾を突いて、被告人の罪を立証しようとした。

【－をはらむ】〔Yが　M矛盾をはらむ〕Pという　Y：コト
・急激な経済成長は、それによって国民の間の所得格差が拡大していくという矛盾をはらんでいる。

むだ　無駄（×する）（ある）

【－がある⇔－がない】〔Yに・は　(M)無駄がある〕Pという　Y：コト

・私たちの身の回りには無駄がありすぎる。生活を見直し、もっと資源を大切にするべきだ。
・いくら効率的な生活がいいとは言っても、まったく無駄がない生活は味気ないと思う。
　　＊「無駄がある⇔無駄がない」の無駄は、「役に立たない」という意味の「無駄だ」とは意味が異なる。・どんなに練習しても彼に勝てるわけがないので、練習しても無駄である。

【－にする】〔Xが　Yを　Φ無駄にする〕X：人、組織　Y：モノ／コト（時間、機会など）[自]－になる
・野菜を買いすぎて食べきれず、腐らせてしまい、無駄にすることがある。
・会う約束をしていたAさんが急にキャンセルしてきたので、貴重な時間を無駄にしてしまった。
　　＊「無駄にする」は意図的にすることではなく、結果としてそうなったことを表す。

【－になる】〔Yが　Φ無駄になる〕Y：モノ／コト（時間、機会など）[他]－にする
・忙しいのでアルバイトを雇ったところ、急に注文が減ってしまった。結局、人手が無駄になった。

【－を省く】〔Xが　(M)無駄を省く〕Pという　X：人、組織
・予算が限られているので、この企画の実行にあたり、極力人件費の無駄を省く努力をした。

むり　無理（×する）（ある）

【－がある《困難である》⇔－がない】〔Yに・は　Φ無理がある〕Y：コト
・Aさんの論理は正しいように見えるが、そもそも前提に無理があるので簡単に反論されるだろう。
・ダイエットで1か月で2キロやせるという計画には無理がないが、5キロもやせるのは無理がある。
　　＊「無理がある⇔無理がない」は、〔Y〕に「計画」「論理」「人の話」などの語を使うことが多い。

【－が重なる】〔Xが　(M)無理が重なる〕Pという　X：人　(＝)－を重ねる
・多事多難な世の中、否応無しに無理が重なっている

【―が通る】《不当なことが行われる》〔(M) 無理が通る〕[他] ―を通す
・広く民主主義が浸透し、トップの一存で何でも決まるというような無理が通る時代ではない。
　＊「無理が通る」は、〔X〕〔Y〕などを伴わずに使う。

【―を言う】〔Xが Φ無理を言う〕X：人、組織
・年度末の忙しい時期に、母の看病のために、私は無理を言って会社を休ませてもらった。

【―を重ねる】《体を酷使しつづける》〔Xが Φ無理を重ねる〕X：人（＝）―が重なる
・Aさんは、無理を重ねていたのだろう。突然病に倒れそのまま帰らぬ人となってしまった。

【―をする】〔Xが Φ無理をする〕X：人、組織
・「頑張るのはいいが、あまり無理をすると体を壊すから気をつけてください」

【―を通す】《普通は困難なことを強いて行う》〔Xが Φ無理を通す〕X：人、組織 [自] ―が通る
・社内には反対があったが、社長が無理を通し、新製品の開発を進めることになった。

めーる　メール（する）（ある）

【―する】〔Xが Yに Φメールする〕X：人、組織　Y：人、組織
・友人に近況をメールしたら、さっそく返事がきた。

【―がある⇔―がない】〔Xから (M)メールがある〕Pという　X：人、組織
・付き合っている彼からまた連絡するという短いメールがあった後、全然メールがない。
〔Xから Pと (M)メールがある〕X：人、組織
・「お母さん、お兄ちゃんから今日は遅くなるってメールがあったよ」

【―に返信する】〔Xが (M)メールに返信する〕Pという　X：人、組織
・受け取ったメールにはなるべく早く返信するほうがいい。

【―を打つ】〔Xが Yに (M)メールを打つ〕Pという　X：人、組織　Y：人、組織
・友人に、風邪を引いて授業に出られそうにないというメールを打って先生に伝えてもらった。
〔Xが Yに Pと (M)メールを打つ〕X：人、組織　Y：人、組織
・約束の時間に現れない友人に、早く来いとメールを打った。

【―を送る】〔Xが Yに (M)メールを送る〕Pという　X：人、組織　Y：人、組織
・「忘年会の日時が決まったら、みなさんにお知らせのメールを送ります」
〔Xが Yに Pと (M)メールを送る〕X：人、組織　Y：人、組織
・明日友だちの家に行くが、行き方が分からないので教えてくれと友だちにメールを送った。

【―を返す】〔Xが Yに (M)メールを返す〕Pという　X：人、組織　Y：人、組織
・母から近況を問い合わせるメールが来たので、元気にしているというメールを返した。
〔Xが Yに Pと (M)メールを返す〕X：人、組織　Y：人、組織
・道が分からないというメールを受け取ったので、駅まで迎えにいくとメールを返した。

めんどう　面倒（×する）（ある）

【―がある⇔―がない】〔Zに・は M面倒がある〕Pという　Z：モノ／コト
・絹製品はきれいだが、手洗いしなければならないという面倒がある。
・マンション生活には庭の手入れなどの面倒がないから便利だ。

【―がかかる】〔Yは (M)面倒がかかる〕Y：人／モノ／コト　[他] ―をかける
・子どもは、小さいうちはいろいろと面倒がかかるものだが、4、5歳になると多くのことが自分でできるようになる。

【―になる】
①《人の世話になる》〔Yが Xの Φ面倒になる〕Y：人、組織（世話をされる）X：人、組織（世話をする）
・母は年をとっても子どもたちの面倒にはなりたくな

いと言って、老人ホームへ入った。
②《何かをするのが煩わしくなる》〔Xに・は　Zが〕
【①面倒になる】X：人（煩わしいと思う）　Z：コト
・最近、人を家へ招待してごちそうするのが面倒になったので、レストランでもてなすことにした。
【－をかける】《人をわずらわせる》〔Yが　Xに　（M）面倒をかける〕Y：人、組織（世話をされる）
X：人、組織（世話をする）　[自]－がかかる
・旅行中に子どもが腹痛を起こして、ホテルの人に面倒をかけた。
【－を見る】〔Xが　Yの　①面倒を見る〕X：人、組織　Y：人、組織、動物／モノ（植木など）
・今日は夫が子どもたちの面倒を見てくれているので、ゆっくり買い物ができる。
・「この子犬、拾ってきたけど飼ってもいい？」「あなたが自分自身で面倒を見るのならいいわよ」

めんもく　面目（×する）（×ある）

※「めんぼく」とも言う。
【－が立つ】《名誉を守る》〔Xの／Xは　（M）面目が立つ〕X：人、組織
・接戦だったが、なんとか勝つことができ、昨年の優勝校としての面目が立った。
【－にかかわる】《評価に関係する》〔Yが　Xの（M）面目にかかわる〕Y：コト　X：人、組織
・プロがアマチュアに負けるなどということがあれば、プロの面目にかかわるので奮起を望みたい。
　＊「面目にかかわる」は、「悪い評価になる」という意味で使う。
【－を一新する】《外観が変わり評判がよくなる》〔Xが　（M）面目を一新する〕X：人、組織
・駅前再開発が行われ、新しい商業ビルが立ち並んだ町は面目を一新した。
【－を失う】《名誉をなくす》〔Xが　（M）面目を失う〕X：人、組織
・日本の国技である相撲で大勢の外国人力士が活躍しており、日本人は面目を失っていると考える人もいる。

【－を保つ】《名誉を守る》〔Xが　（M）面目を保つ〕X：人、組織
・創業150年のA商店は、他店にはない品質の高い商品を扱って老舗の面目を保っている。

もくひょう　目標（×する）（ある）

a．目標がある、あるいは持つことを表す連語
【－がある⇔－がない】〔Xに・は　M目標がある〕Pという　X：人、組織
・国連職員を希望しているAさんは、最低3つの外国語が使えるようになりたいという目標がある。
【－に掲げる】〔Xが　Yを　Zの　（M）目標に掲げる〕X：人、組織　Y：コト　Z：コト（目標が必要なコト）
・選手たちは、それぞれの力に合った到達点を今回の合宿の目標に掲げ、練習に励んでいる。
・交通安全運動は交通事故死亡者ゼロを目標に掲げ、推進されている。
【－を掲げる】〔Xが　M目標を掲げる〕Pという　X：人、組織
・A選手はオリンピックで金メダルをとるという目標を掲げ、練習に励んでいる。
【－を設定する】〔Xが　M目標を設定する〕Pという　X：人、組織
・設定した目標が高すぎると、途中で挫折してしまいがちだ。
【－を立てる】〔Xが　M目標を立てる〕Pという　X：人、組織　[自]－が立つ☆
・何事をするときにも、予めいつまでに何をするという目標を立てて始めないとなかなか終わらない。

b．目標が現実になることを表す連語
【－に達する】〔Yが　M目標に達する〕Pという　Y：コト
・万国博覧会の入場者数が5千万人を上回り、当初の目標に達した。
【－を達成する／－をクリアする】〔Xが　M目標を達成する〕Pという　X：人、組織
・A高校合唱団は全国大会で優勝するという目標を見

事に達成した。
・Aさんはまだ中学生だが英語が好きで、すでにTOEFL500点の目標をクリアしたそうだ。

もんだい　問題（×する）（ある）

a．問題がある、あるいは起こったことを表す連語

【－がある⇔－がない】〔Xに・は（M）問題がある〕Pという　X：人、組織／モノ／コト（問題の所在）
・A夫婦が離婚するという。どちらに問題があるのだろうか。
・ワープロソフトには問題がなさそうなのだが、パソコンの調子が悪く文書が作れなくて困った。
〔XはYに対して（M）問題がある〕Pという　X：モノ／コト（問題を持つ）　Y：モノ／コト（問題が影響を与える対象）
・農薬や食品添加物は人々の健康に対して問題があるようなので、専門機関の検査が欠かせない。

【－が起こる】〔Xに・は（M）問題が起こる〕Pという　X：人、組織／モノ／コト　[他]－を起こす
・A空港の管制システムに問題が起きたため、1時間にわたり飛行機が飛べなくなった。

【－に直面する】〔Xが（M）問題に直面する〕Pという　X：人、組織
・少子高齢化や賃金格差など、日本社会は深刻な問題に直面している。

【－を起こす】〔Xが（M）問題を起こす〕Pという　X：人、組織／モノ／コト　[自]－が起こる
・今回、テレビの発火事故を起こしたA社の製品は以前にも同様の問題を起こしていた。
・学生Aが試験中、不正行為をした。おとなしくてまじめなAが問題を起こすなんて信じられない。
〔YがXに（M）問題を起こす〕Pという　Y：人、組織／モノ／コト　X：人、組織／モノ／コト　[自]－が起こる
・整備の不備が飛行機の運航に問題を起こしたケースがある。

【－を抱える／－を抱え込む】〔Xが（M）問題を抱える〕Pという　X：人、組織
・幸せそうに見えても、誰でも人は何らかの問題を抱えているものだ。
・「自分の問題を一人で抱え込まないで、周りの人に相談してみたら気持ちも楽になるよ」

b．問題をなくすことを表す連語

【－が解決する】〔Xの／Xは（M）問題が解決する〕Pという　X：人、組織／モノ／コト　[他]－を解決する
・信号故障で列車の運行を取り止めていたが、信号は問題が解決したので列車の運転が再開された。
・少年非行の問題が解決するには、家族だけではなく周囲の人々の協力が不可欠だ。

【－が片付く】〔Xの／Xは（M）問題が片付く〕Pという　X：人、組織／コト　[他]－を片付ける
・A社は取引先との契約に関する問題が片付き、社長はじめ役員たちもほっとしている。

【－を解決する】〔YがXの（M）問題を解決する〕Pという　Y：人、組織／モノ／コト　X：人、組織／モノ／コト　[自]－が解決する
・AさんとBさんの間に土地をめぐるトラブルがあったが、村の長老が両者の問題を解決してくれた。

【－を片付ける】〔YがXの（M）問題を片付ける〕Pという　Y：人、組織　X：人、組織／モノ／コト　[自]－が片付ける
・子どもを預ける保育園が決まっていないなど、就職の妨げとなる問題がいくつかあるが、Aさんは時間をかけて一つ一つ片付けていこうとしている。

やく　役（×する）（ある）

【－がある⇔－がない】〔Xに・は　M役がある〕Pという　X：人
・明日の会議で私は司会という大切な役があるので、書記をAさんにお願いした。

【－を演じる】《人が芝居の中の人物を務める》〔XがM役を演じる〕Pという　X：人
・歌舞伎では男性が女性の役を演じるが、本当の女性

より女らしいと言われる。
・Aさんと Bさんが結婚することになった。Aさんを Bさんに紹介した Cさんは、仲人の役を演じたようなものだ。
　　＊「役を演じる」は、2番目の例文のように比喩的に使うことがある。

【－を務める】〔Xが M役を務める〕Pという　X：人
・オリンピックで、国名を書いたプラカードを持つ役を務めることになり、選手団の先頭を歩いた。

【－を振る】《仕事などで役目を割り当てる》〔Yが Xに M役を振る〕Pという　Y：人　X：人
・会社の創立パーティーで、社長にインタビューするという役を振られて、緊張している。
　　＊「役を振る」は、例文のように〔Xが Yに（M）役を振られる〕と受身表現を使うことが多い。

やくそく　約束（する）（ある）

【－する】〔Xが Yと Pと Φ約束する〕〔Xと Yが Pと Φ約束する〕X：人　Y：人
・Aさんは息子と10歳になったら海外旅行に連れて行くと約束した。
・久しぶりで高校時代の友人たちが集まった。友人たちは、今後も連絡を取り合おうと約束した。

【－がある⇔－がない】〔Xが Yと（M）約束がある〕Pという〔XとYが（M）約束がある〕Pという　X：人　Y：人
・今度の週末は子どもと遊ぶ約束があるから、家に仕事を持ち帰らないことにする。

【－を果たす】〔Xが Yとの（M）約束を果たす〕Pという　X：人　Y：人
・急に出張を命じられ、海に連れて行くという子どもとの約束が果たせなくなってしまった。
　　＊「約束を果たす」は、〔Pという〕を使うときは、〔Xが Pという Yとの（M）約束を果たす〕という語順になることが多い。

【－を守る】〔Xが Yとの（M）約束を守る〕Pという　X：人　Y：人
・友だちとの約束はきちんと守ることが大切だということを子どもによく教えておいた。

　　＊「約束を守る」は、〔Pという〕を使うときは、〔Xが Pという Yとの（M）約束を守る〕という語順になることが多い。

【－を破る】〔Xが Yとの（M）約束を破る〕Pという　X：人　Y：人
・急に仕事が入ったため、恋人とのデートの約束を破ることになってしまった。
　　＊「約束を破る」は、〔Pという〕を使うときは、〔Xが Pという Yとの（M）約束を破る〕という語順になることが多い。

やくわり　役割（×する）（ある）

【－がある】〔Xに・は M役割がある〕Pという
X：人、組織／モノ／コト
・子育てにおいて父親と母親には別々の役割がある。
・寒冷地の防風林には冬の冷たい風を防ぐという役割がある。
・累進課税制度には、国民の所得を再分配し所得水準を平準化するという役割がある。

【－を与える】〔Yが Xに M役割を与える〕Pという　Y：人、組織（役割を与える）　X：人、組織（役割を受ける）
・A教師は生徒一人一人に学級運営に関する役割を与えることで、自主性を育てようとしている。

【－を演じる】〔Xが M役割を演じる〕Pという
X：人、組織
・A社の電撃的な社長交代劇では、取引銀行のB銀行の頭取が重要な役割を演じた。

【－を務める】〔Xが M役割を務める〕Pという
　X：人、組織
・滞りなくイベントを運営するにはそれぞれが責任を持って与えられた役割を務めることだ。

【－を担う】〔Xが M役割を担う〕Pという　X：人、組織
・企業は、音楽や演劇を支援するメセナ活動を通して社会に貢献するという役割も担っている。

【－を果たす】〔Xが M役割を果たす〕Pという
X：人、組織／モノ／コト
・ビタミンDは骨の形成に重要な役割を果たすため、

子どもに日光浴をさせることが重要だ。

ゆめ　夢（×する）（ある）

※　夢には「寝ているときに見る夢」もあるが、ここでは「希望という意味の夢」である。

ａ．希望があることを表す連語

【－がある⇔－がない】〔Ｘに・は　（Ｍ）夢がある〕Ｐという　Ｘ：人
・Ａさんには将来サッカー選手になりたいという大きな夢がある。
・最近の子どもは、夢がない子が多いというが本当だろうか。

【－が大きい⇔－が小さい】〔Ｘの／Ｘは　Φ夢が大きい〕Ｘ：人
・Ａチームは夢が大きく、チームの全員が世界選手権に出場すると誓い合っている。

【－が膨らむ／－が広がる】〔Ｘに・は／Ｘの　Ｍ夢が膨らむ〕Ｐという　Ｘ：人（夢を持つ）（＝）－を膨らませる☆
・上手にピアノを弾くわが子を見ていると、将来は音楽家にしたいという夢が膨らんでくる。
・学歴に関係なく技術があれば就職できると聞いて、Ａさんには憧れの会社で働く夢が膨らんできた。

【－を抱く／－を持つ】〔Ｘが　Ｍ夢を抱く〕Ｐという　Ｘ：人
・地球上のほとんどの地域を制覇した人類が次に抱く夢は地球以外の星を探索することだろう。

【－を見る】〔Ｘが　Ｍ夢を見る〕Ｐという　Ｘ：人
・Ａさんは、シンデレラや白雪姫のようにいつか素敵な王子様が現れてほしいという夢を見ている。
　＊「夢を見る」は、「実現を目指して希望をもつ」という意味の場合、「夢見る」という語を用いることが多い。〔Ｘが　Ｙを　Φ夢見る〕
　　・いつか世界大会に出場することを夢見て、今、一生懸命陸上競技の練習に打ち込んでいる。

ｂ．希望が実現することを表す連語

【－がかなう／－が実現する】〔Ｘは　Ｍ夢がかなう〕Ｐという　Ｘ：人、組織［他］－をかなえる／－を実現する
・私は、留学試験に合格し、ずっと抱いていた日本へ留学したいという夢がかなった。
・Ａさんは、子どもの頃から憧れていたオリンピック出場ができ、長年の夢が実現した。

【－をかなえる／－を実現する】〔Ｙが　Ｘの　Ｍ夢をかなえる〕Ｐという　Ｙ：人、組織／コト　Ｘ：人　［自］－がかなう／－が実現する
・Ａさんは、バレリーナになりたいという娘の夢をかなえてやるために、本場への留学を認めた。
・奨学金をもらえたからこそ、留学したいという夢を実現することができた。

ｃ．希望がなくなることを表す連語

【－から覚める】〔Ｘが　（Ｍ）夢から覚める〕Ｘ：人
・土地を転売して大儲けしようとした人たちは、バブルがはじけたとき夢から覚めてあわてた。

【－を奪う】〔Ｙが　Ｘから　（Ｍ）夢を奪う〕Ｐという　Ｙ：人、組織／コト（夢を奪う）　Ｘ：人（夢を持つ）
・「本当はサンタクロースはいない」などと言って子どもたちから夢を奪うようなことはしたくない。

【－を絶つ】〔Ｘが　（Ｍ）夢を絶つ〕Ｐという　Ｘ：人
・Ａさんは女優を目指して歌や踊りのレッスンに励んでいたが、病に倒れ女優になる夢を絶たざるをえなくなったと語っていた。
・登山家Ａはエベレスト登頂を目指していたが、トレーニング中の冬山で致命的なけがを負い、世界最高峰登頂の夢を絶たれてしまった。
　＊「夢を絶つ」は、自然の成り行きで結果として夢を持ち続けられなくなったことを表す場合に使い、「夢を絶たれる」「夢を絶たざるを得ない」のように使う。

りえき　利益（×する）（ある）

【－がある⇔－がない】〔Ｙに・は　（Ｍ）利益がある〕Ｙ：コト

・私たちが始めた事業はまだ小規模なものだが、それでも今期は多少の利益があると見込んでいる。

〔Yは　Xに　(M) 利益がある〕Y：コト　X：人、組織

・野菜作りは米作りより農家に大きい利益があるので、この辺りでは田んぼが畑に変わっている。

【－が上がる】〔Yの／Yは　(M) 利益が上がる〕Y：コト　[他]－を上げる

・為替レートが変動するだけで、外国投資の利益が上がったり下がったりする。

【－が出る】〔Yに・は　(M) 利益が出る〕Y：人、組織／モノ／コト　[他]－を出す

・安いところで商品を仕入れ、高いところで売れば当然企業に利益が出る。

・新会社を設立した。社員たちは会社の経営に利益が出るようにと、一生懸命働いてくれている。

【－を上げる】〔Yが　(M) 利益を上げる〕Y：人、組織／モノ／コト　[自]－が上がる

・大学祭で模擬店を出した。用意したものは全て売り切れ、思いのほか多くの利益を上げた。

・少しでも利益を上げるために、私の店では在庫一掃セールをすることにした。

【－を生む】〔Yが　(M) 利益を生む〕Y：人、組織／モノ／コト

・同じ機能を持つ商品でもデザインや使いやすさといった付加価値が利益を生むようになった。

・A社の新工場は軌道に乗り、第1期の決算から既に利益を生んでいる。

【－を出す】〔Yが　(M) 利益を出す〕Y：人、組織／モノ／コト　[自]－が出る

・新製品の売り上げが好調である。新製品が40億円ぐらいの利益を出すだろう。

・設備投資によって生産性が上がり、機械1台当り、それまでより多くの利益を出すようになった。

【－を追求する】〔Xが　(M) 利益を追求する〕X：人、組織

・食品の安全性を無視してまで販売し、利益を追求しようとする悪徳企業が後を絶たない。

【－をもたらす】〔Yが　Xに　(M) 利益をもたらす〕Pという　Y：人、組織／モノ／コト　X：人、組織

・社員が会社に利益をもたらす仕事ができるようになるには入社後3年ぐらいかかる。

・ハイテク機械の導入には費用がかかるが、人件費の支出減という利益をもたらすことになる。

りかい　理解 (する)(ある)

【－する】〔Xが　Yを　Ⓘ理解する〕X：人　Y：人／コト

・家族の中でも母親が私を一番よく理解してくれているようだ。

〔Xが　Yを　Pと　Ⓘ理解する〕X：人　Y：人／コト

・先生の説明により、生徒たちはモンスーンとハリケーンは同じ気象現象だと理解することができた。

【－がある⇔－がない】〔Xは　Yに／Yに対して／Yに対する　(M) 理解がある〕X：人　Y：人／コト

・A大臣は障がい者の問題に対して深い理解があり、この点では信頼できると評価されている。

・かつての日本では育児をしながら仕事を続けようとする女性に対して理解がない企業が多かった。

【－が深い⇔－が浅い】〔Xは　Yに／Yに対して／Yに対する　Ⓘ理解が深い〕X：人　Y：人／コト

・A先生は、学生が抱える精神的な問題に対する理解が深いので、学生たちがよく相談に訪れる。

【－が深まる】〔Xは　Yに／Yに対して／Yに対する　Ⓘ理解が深まる〕〔Yに／Yに対して／Yに対する　Xの　Ⓘ理解が深まる〕X：人（理解を深める）Y：人／コト　[他]－を深める

・以前より小さくなったアルプス氷河の写真を見て、人々の温暖化対策の重要性への理解が深まった。

【－を得る】〔Yが　Xから・の　(M) 理解を得る〕Y：人、組織（理解される）　X：人、組織（理解する）

・政府は、税率引き上げを発表した。福祉を充実するためなので国民から理解を得られたようだ。

【－を深める】〔Xが　Yに／Yに対して／Yに対する　Ⓘ理解を深める〕X：人　Y：人／コト　[自]－が深まる

・中世の史跡を訪ねる旅をしたおかげで、当時の人々の生活に対する理解を深めることができた。

【－を求める】〔Yが Xに （M）理解を求める〕Y：人、組織　X：人、組織

・空港を建設したいと考えているA市の市長は、その必要性などを説明し市民に理解を求めている。

りすく　リスク（×する）（ある）

【－がある⇔－がない】〔Yに・は （M）リスクがある〕Pという　Y：コト

・どんな薬にも、人によっては副作用が起こるかもしれないというリスクがある。

【－を負う】〔Xが （M）リスクを負う〕Pという　X：人、組織

・親友の借金の保証人になった。同時に、私は返済を求められるというリスクを負うことになった。

【－を抱える】〔Xが （M）リスクを抱える〕Pという　X：人、組織／コト

・Aさんは3年前に大病をした。現在は健康だが、再発のリスクを抱えている。

・政情が不安定でテロの危険があるA国での工場建設は、常にリスクを抱えていると言える。

【－を伴う】〔Yが （M）リスクを伴う〕Pという　Y：コト　（＝）－が伴う☆

・医学が発達した現在とはいえ、どんな手術でも、手術はリスクを伴うものだ。

・利率の高い外貨預金があるが、為替の変動によって元本割れするというリスクを伴っている。

れきし　歴史（×する）（ある）

【－がある⇔－がない】〔Yに・は （M）歴史がある〕Pという　Y：組織／モノ／コト

・この宝石には、ヨーロッパの王家に代々受け継がれたという歴史がある。

・日本ではフラワーアレンジメントは伝統的な華道ほど歴史がないが、近年脚光を浴びている。

【－をさかのぼる】〔Xが Yの （M）歴史をさかのぼる〕X：人　Y：組織／モノ／コト

・日本の百貨店の歴史をさかのぼると、江戸時代の両替商や呉服屋が始まりだ。

＊1　「歴史をさかのぼる」では、〔X〕は文の表面に現れないことが多い。

＊2　この連語は、例文のように「歴史をさかのぼると～」「歴史をさかのぼって～する」と使うことが多い。

【－をたどる】〔Xが Yの （M）歴史をたどる〕X：人　Y：組織／モノ／コト

・貨幣の歴史をたどっていくと、古代社会では、石や貝が用いられていたことが分かる。

＊1　「歴史をたどる」では、〔X〕は文の表面に現れないことが多い。

＊2　この連語は、「～と」「～ば」と使うことが多い。・歴史をたどっていくと…・歴史をたどってみると…・歴史をたどれば…と使うことが多い。

＊3　「歴史をたどる」と同じ意味で、「歴史をひもとく」という表現もある。・世界の歴史をひもとくことは、現在の私たちの暮らしを知るために役に立つ。

【－を誇る】《歴史がある》〔Yが （M）歴史を誇る〕Pという　Y：組織／モノ／コト

・私たちの母校は創立100年の歴史を誇る学校だ。

れんしゅう　練習（する）（×ある）

【－する】〔Xが Yを ⓘ練習する〕X：人、組織　Y：コト

・子どもがピアノを練習している間、母親は台所で夕飯の支度をしていた。

【－に励む】〔Xが Yの （M）練習に励む〕Pという　X：人、組織　Y：コト

・Aちゃんは、毎日、一輪車の練習に励み、ようやく乗れるようになった。

・マラソンで優勝を狙う選手たちは、一日何十キロも走るという厳しい練習に励んでいる。

【－を重ねる】〔Xが Yの （M）練習を重ねる〕Pという　X：人、組織　Y：コト

・出演者たちは、本番を前に、毎日、長時間にわたっ

て芝居の練習を重ねている。

【－を積む】〔Xが Yの（M）練習を積む〕Pという　X：人、組織　Y：コト
・消防のレスキュー隊は、毎日、いろいろな災害を想定して、厳しい練習を積んでいる。

わく　枠（×する）（ある）

【－がある《制限された部分がある》⇔－がない】〔Zに・は　M枠がある〕Pという　Z：コト
・昔は、大学入試には社会人入学という枠がなかったため、いったん社会人になってしまうと大学で学び直すことは難しかった。

【－からはみ出す】〔Xが　M枠からはみ出す〕Pという　X：人、組織
・今回の募集では、常識の枠からはみ出していてもかまわないから、豊かな発想をする人材が欲しい。

【－にはめる】〔Xが　Yを　M枠にはめる〕Pという　X：人、組織　Y：人
・教師はとかく生徒を校則という枠にはめて見てしまいがちだが、生徒の個性も大事にしたい。

【－を超える】〔Xが　M枠を超える〕Pという　X：人、組織
・自動車各社は、競合するメーカーという枠を超えて、排出ガス削減のために協力することになった。

【－をはめる】〔Xが　Zに　M枠をはめる〕Pという　X：人、組織　Z：コト
・「あなたたちは若いのだからもっと自由になったほうがいいですよ。初めから自分の進路に枠をはめるようなことはやめた方がいいのではありませんか」

わだい　話題（×する）（ある）

【－がある⇔－がない】〔Xに・は　M話題がある〕Pという　X：人
・私たち夫婦にはいつもいろいろな話題があるので、退屈したことがない。
・何か話そうと思っても、私は皆と共通の話題がなく、いつも聞き役に回っている。

【－にする】〔Xが　Yを（M）話題にする〕X：人　Y：人、組織／モノ／コト　[自]－になる
・口下手な私は、一緒にいる人と何か話したいと思っても、何を話題にしたらよいのか分からない。

【－になる】〔Yが　Xの　M話題になる〕Y：人、組織／モノ／コト　X：人（複）、組織　[他]－にする
・年末になると、この1年間の出来事や有名人の動向がテレビ番組の話題になる。

【－にのぼる】〔Yが　Xの（間で）（M）話題にのぼる〕Y：人、組織／モノ／コト（話題になる）　X：人（複）、組織（話題にする）
・Aさんの家族は全員野球ファンなので、野球のことが連日家族の間で話題にのぼっている。

【－を集める／－を呼ぶ】〔Yが　Xの（間で）⓪話題を集める〕Y：人、組織／モノ／コト　X：人（複）、組織
・今、映画ファンの間で史実に基づいたスペクタクルが話題を集めている。
・この映画は、悪役に徹してきた俳優Aが内気で善良な老人を好演したことで話題を呼んだ。

連語情報　その1　「自動詞と他動詞」

　連語の中には、「希望がかなう」「人が希望をかなえる」のように、その連語動詞が自動詞と他動詞のペアになるものがあります。自動詞と他動詞の区別とは何でしょうか。「雨が降る」「花が咲く」のような自然現象や、「赤ちゃんが生まれる」「人が歩く」のように対象に対する働きかけを持たない動きなどを表す動詞は自動詞です。しかし「ビルが建つ」「自動車が止まる」のように、あることがらが自然に起こるのではなく、人の力によって起こる場合にも自動詞が使われます。形からみれば、「〜が自動詞」になります。一方、他動詞にはさまざまな定義がありますが、典型的な他動詞は「動作が対象に及んで変化を起こすことを表す」とされていて、「〜が〜を他動詞」の形をとります。辞書の中にはこの区別をしていないものもありますが、本書では連語が〔AがBする〕の形のものを [自]、〔AをBする〕の形のものを [他] の記号で表しました。ただし、以下の点に注意してください。

(1)「-asu 形」の他動詞には、「-asu 形」と「− seru 形」（セル形）の両形を持つものがあります。
　例　①「-asu 形」のみのもの：（息を）切らす、（言葉を）交わす、（噂を）流す　など
　　　②両形を持つものもの：（調子を）合わす／合わせる、（ペース を）狂わす／狂わせる、（不安を）募らす／募らせる、（息を）弾ます／弾ませる、（期待を）膨らます／膨らませる　など
　　　②のタイプはどちらを使ってもいいのですが、本書では「セル形」を採用しました。
(2) 他動詞の形が揺れているものがあります。
　　本来、自動詞としての使い方が主だったが他動詞としても使われるようになったもので、辞書によっては他動詞としては認めず、使役の「セル形」を他動詞の代用とするものがあります。
　例　[自] 誤解が生じる　　　 [他] 誤解を生じる／誤解を生じさせる
(3) 他動詞同士でペアになるものがあります。
　　「AをBする」という連語が意味的に自動詞に近いため、対応するペアとして「セル形」が使われるものがあります。
　例　Xが批判を浴びる [他]　　 ZがXに批判を浴びせる [他]
　　　Xが罪を着る [他]　　　　 ZがXに罪を着せる [他]
(4) 自動詞と他動詞が同じ形の動詞もあります。
　例　Xの意識が回復する [自]　Xが意識を回復する [他]
　　　Xに危険を伴う [自]　　　Xが危険を伴う [他]

連語情報　その2　「働きかけを持たない連語」

　他動詞とは基本的に「動作が対象に及んで変化を起こすことを表す」とされているように、対象を必要とし、人の動作の場合、意志的な行為を表します。ところが、連語動詞が他動詞でありながら、連語全体が、相手に対する働きかけを持たず、自分の意志でコントロールできない動作・状態を表すものがあります。これを「働きかけを持たない連語」と呼ぶことにします。そのような連語は、意向形「～よう」、命令形「～しろ」という形にすることができません。
　「働きかけを持たない連語」はたくさんありますが、代表的なものを挙げておきます。

(1)「自然にそのような心理状態になる」ことを表す連語
　「ＸがＡをＢする」の形で、ＡにＸ自身の感情や心の状態を表す名詞をとり、自動詞とほぼ同じ意味になります。
　　例　国民は政治に対して関心を強めている＝政治に対する国民の関心が強まっている
　　　　新作映画にファンは期待を高めている＝新作映画にファンの期待が高まっている
　　　　関心を深める（＝関心が深まる）、不安を募らせる（＝不安が募る）
　　　　期待を膨らませる（＝期待が膨らむ）、ストレスを溜める（＝ストレスが溜まる）
　　§　連語リストでは（＝）の記号で表しています。

(2)「生理的な現象」を表す連語
　「ＸがＡをＢする」の形で、Ａに身体部分や生理的な事柄を表す名詞が来ます。生理現象などは意志的にコントロールできないものです。
　　例　息を引き取る、息を弾ませる、命を落とす、顔を曇らせる、涙をこぼす、涙を流す
　　　　目を輝かせる、口を滑らせる、腹を立てる、体調を崩す　など

(3)「意図しない結果」を表す連語
　「ＸがＡをＢする」の形で、「自分がそうしようと思ってしたのではなく、結果としてそうなった」という意味になり、たいていの場合、望ましくない事態を表します。
　　例　軽率な行動が人々の不信を招くことになった。〈不信を招く〉
　　　　大臣の失言は国民から反発を買った。〈反発を買う〉
　　　　成績を下げる、信頼を失う、信用を落とす、火を出す　など

＊「働きかけを持たない連語」は、事柄を客観的に記述する報告文に使われることが多いです。

参考文献
須賀一好・早津恵美子編（1995）『動詞の自他』ひつじ書房
佐藤琢三（2005）『自動詞文と他動詞文の意味論』笠間書院

自動詞・他動詞対応リスト

☆　　連語リストに例文のないもの
（＝）　他動詞でも命令形や意向形にならず、自動詞とほぼ同じ意味を持つもの
（1）（2）連語リストにおける分類
§　　他動詞に「-asu 形」と「-seru 形」の両形があるものは、「-seru 形」を採用した

AがBする（自動詞）	AをBする（他動詞）
足並みが揃う	足並みを揃える
足並みが乱れる	足並みを乱す
汗が流れる	汗を流す（1）
圧力がかかる	圧力をかける
圧力が加わる	圧力を加える
圧力が高まる	圧力を高める
圧力が強まる	圧力を強める
圧力が弱まる	圧力を弱める
怒りが爆発する	怒りを爆発させる（＝）
息が合う	息を合わせる
息が切れる	息を切らす☆（1）（＝）
息が詰まる	息を詰める（1）
息が詰まる	息を詰める（2）（＝）
意識が回復する☆	意識を回復する（＝）
意識が高まる	意識を高める
意識が強まる	意識を強める
意識が向く	意識を向ける
イメージが傷つく	イメージを傷つける
印象が残る	印象を残す
疑いがかかる	疑いをかける
疑いが消える	疑いを消す
疑いが強まる	疑いを強める（＝）
疑いが晴れる	疑いを晴らす
疑いが深まる	疑いを深める（＝）
噂が立つ	噂を立てる（＝）
噂が流れる	噂を流す
噂が広まる	噂を広める
影響が及ぶ	影響を及ぼす（＝）
影響が強まる	影響を強める（＝）
影響が弱まる	影響を弱める（＝）
思いがかなう	思いをかなえる
思いが募る	思いを募らせる☆（＝）
思いが強まる	思いを強める（＝）
格差が拡大する	格差を拡大する☆
格差が縮小する	格差を縮小する☆
格差が縮まる	格差を縮める☆
格差が広がる	格差を広げる☆
確信が強まる	確信を強める（＝）
確信が深まる	確信を深める（＝）
可能性が高まる	可能性を高める（＝）
可能性が強まる	可能性を強める（＝）
関係が切れる☆	関係を切る
関心が集まる	関心を集める
関心が高まる	関心を高める
関心が強まる	関心を強める☆（＝）
関心が深まる	関心を深める（＝）
傷がつく	傷をつける
犠牲が出る	犠牲を出す（＝）
期待が集まる	期待を集める（＝）
期待がかかる	期待をかける
期待が高まる	期待を高める☆（＝）
期待が強まる	期待を強める☆（＝）
期待が膨む	期待を膨ませる（＝）
期待がこもる☆	期待を込める
機能が回復する	機能を回復する（＝）
希望がかなう	希望をかなえる
気持ちがこもる☆	気持ちを込める
気持が強まる	気持を強める（＝）
距離が空く	距離を空ける
距離が縮まる	距離を縮める
記録が出る	記録を出す
記録が残る	記録を残す（1）
記録が残る☆	記録を残す（2）
記録が伸びる☆	記録を伸ばす
緊張が収まる	緊張を収める（1）

緊張が収まる	緊張を収める（2）	情報が漏れる	情報を漏らす
緊張が高まる	緊張を高める（1）	情報が流れる	情報を流す
緊張が高まる	緊張を高める（2）（＝）	情報が漏洩する	情報を漏洩する
緊張が解ける	緊張を解く	処分が下る☆	処分を下す
緊張がほぐれる	緊張をほぐす	人脈が広がる	人脈を広げる
区別がつく	区別をつける	信用が落ちる☆	信用を落とす（＝）
計画が立つ☆	計画を立てる	信頼が回復する☆	信頼を回復する
経験がいきる☆	経験をいかす	信頼がきずつく☆	信頼をきずつける
結果が出る	結果を出す	姿が消える	姿を消す（＝）
決心が固まる	決心を固める	裾野が広がる	裾野を広げる
決着がつく	決着をつける	スタイルが崩れる	スタイルを崩す（2）
結論が出る	結論を出す	ストレスが解消する☆	ストレスを解消する
結論が下る☆	結論を下す	ストレスが溜まる	ストレスを溜める（＝）
懸念が強まる	懸念を強める（＝）	スポットライトが当たる	スポットライトを当てる
効果が上がる	効果を上げる	成果が上がる	成果を上げる
効果が高まる	効果を高める	成績が上がる	成績を上げる
効果が出る	効果を出す☆	成績が落ちる	成績を落とす（＝）
交流が深まる	交流を深める	成績が下がる	成績を下げる（＝）
効力が高まる☆	効力を高める	成績が出る☆	成績を出す
効力が弱まる☆	効力を弱める	世話が焼ける	世話を焼く
声があがる	声をあげる	損失が出る	損失を出す（＝）
声が挙がる☆	声を挙げる	対策が立つ	対策を立てる
声がかかる	声をかける	タイミングが合う	タイミングを合わせる
声が漏れる	声を漏らす☆（＝）	タイミングがずれる	タイミングをずらす
誤解が解ける	誤解を解く	タイミングが外れる	タイミングを外す
差が縮まる	差を縮める☆	知恵がつく	知恵をつける
差がつく	差をつける	力がいきる☆	力をいかす
時間がかかる	時間をかける☆	力がこもる	力を込める
しこりが解消する	しこりを解消する	力が高まる☆	力を高める
しこりが残る	しこりを残す（＝）	力が付く	力を付ける
指示が出る☆	指示を出す	力が強まる	力を強める
自信がつく	自信をつける	力が出る	力を出す
自信が強まる☆	自信を強める（＝）	力が抜ける	力を抜く
自信が深まる☆	自信を深める（＝）	力が伸びる☆	力を伸ばす
視線が合う	視線を合わせる☆	力が入る	力を入れる
実績があがる	実績をあげる	知識がいきる☆	知識をいかす
視野が狭まる	視野を狭める☆（2）（＝）	知識が身につく	知識を身につける
視野が広がる	視野を広げる	秩序が乱れる	秩序を乱す
条件が揃う	条件を揃える☆	注目が集まる	注目を集める
条件がつく	条件をつける	注文がつく☆	注文をつける
条件が整う	条件を整える☆	調子が合う	調子を合わせる（1）
焦点が当たる	焦点を当てる	調子が狂う	調子を狂わせる☆
焦点がぼける	焦点をぼかす	抵抗が強まる	抵抗を強める

抵抗が弱まる	抵抗を弱める	火が通る	火を通す
手間がかかる	手間をかける	灯が消える	灯を消す
展望が開ける	展望を開く（2）	灯がともる	灯をともす
名が挙がる	名を挙げる	光が当たる	光を当てる
名が上がる	名を上げる	光が強まる	光を強める
名が残る☆	名を残す	光が弱まる	光を弱める
波が立つ	波を立てる	ヒットが出る	ヒットを出す☆
涙が浮かぶ☆	涙を浮かべる	批判が高まる	批判を高める☆（＝）
涙がこぼれる	涙をこぼす（＝）	批判が強まる	批判を強める☆（＝）
涙が溜まる☆	涙を溜める（＝）	批判が弱まる	批判を弱める☆（＝）
涙が流れる	涙を流す（＝）	秘密が漏れる	秘密を漏らす
人気が集まる	人気を集める（＝）	評価が下る☆	評価を下す
値が付く	値を付ける	評価が高まる	評価を高める☆
熱が下がる	熱を下げる☆	表情が曇る	表情を曇らせる（＝）
熱が出る	熱を出す（＝）	評判が落ちる☆	評判を落とす（＝）
熱が入る	熱を入れる	ピントが合う	ピントを合わせる
狙いがつく☆	狙いをつける	ピントが外れる	ピントを外す
狙いが外れる	狙いを外す☆	不安が解消する	不安を解消する
念願がかなう	念願をかなえる	不安が募る	不安を募らせる☆（＝）
能力が高まる	能力を高める☆	不安が強まる☆	不安を強める（＝）
望みがかなう	望みをかなえる	ブームが起こる	ブームを起こす
旗が揚がる	旗を揚げる	不信が募る	不信を募らせる（＝）
旗が立つ☆	旗を立てる	負担がかかる	負担をかける
旗が翻る	旗を翻す	負担が軽減する	負担を軽減する
話が合う	話を合わせる	負担が増える	負担を増やす☆
話がつく	話をつける	負担が減る	負担を減らす
パニックが起こる	パニックを起こす（＝）	負担が増す	負担を増す☆
幅が狭まる	幅を狭める	不満が解消する	不満を解消する
幅が縮まる	幅を縮める	不満が募る☆	不満を募らせる（＝）
幅が縮む	幅を縮める	不満が漏れる	不満を漏らす（＝）
幅が広がる	幅を広げる	ペースが上がる	ペースを上げる
バランスが崩れる	バランスを崩す（1）	ペースが落ちる	ペースを落とす
バランスが崩れる	バランスを崩す（2）（＝）	ペースが狂う	ペースを狂わせる☆
バランスが取れる	バランスを取る	ペースが速まる	ペースを速める☆
判断が下る☆	判断を下す	方針が固まる	方針を固める
反応が起こる	反応を起こす	方針が立つ	方針を立てる
反発が強まる	反発を強める（＝）	水があく	水をあける
反発が弱まる	反発を弱める（＝）	道が付く☆	道を付ける
火がおきる／おこる	火をおこす	道が開ける	道を開く
火が落ちる☆	火を落とす	見通しが立つ	見通しを立てる
火が消える	火を消す	無理が重なる	無理を重ねる（＝）
火がつく	火をつける	無理が通る	無理を通す
火が出る	火を出す（＝）	面倒がかかる	面倒をかける

目標が立つ☆	目標を立てる
問題が起こる	問題を起こす
問題が解決する	問題を解決する
問題が片付く	問題を片付ける
夢がかなう	夢をかなえる
夢が膨らむ	夢を膨らませる☆（＝）
利益が上がる	利益を上げる
利益が出る	利益を出す
理解が深まる	理解を深める

AにBする（自動詞）	AにBする（他動詞）
相手になる	相手にする
犠牲になる	犠牲にする
不安になる	不安にする
無駄になる	無駄にする
話題になる	話題にする

AにBする（自動詞）	AをBする（他動詞）
世話になる	世話をする

AをBする（他動詞）	AをBする（セル形）
言葉を浴びる	言葉を浴びせる
罪を着る	罪を着せる
非難を浴びる	非難を浴びせる
批判を浴びる	批判を浴びせる

AがBする（自動詞）	AをBする（他動詞）
危険が伴う	危険を伴う（＝）
困難が伴う	困難を伴う（＝）
損失が生じる	損失を生じる☆（＝）
夢が実現する	夢を実現する
リスクが伴う☆	リスクを伴う（＝）

連語でよく使われる動詞

合う　　：相性、息、採算、視線、条件、タイミング、調子、話、ピント
あがる　：声、実績
上がる　：効果、成果、成績、名、人気、熱、ペース、利益
挙がる　：声、名
あげる　：声、実績、熱
上げる　：効果、成果、成績、名、熱、ペース、利益
挙げる　：声、名
与える　：違和感、印象、影響、感動、感銘、機会、誤解、資格、指示、処分、損失、被害、不安、役割
浴びる　：言葉、スポットライト、注目、光、非難、批判
溢(あふ)れる：（〜が）意欲、活気、情報、涙
　　　　　（〜に）意欲、活気、気迫、自信
合わせる：息、タイミング、力、調子、話、ピント
抱く　　：愛情、イメージ、違和感、印象、疑い、思い、確信、感覚、関心、期待、希望、疑問、興味、懸念、
　　　　　信念、望み、不安、不信、不満、夢
受ける　：愛情、印象、影響、感銘、教育、攻撃、誤解、指示、処分、相談、注意、注文、抵抗、反発、被害、
　　　　　非難、批判
失う　　：意識、命、活気、感覚、関心、記憶、機能、希望、興味、権利、効力、言葉、資格、自身、信用、
　　　　　信頼、力、バランス、面目
得る　　：確信、権利、資格、情報、信用、信頼、成果、力、知識、納得、評価、理解
負う　　：きず、義務、けが、責任、罪、リスク
落とす　：命、影、信用、成績、火、評判、ペース
覚える　：怒り、違和感、感動、感銘、興味、抵抗、反発、不安、不満
買う　　：怒り☆、意欲☆、恨み☆、才能☆、失笑☆、実績、失望☆、努力☆、能力☆、反感☆、反発、顰蹙(ひんしゅく)☆、
　　　　　不信（☆は連語リストにない）
抱える　：困難、秘密、不安、不満、矛盾、問題、リスク
かかる　：圧力、疑い、期待、声、コスト、時間、手間、負担、面倒
かける　：圧力、疑い、期待、攻撃、声、コスト、言葉、時間、世話、手間、望み、負担、面倒
欠ける　：意欲、気迫、展望、能力、配慮
かなう　：意、意向、思い、希望、念願、望み、夢
かなえる：思い、希望、念願、望み、夢
示す　　：意向、関心、興味、懸念、存在感、抵抗、見通し
生じる　：格差、疑問、混乱、しこり、支障、ズレ、損害、損失、矛盾
高まる　：圧力、意識、可能性、関心、期待、緊張、効果、効力、声、力、人気、能力、批判、評価
高める　：圧力、意識、可能性、関心、緊張、効果、効力、力、能力、批判、評価
出す　　：犠牲、記録、結果、結論、指示、成績、損失、力、熱、火、利益
立つ　　：（〜が）噂(うわさ)、計画、対策、波、旗、評判、方針、見通し、面目、目標
　　　　　（〜に）根拠、前提、立場、頂点、転機、展望、トップ

立てる：噂、計画、対策、波、旗、方針、見通し、目標
つく（付く）：(〜が) きず、区別、決着、差、条件、自信、想像、知恵、力、注文、値、狙い、話、判断、火、人目、道
　　（就く）：(〜に) 地位、任務
つける（付ける）：きず、区別、決着、差、自信、条件、力、注文、値、狙い、話、火、道
強まる：圧力、意識、疑い、影響、思い、確信、可能性、関心、期待、気持ち、懸念、自信、力、抵抗、反発、光、不安、批判
強める：圧力、意識、疑い、影響、思い、確信、可能性、関心、期待、気持ち、懸念、自信、力、抵抗、反発、光、不安
出る　：疑い、影響、犠牲、記録、結果、結論、効果、差、損失、力、涙、値、熱、火、ヒット、利益
取る　：距離、コミュニケーション、資格、時間、姿勢、主導権、責任、措置、対策、立場、注文、調子、手間、バランス、評判
なる　：相手、意地、噂、犠牲、姿、世話、罪、パニック、不安、ブーム、負担、無駄、面倒、話題
果たす：機能、義務、使命、責任、任務、念願、約束、役割
広がる：格差、声、視野、人脈、裾野、幅、ブーム、夢
深まる：疑い、確信、関心、交流、自信、理解
深める：疑い、確信、関心、交流、自信、理解
招く　：怒り、危機、緊張、結果、誤解、混乱、反発、非難、批判、不信
もたらす：結果、効果、損害、損失、被害、利益
持つ　：イメージ、違和感、印象、インパクト、疑い、確信、可能性、関係、関心、機能、気迫、希望、疑問、興味、記録、交渉、資格、信念、責任、力、展望、不満、夢
呼ぶ　：関心、感動、議論、人気、反響、話題
弱まる：圧力、影響、可能性、気持ち、効力、抵抗、反発、光
弱める：圧力、影響、効力、抵抗、反発、光

連語でよく使われる形容詞

いい　：相性、スタイル、成績、センス、調子、評判、見通し
薄い　：意識、影、可能性、関係、関心、効果、信頼、存在感
大きい：インパクト、影響、可能性、感動、危険、犠牲、期待、声、ストレス、ズレ、損害、損失、抵抗、波、望み、幅、反響、反発、被害、批判、不安、不満、夢
重い　：処分、責任、罪、負担
高い　：意識、確信、可能性、関心、危険、期待、効果、コスト、信頼、地位、波、人気、能力、望み、評価
小さい：インパクト、影響、期待、損害、損失、抵抗、波、幅、反響、被害、夢
強い　：意識、印象、インパクト、疑い、影響、思い、確信、可能性、関心、感動、期待、気持ち、懸念、効力、声、自信、ストレス、抵抗、望み、反発、火、光、批判、不安
低い　：意識、確信、可能性、関心、期待、コスト、地位、能力、評価
深い　：関係、関心、感動、きず、罪、理解
弱い　：インパクト、影響、確信、可能性、気持ち、効力、抵抗、火、光
悪い　：相性、意地、言葉、スタイル、成績、センス、調子、評判、見通し

「する動詞」になる名詞とならない名詞 (連語リストにあるもの)

「する動詞」になる漢語

意識	教育	決着	信用	抵抗	非難
影響	記録	結論	信頼	展望	批判
確信	議論	懸念	成功	納得	評価
関係	緊張	攻撃	世話	熱	負担
感動	区別	交渉	想像	念願	矛盾
感銘	計画	交流	相談	配慮	約束
記憶	経験	誤解	措置	反省	理解
期待	契約	混乱	注意	判断	練習
機能	けが	指示	注目	反応	
希望	決心	処分	注文	反発	

「する動詞」にならない漢語 (＊がついたものは特に「する」をつけないように注意すること)

愛情	危険	困難	信念	頂点	無理
圧力	＊犠牲	差	人脈	転機	面倒
意	規則	採算	成果	伝統	面目
意向	気迫	資格	政策	＊人気	目標
意欲	義務	時間	成績	任務	＊問題
違和感	疑問	支障	責任	能力	利益
印象	興味	＊自信	前提	反響	歴史
格差	距離	姿勢	＊損害	被害	話題
活気	傾向	視線	存在感	秘密	
可能性	結果	実績	＊損失	表情	
感覚	気配	使命	対策	評判	
感情	限界	視野	地位	不安	
＊関心	権利	主導権	知恵	不信	
機	効果	条件	知識	＊不満	
機会	効力	焦点	秩序	方針	
危機	根拠	情報	調子	無駄	

特に注意が必要な名詞

「〜をする」になることが多いものや「〜をする」で意味が多少変わるもの

相手をする	けがをする	話をする
息をする	決心をする	無理をする
意識をする	世話をする	
噂(うわさ)をする	措置をする	
契約をする	対策をする	

「〜がする」になるもの
気配がする
声がする

「〜にする」になるもの
相手にする
犠牲にする
無駄にする

「〜とする」になるもの
前提とする

第2部　練習問題

練習1　名詞と動詞・形容詞の組み合わせを覚える

1．左と右の言葉をつないで、連語を作りなさい。

(1)　①望みを　　　・　　　・高まる
　　　②計画が　　　・　　　・立てる
　　　③議論を　　　・　　　・かなえる
　　　④方針を　　　・　　　・狂う
　　　⑤緊張が　　　・　　　・交わす

(2)　①熱が　　　　・　　　・つける
　　　②感情を　　　・　　　・消える
　　　③息を　　　　・　　　・害する
　　　④疑いが　　　・　　　・のむ
　　　⑤条件を　　　・　　　・冷める

(3)　①経験を　　　・　　　・湧く
　　　②機能を　　　・　　　・固い
　　　③力が　　　　・　　　・立てる
　　　④決心が　　　・　　　・果たす
　　　⑤対策を　　　・　　　・積む

(4)　①結果が　　　・　　　・応じる
　　　②感覚が　　　・　　　・正す
　　　③権利を　　　・　　　・得る
　　　④希望に　　　・　　　・出る
　　　⑤姿勢を　　　・　　　・鈍い

(5)　①感覚を　　　・　　　・流す
　　　②約束を　　　・　　　・かける
　　　③記録を　　　・　　　・磨く
　　　④汗を　　　　・　　　・出す
　　　⑤攻撃を　　　・　　　・果たす

(6)　①視野が　　　・　　　・稼ぐ
　　　②面目が　　　・　　　・なる
　　　③声を　　　　・　　　・狭い
　　　④相手に　　　・　　　・立つ
　　　⑤時間を　　　・　　　・あげる

(7)　①確信を　　　・　　　・奪う
　　　②理解が　　　・　　　・抱く
　　　③効果が　　　・　　　・深まる
　　　④頂点に　　　・　　　・薄い
　　　⑤命を　　　　・　　　・立つ

(8)　①日が　　　　・　　　・飛ばす
　　　②旗を　　　　・　　　・差す
　　　③伝統を　　　・　　　・降ろす
　　　④責任が　　　・　　　・守る
　　　⑤ヒットを　・　　　・軽い

(9)　①信用を　　　・　　　・もらす
　　　②判断が　　　・　　　・落とす
　　　③抵抗が　　　・　　　・延ばす
　　　④不満を　　　・　　　・つく
　　　⑤先に　　　　・　　　・大きい

(10)　①練習に　　　・　　　・抱く
　　　②意識が　　　・　　　・低い
　　　③判断を　　　・　　　・立てる
　　　④計画を　　　・　　　・誤る
　　　⑤イメージを　・　　　・励む

2．＝の左右の連語がおおよそ同じ意味になるように、□から適当な語を選びなさい。

(1)　①役を　　務める　　＝　役を　　_____
　　　②涙を　　ためる　　＝　涙を　　_____
　　　③影響を　与える　　＝　影響を　_____
　　　④目標を　達成する　＝　目標を　_____
　　　⑤被害を　受ける　　＝　被害に　_____

　　　遭う／演じる／及ぼす／浮かべる／クリアする

(2)　①指示を　出す　　　　＝　指示を　_____
　　　②期待を　かける　　　＝　期待を　_____
　　　③疑問が　わく　　　　＝　疑問が　_____
　　　④記録を　塗りかえる＝　記録を　_____
　　　⑤契約を　結ぶ　　　　＝　契約を　_____

　　　与える／交わす／生じる／寄せる／更新する

(3)　①けがを　する　　＝　けがを　_____
　　　②時間を　取る　　＝　時間を　_____
　　　③相性が　いい　　＝　相性が　_____
　　　④メールを送る　　＝　メールを_____
　　　⑤成果を　得る　　＝　成果を　_____

　　　合う／打つ／負う／食う／収める

(4)　①話題を　集める　　＝　話題を　_____
　　　②注意を　促す　　　＝　注意を　_____
　　　③感銘を　受ける　　＝　感銘を　_____
　　　④対策を　立てる　　＝　対策を　_____
　　　⑤恥を　　かく　　　＝　恥を　　_____

　　　練る／呼ぶ／覚える／さらす／喚起する

(5)　①損失が　生じる　　＝　損失が　_____
　　　②不安を　あおる　　＝　不安を　_____
　　　③責任を　問う　　　＝　責任を　_____
　　　④緊張が　解ける　　＝　緊張から_____
　　　⑤反発を　買う　　　＝　反発を　_____

　　　出る／招く／追及する／解放される／かきたてる

3．⇔の左右の連語がおおよそ反対の意味になるように、□から適当な語を選びなさい。

(1)　①人気が　上がる　⇔　人気が＿＿＿＿＿＿＿
　　　②息が　　絶える　⇔　息を　＿＿＿＿＿＿＿
　　　③約束を　守る　　⇔　約束を＿＿＿＿＿＿＿
　　　④火が　　消える　⇔　火が　＿＿＿＿＿＿＿
　　　⑤信用を　なくす　⇔　信用を＿＿＿＿＿＿＿

| つく |
| 築く |
| 破る |
| 落ちる |
| 吹き返す |

(2)　①秘密を　守る　　⇔　秘密を＿＿＿＿＿＿＿
　　　②興味を　失う　　⇔　興味を＿＿＿＿＿＿＿
　　　③手間を　かける　⇔　手間を＿＿＿＿＿＿＿
　　　④自信が　つく　　⇔　自信を＿＿＿＿＿＿＿
　　　⑤バランスを崩す　⇔　バランスを＿＿＿＿＿

| 失う |
| 保つ |
| 省く |
| 覚える |
| 漏らす |

(3)　①調子が　合う　　⇔　調子が＿＿＿＿＿＿＿
　　　②疑いが　かかる　⇔　疑いが＿＿＿＿＿＿＿
　　　③契約を　交わす　⇔　契約を＿＿＿＿＿＿＿
　　　④資格を　失う　　⇔　資格を＿＿＿＿＿＿＿
　　　⑤差が　　開く　　⇔　差が　＿＿＿＿＿＿＿

| 得る |
| 狂う |
| 縮まる |
| 晴れる |
| 破棄する |

(4)　①意欲に　溢れる　⇔　意欲を＿＿＿＿＿＿＿
　　　②信念を　貫く　　⇔　信念を＿＿＿＿＿＿＿
　　　③緊張が　高まる　⇔　緊張が＿＿＿＿＿＿＿
　　　④責任を　負う　　⇔　責任を＿＿＿＿＿＿＿
　　　⑤狙いが　当たる　⇔　狙いが＿＿＿＿＿＿＿

| 曲げる |
| 免れる |
| 収まる |
| 欠く |
| はずれる |

(5)　①リスクがない　　⇔　リスクを＿＿＿＿＿＿
　　　②経験が　豊富だ　⇔　経験が＿＿＿＿＿＿＿
　　　③関係を　築く　　⇔　関係を＿＿＿＿＿＿＿
　　　④期待に　応える　⇔　期待を＿＿＿＿＿＿＿
　　　⑤姿を　　見せる　⇔　姿を　＿＿＿＿＿＿＿

| 浅い |
| 消す |
| 絶つ |
| 負う |
| 裏切る |

4．左と右の言葉をつないで、最も適当な連語を作りなさい。（　）に助詞も入れなさい。

(1) ①愛　情（　）・　　・挙げる
　　②目　標（　）・　　・注ぐ
　　③　命　（　）・　　・賭ける
　　④機　能（　）・　　・招く
　　⑤実　績（　）・　　・設定する
　　⑥誤　解（　）・　　・回復する

(2) ①視　野（　）・　　・決裂する
　　②議　論（　）・　　・講じる
　　③交　渉（　）・　　・利かせる
　　④　幅　（　）・　　・躍り出る
　　⑤対　策（　）・　　・入れる
　　⑥トップ（　）・　　・呼ぶ

(3) ①記　録（　）・　　・つく
　　②任　務（　）・　　・とる
　　③視　線（　）・　　・負う
　　④　傷　（　）・　　・樹立する
　　⑤姿　勢（　）・　　・つぶす
　　⑥時　間（　）・　　・そらす

(4) ①足並み（　）・　　・生む
　　②条　件（　）・　　・満たす
　　③根　拠（　）・　　・乱す
　　④活　気（　）・　　・いく
　　⑤納　得（　）・　　・立つ
　　⑥ヒット（　）・　　・溢れる

(5) ①　涙　（　）・　　・つける
　　②決　着（　）・　　・盗む
　　③人　目（　）・　　・ぬぐう
　　④秘　密（　）・　　・硬くする
　　⑤圧　力（　）・　　・かける
　　⑥表　情（　）・　　・明かす

(6) ①配　慮（　）・　　・見られる
　　②不　安（　）・　　・にごす
　　③言　葉（　）・　　・生じる
　　④矛　盾（　）・　　・のぼる
　　⑤傾　向（　）・　　・欠ける
　　⑥　噂　（　）・　　・掻き立てる

(7) ①不　満（　）・　　・失う
　　②　名　（　）・　　・くる
　　③無　駄（　）・　　・省く
　　④決　心（　）・　　・連ねる
　　⑤意　識（　）・　　・固める
　　⑥限　界（　）・　　・噴き出す

(8) ①気　迫（　）・　　・入る
　　②格　差（　）・　　・引けない
　　③　後　（　）・　　・ほぐす
　　④緊　張（　）・　　・鋭い
　　⑤　勘　（　）・　　・是正する
　　⑥　熱　（　）・　　・押される

(9) ①規　則（　）・　　・新しい
　　②無　理（　）・　　・促す
　　③注　意（　）・　　・通す
　　④　波　（　）・　　・則る
　　⑤　値　（　）・　　・張る
　　⑥記　憶（　）・　　・乗る

(10) ①犠　牲（　）・　　・きく
　　 ②意　向（　）・　　・築く
　　 ③　恥　（　）・　　・酌む
　　 ④人　脈（　）・　　・払う
　　 ⑤　火　（　）・　　・知る
　　 ⑥見通し（　）・　　・おこす

5．＝の左右がおおよそ同じ意味の連語になるように、□から適当な語を選びなさい。（　）に助詞も入れなさい。

(1)　①感覚が　なくなる　＝　感覚　（　）＿＿＿＿＿＿＿
　　　②関心を　持つ　　　＝　関心　（　）＿＿＿＿＿＿＿
　　　③決心が　鈍る　　　＝　決心　（　）＿＿＿＿＿＿＿
　　　④結論を　出す　　　＝　結論　（　）＿＿＿＿＿＿＿
　　　⑤転機を　迎える　　＝　転機　（　）＿＿＿＿＿＿＿

　　　| 寄せる |
　　　| 達する |
　　　| 訪れる |
　　　| 揺らぐ |
　　　| 麻痺する |

(2)　①相談に　応じる　　　＝　相談　（　）＿＿＿＿＿＿＿
　　　②危険を　伴う　　　＝　危険　（　）＿＿＿＿＿＿＿
　　　③席を　　改める　　＝　席　　（　）＿＿＿＿＿＿＿
　　　④怒りを　爆発させる＝　怒り　（　）＿＿＿＿＿＿＿
　　　⑤照準を　定める　　＝　照準　（　）＿＿＿＿＿＿＿

　　　| 乗る |
　　　| 移す |
　　　| あらわれる |
　　　| 当てる |
　　　| はらむ |

(3)　①名が　　売れる　　　＝　名　　（　）＿＿＿＿＿＿＿
　　　②反省を　求める　　＝　反省　（　）＿＿＿＿＿＿＿
　　　③歴史を　さかのぼる＝　歴史　（　）＿＿＿＿＿＿＿
　　　④決着が　着く　　　＝　決着　（　）＿＿＿＿＿＿＿
　　　⑤配慮を　欠く　　　＝　配慮　（　）＿＿＿＿＿＿＿

　　　| 通る |
　　　| 見る |
　　　| 促す |
　　　| 怠る |
　　　| たどる |

(4)　①支障が　生じる　　　＝　支障　（　）＿＿＿＿＿＿＿
　　　②意地に　なる　　　＝　意地　（　）＿＿＿＿＿＿＿
　　　③評判が　立つ　　　＝　評判　（　）＿＿＿＿＿＿＿
　　　④機を　　捉える　　＝　機　　（　）＿＿＿＿＿＿＿
　　　⑤危険に　さらされる＝　危険　（　）＿＿＿＿＿＿＿

　　　| 迫る |
　　　| 張る |
　　　| 来たす |
　　　| 乗じる |
　　　| 取る |

(5)　①トップに立つ　　　　＝　トップ　（　）＿＿＿＿＿＿＿
　　　②コストがかかる　　＝　コスト　（　）＿＿＿＿＿＿＿
　　　③イメージを傷つける＝　イメージ（　）＿＿＿＿＿＿＿
　　　④ストレスを発散する＝　ストレス（　）＿＿＿＿＿＿＿
　　　⑤ヒットを打つ　　　＝　ヒット　（　）＿＿＿＿＿＿＿

　　　| 損なう |
　　　| 膨らむ |
　　　| 飛ばす |
　　　| 躍り出る |
　　　| 解消する |

6．⇔の左右がおおよそ反対の意味の連語になるように、□から適当な語を選びなさい。（　）に助詞も入れなさい。

(1)　①世話を　する　　　⇔　世話　　（　）_____
　　　②関心を　深める　　⇔　関心　　（　）_____
　　　③規則を　守る　　　⇔　規則　　（　）_____
　　　④しこりが　生じる　⇔　しこり　（　）_____
　　　⑤展望を　持つ　　　⇔　展望　　（　）_____

　　　| 解消する |
　　　| 欠ける |
　　　| なる |
　　　| 失う |
　　　| 破る |

(2)　①注意を　喚起する　⇔　注意　　（　）_____
　　　②秩序を　保つ　　　⇔　秩序　　（　）_____
　　　③混乱に　陥る　　　⇔　混乱　　（　）_____
　　　④負担を　かける　　⇔　負担　　（　）_____
　　　⑤気配が　ない　　　⇔　気配　　（　）_____

　　　| 乱す |
　　　| 軽減する |
　　　| 漂う |
　　　| そらす |
　　　| 打開する |

(3)　①困難を　克服する　⇔　困難　　（　）_____
　　　②危機に　瀕する　　⇔　危機　　（　）_____
　　　③面目を　失う　　　⇔　面目　　（　）_____
　　　④機を　捉える　　　⇔　機　　　（　）_____
　　　⑤意に　かなう　　　⇔　意　　　（　）_____

　　　| 逸する |
　　　| 反する |
　　　| 脱する |
　　　| 直面する |
　　　| 立つ |

(4)　①ストレスが　溜まる　⇔　ストレス　（　）_____
　　　②タイミングが　合う　⇔　タイミング（　）_____
　　　③非難の　的になる　　⇔　非難　　　（　）_____
　　　④信頼を　失う　　　　⇔　信頼　　　（　）_____
　　　⑤見通しが　悪い　　　⇔　見通し　　（　）_____

　　　| きく |
　　　| かわす |
　　　| 発散する |
　　　| ずれる |
　　　| 回復する |

7．⇔の左右が、いろいろな意味で反対になるように、（　）には適当な助詞、＿＿には□から適当な動詞を選んで入れなさい。左右の連語はどのような関係か。（練習2の6番にヒントあり）

(1)　| 解決する　　合う　　曇らせる　　絶する　　課す　　絞る |
　　　①焦点がぼける　　⇔　焦点（　）_____
　　　②表情が明るい　　⇔　表情（　）_____
　　　③相性が悪い　　　⇔　相性（　）_____
　　　④問題を起こす　　⇔　問題（　）_____
　　　⑤義務を負う　　　⇔　義務（　）_____
　　　⑥想像がつく　　　⇔　想像（　）_____

(2) | 解く　巻き起こす　受ける　忍ぶ　はみ出す　食い止める |

①枠にはめる　⇔　枠（　）＿＿＿＿＿＿
②任務に就く　⇔　任務（　）＿＿＿＿＿＿
③被害をもたらす　⇔　被害（　）＿＿＿＿＿＿
④反響が小さい　⇔　反響（　）＿＿＿＿＿＿
⑤教育を授ける　⇔　教育（　）＿＿＿＿＿＿
⑥人目につく　⇔　人目（　）＿＿＿＿＿＿

8．おおよそ同じような意味で使われる連語を線で結びなさい。

(1)　①息を吹き返す・　　　　・感動を呼ぶ
　　②関心を集める・　　　　・水をあける
　　③感銘を与える・　　　　・世話を焼く
　　④差をつける　・　　　　・頂点を極める
　　⑤トップに立つ・　　　　・意識を回復する
　　⑥面倒を見る　・　　　　・興味を引く

(2)　①疑いを強める・　　　　・噂になる
　　②採算が取れる・　　　　・情報を流す
　　③使命を帯びる・　　　　・念願を果たす
　　④秘密を漏らす・　　　　・不信が募る
　　⑤夢がかなう　・　　　　・役割を担う
　　⑥話題に上る　・　　　　・利益が出る

9．おおよそ反対の意味で使われる連語を線で結びなさい。

(1)　①意識を向ける・　　　　・影が薄い
　　②印象に残る　・　　　　・交渉が決裂する
　　③しこりが残る・　　　　・損失が生じる
　　④注目を集める・　　　　・注意を怠る
　　⑤利益が出る　・　　　　・人気が落ちる
　　⑥話がつく　　・　　　　・水に流す

(2)　①熱を上げる　・　　　　・展望が開ける
　　②責任を逃れる・　　　　・興味を失う
　　③焦点がずれる・　　　　・希望をかなえる
　　④夢を奪う　　・　　　　・任務を全うする
　　⑤見通しが暗い・　　　　・ピントが合う
　　⑥交流が盛んだ・　　　　・距離を置く

練習２　名詞を中心に連語を覚える

１．各文の｛　｝の中から文脈に合った最も適当な語を選びなさい。

（１）印象
①Ａさんに初めて会ったとき、私たちはＡさんに対して思いやりのあるやさしい人だという印象を｛与えた・残した・持った｝。
②ニュースキャスターとしてまじめで硬い印象が｛強かった・激しかった・大きかった｝Ａさんが、バラエティ番組の司会を担当することが決まり、話題になっている。
③社長「お客様から信頼されるには、わが社が堅実な会社だという印象を｛受ける・与える・抱く｝ことが大切です」
④小学校１年のときの担任の先生のことはあまり覚えていないが、毎朝大きな声で「おはよう」と声をかけてくれたことが印象に｛残っている・持っている・抱いている｝。
⑤この映画はたしか見たことがあるはずだが、どんな内容だったか印象に｛ない・弱い・受けなかった｝。

（２）疑い
①政治家Ａに、建設業者から賄賂を受け取ったのではないかとの疑いが｛かかっている・受けている・持っている｝。
②実験結果があまりにも仮説どおりなので、データを改ざんしたのではないかという疑いが｛出てきた・かかってきた・起こった｝。
③身に覚えのないことで同僚に疑いを｛かかって・かけて・かけられて｝しまった。何とかしてこの疑いを｛消したい・晴らしたい・なくしたい｝。
④医者「この症状からするとインフルエンザの疑いが｛深い・強い・高い｝ですね。検査してみましょう」

（３）影響
①映画好きの友人の影響を｛もらって・受けて・与えられて｝、私も映画評論を読むようになった。
②日本経済がアジア、そして世界の経済に｛あげる・与える・かける｝影響は｛濃い・高い・大きい｝。
③連休中に高速道路で事故が発生し、多くの帰省客に影響が｛強かった・出た・受けた｝。
④主力の選手が練習中にけがをした。明日の試合に影響が｛ない・与えない・起こらない｝か心配だ。
⑤宇宙での生活が動植物にどのような影響を｛出す・及ぼす・強める｝かという実験が行われている。

（４）人気
①今月から始まったテレビドラマが人気を｛して・呼んで・招いて｝いる。
②動物園にはいろいろな動物がいるが、最も人気が｛集めている・高まる・高い｝のはパンダだ。
③かつて若者に絶大な人気が｛あった・高かった・上がった｝俳優Ａも、最近は少し人気が｛失った・なかった・衰えた｝ようだ。
④今年のモーターショーでは多くの新型モデルの発表があったが、Ａ社が開発した低価格の小型電気自動車が人気を｛出した・博した・上げた｝。

（5）成績
①「これは語学の授業ですから、定期試験はもちろん、クラス参加の態度や小テストを行って成績を
　{あげ・出し・収め} ます」
②次のテストで成績が {あったら・上がったら・挙げたら}、なんでも買ってやると父が約束をしてくれた。
③このごろ子どもの成績が急に {悪かった・落ちた・出なくなった} ので心配している。
④Aさんは優秀な成績を {上げた・収めた・良くした} ことにより、卒業生代表に選ばれた。

（6）チャンス
①会社から一人だけ海外研修に派遣されることになり、私も応募したが選ばれなかった。だが、これからも
　チャンスは {ある・とれる・入る} と思う。
②同じクラスのAさんをデートに誘うチャンスを {つかんで・つかまえて・狙って} いるが、Aさんは人気
　があるので、話しかけるチャンスさえ {ない・ものにならない・もらえない}。
③A社の社長は与えられたチャンスを確実に {狙って・ものにして・手に入れて}、会社をここまで大きく
　成長させた。

（7）抵抗
①税率の引き上げに対しては、一般市民だけでなく経済団体からの抵抗も {厳しい・激しい・ひどい}。
②引退する社長は、後継社長に決まったAさんに対して、「これが会社にとって最良の道だ」と思ったら、
　社員の抵抗に {遭う・屈する・弱まる} ことなく自分の道を貫くことが肝要だと語ったそうだ。
③党改革を掲げるA党の党首は、自党の議員の抵抗に {遭い・出て・感じて}、やむなく自身の方針を転換
　せざるをえなくなった。
④与党の増税案に対して野党は一斉に抵抗を {表わして・与えて・示して} いる。

（8）相談
①来週の会議の内容について、担当の係長から何の相談も {しない・ない・応じない} ので、課長は心配し
　ている。
②サークル内の人間関係のことで友人から相談 {を受けた・に応じた・に乗った} のだが、私の知らない人
　のことなので忠告のしようがなかった。
③進学か就職かで迷っていたが、先生が {相談して・相談されて・相談に乗って} くださった。
④家の改築については家族の意見がバラバラだったが、祖母の意見を入れて2階はそのまま残すことでよう
　やく相談が {まとまった・受けた・応じた}。
⑤「困ったことがあったらいつでも電話してください。相談に {受け・まとまり・応じ} ますから」
⑥「先生、今、お時間よろしいでしょうか。ちょっと {相談させて・相談に乗って・相談を受けて}
　いただきたいんですが」

（9）目標
①いまだに公式戦で1勝もしたことがない新チームの選手たちは、「1回戦突破」という目標を {掲げて・
　達して・クリアして}、毎日練習に励んでいる。
②新車の販売が好調なA自動車は、昨年より1ヶ月も早く、今年度の売上目標を {達成した・設定した・立てた}
　そうだ。

③成功のためには、大きな目標の前に、いくつか小さな目標を {達して・立てて・クリアして}、それらを順に {掲げて・立てて・クリアして} いくのがよい。

（１０）声
①A会社の製品に禁止薬物が混入されていたことがわかり、国民から不安と怒りの声が {かかって・挙がって・して} いる。
②選手のミスに対し、コーチから厳しい声が {飛んだ・発した・高まった}。
③生徒たちは、先生の誕生日に何をプレゼントしようかと声を {漏らして・寄せて・ひそめて} 相談している。
④医者不足については、医療従事者がもっと積極的に声を {挙げる・飛ばす・かける} べきだ。
⑤新しい番組には、視聴者から様々な声が {かかって・寄せられて・広がって} いる。
⑥「Aさん！」という声の {ある・する・発する} ほうを見ると、友だちが手を振っていた。

２．＿＿に文脈に合った最も適当な語を□から選び、適当な形に直して入れなさい。各語は１回しか使えない。

（１）姿勢　　　とる　　正す　　貫く
①前任の知事を破って当選した新知事は、どんな困難があっても市民の生活を第一に考える姿勢を＿＿＿＿＿たいと、抱負を述べた。
②相次ぐ不祥事で消費者の信用を失くしたA社の社長は、全社員に向かって、姿勢を＿＿＿＿＿、信用回復に努めるよう訓示した。
③不況を乗り切るために企業の吸収合併がさかんに行われているが、A社は合併に対して慎重な姿勢を＿＿＿＿＿いる。

（２）言葉　　　かける　返す　失う　交わす　甘える
①バスを待っていたとき、知らない人が言葉を＿＿＿＿＿きた。
②マンションなどでは、隣の人と一度も言葉を＿＿＿＿＿ことがない、ということも多くなった。
③大地震に見舞われた現地の写真を見て、その被害の大きさに私は言葉を＿＿＿＿＿た。
④「大丈夫？　顔色が悪いですよ。今日はもう早く帰って家で休んだら？」
　「じゃ、お言葉に＿＿＿＿＿、今日はお先に帰らせていただきます。すみません」
⑤「何だ、この金額は！　どうしてこんなに大量に発注したんだ！」
　「係長、お言葉を＿＿＿＿＿ようですが、それは課長の指示でして…」

（３）経験　　　ある　積む　使う　いかす　浅い　豊か
①若いころに、キャンプなど野外で活動する経験を＿＿＿＿＿いたので、先日の大地震で家が壊れた際にその経験を＿＿＿＿＿ことができてよかった。
②入社したてで経験が＿＿＿＿＿ときには、的確な判断がつかず失敗をすることも多かった。
③A先生は、ご自身も海外留学の経験が＿＿＿＿＿、留学生活の大変さをよく理解してくださるし、人生経験も＿＿＿＿＿ので、相談に行きやすい。

（4）力　　　つく　出す　合わせる　込める　注ぐ　抜く

①この１年の留学生活で、ずいぶん日本語の力が_____ように思います。
②卒業式で、代表の生徒は、一語一語に力を_____、未来への希望を述べた。
③その政治家は、20年にわたって教育行政の発展に力を_____きた。
④そんなに緊張しないで。もう少し力を_____ほうがいいですよ。
⑤優勝候補のA選手は、試合で100％の力を_____ことができず、4位に終わった。
⑥チーム全員が　力を_____ば、必ず勝てる。がんばろう。

（5）責任　　　ある　持つ　取る　負う　問う

①5年前に起こった爆発事故では、工場の管理者に重大な責任が_____たと見られている。
②当駐車場内での事故や盗難に関して、当社は一切責任を_____ません。
③不祥事を起こした責任を_____、社長が辞職した。
④新入社員であっても、任せられた仕事は最後まで責任を_____やらなければならない。
⑤A社の業績が急激に下がり、A社内で、社長の責任を_____声が高まっている。

（6）期待　　　集める　裏切る　反する　応える　抱く

①Aチームのファンである私は、毎年Aチームの優勝を願っている。しかし、今年もまた3位で、私の期待は_____しまった。
②被害者側の期待に_____、裁判官は被告に無罪の判決を下した。
③両親とも弁護士であるAさんは、親の期待に_____法学部に進んだ。
④A教授の手によって新しい医療技術が開発され、世界中の人々の期待を_____いる。
⑤地下鉄の開通によってこの町もずいぶん便利になるだろうと、人々は期待を_____いる。

（7）火　　　つく　かける　出る　通す　おこす

①駅に着いたとき、鍋を火に_____ まま出てきたことに気づき、あわてて家に戻った。
②この魚は生でも食べられるが、火を_____食べると、また違ったおいしさがある。
③女優Aは、去年主演した映画が大ヒットして、人気に火が_____。
④昨日の火事は、一階の居間付近から火が_____、燃え広がったものと見られている。
⑤大昔の人は、木や石をこすり合わせて、火を_____いたのだという。

（8）息　　　合う　切れる　のむ　絶える　吹き返す　引き取る

①このごろ運動不足なものだから、少し走っただけで息が_____ようになってしまった。
②亡くなったAさんの家族の話では、Aさんがなかなかトイレから戻らないので心配して見にいったところ、トイレの入り口で息が_____いたそうだ。
③子どもが川で溺れたが、救急隊員が人工呼吸をすると、しばらくして息を_____。
④湖のほとりでキャンプをした。朝の景色は、息を_____ほど美しいものだった。
⑤二人の歌手は、ぴったりと息が_____素晴らしい歌を聞かせてくれた。
⑥百歳を越えたその人は、大勢の孫やひ孫たちに見守られて、安らかに息を_____。

（９）話　　[合う　つく　わかる　なる　早い]

①「部長は話が_____人だから、悩みがあるなら、一度相談してみるといいよ」
②私とＡさんとはとても話が_____ので、一緒にいてとても楽しい。
③空港建設をめぐって県と住民とが長い間争っていたが、空港の規模を縮小するということで、ようやく話が_____。
④エアコンや洗濯機などの家電製品が故障した場合、メーカーに直接問い合わせるよりも、近くの電気店で見てもらうほうが話が_____。
⑤Ａさんは、去年貸した金もまだ返してくれていないのに、また多額の借金を申し込んできた。全く、話に_____ない。

（１０）関係　　[ある　持つ　絶つ　保つ　深い　薄い]

①事件現場に残された手帳が、事件に関係が_____と見て、警察は手帳に書かれたメモなどの分析を急いでいる。
②校長先生にやさしく諭されたＡさんは、涙ながらに謝り悪い友達との関係をきっぱり_____と誓った。
③日本とＡ国は政治、経済、学問、宗教と多岐にわたって歴史的に関係が_____。戦後関係が悪化した時期もあるが、今は良好な関係を_____いる。
④外交関係を_____いない国には、自由に行き来することはできない。

３．｛　｝の中から文脈に合った最も適当な語を選びなさい。

①ゆうべのパーティーがあまりに楽しかったので調子に｛弾んで・乗って・合わせて｝お酒を飲みすぎてしまい、今朝は頭が痛くてたまらない。
②会社では、上司の考えに納得が｛いかなく・つかなく・得られなく｝ても、従わざるをえないこともある。
③インターネットの普及によって、手軽に多くの情報を｛覚える・受ける・得る｝ことができるようになった。
④この問題については、私一人では判断が｛とれない・いかない・つかない｝ので、上司の指示を｛求める・あおぐ・得る｝ことにした。
⑤我が家の子どもは、今年念願が｛及んで・かなって・果てて｝、大学に合格できた。
⑥首相が突然大幅な増税を口にしたことが、大きな議論を｛湧いた・重ねた・呼んだ｝。
⑦Ａさんの両親は、たっぷりの愛情を｛注いで・出して・抱えて｝Ａさんを育てた。
⑧友人と相談して、卒業旅行の計画を｛立てた・設けた・起こした｝。
⑨私が進学のため故郷を離れるとき、駅まで送ってくれたＡさんは、目にうっすらと涙を｛浮かべて・流して・たまって｝いた。別れを寂しく思ってくれたのだろうか。
⑩ＣＤやＤＶＤを購入せず友人から借りてコピーする人がいるため、著作者や販売会社に損害が｛生じて・もたらして・表れて｝いる。このような行為は著作権法違反になることを知らない人が多いようだ。
⑪会社の将来のために改革が必要だとわかっていても、自ら進んで旗を｛振ろう・揚げよう・立てよう｝という社員は少ない。
⑫教師は反省を｛促す・生じる・する｝目的で問題を起こした生徒に自分の気持ちを作文に書かせた。
⑬Ａ社は新製品の売れ行きが好調で前年度を大幅に上回る利益を｛上げた・追求した・生んだ｝。

4．{ } の中から文脈に合った最も適当な語を選びなさい。（ ）には助詞も入れなさい。

①電車で向かいにすわっていた素敵な男性と視線（   ）{向けて・合って・投げて}、ちょっとドキドキした。
②社会に出て働くようになって、ずいぶんと視野（   ）{入れた・広がった・広い}。
③Ａ選手は試合中に危険なプレーをしたということで、審判から注意（   ）{受けた・払った・促した}。
④オリンピックで優勝し、世界の頂点（   ）{行く・得る・立つ} ことができた。
⑤好きなチームが負けそうになり、思わず応援に熱（   ）{出た・入れた・入った}。
⑥大臣は記者会見で不適切な発言をし、国民から批判（   ）{浴びた・買った・被った}。
⑦ビジネスの世界では、クライアント（顧客）の意向（   ）{かなって・沿って・示して} 企画を進めるのが常識だ。
⑧新しい駅ビルのあまりにも斬新なデザインは、町の景観に違和感（   ）{ある・持つ・与える} ものだった。
⑨景気悪化で高級品の売れ行きが落ち、家電量販店、百円均一ショップなど、薄利多売型の店が増えたが、価格競争ももはや限界（   ）{ない・入った・来ている} と言われている。
⑩Ａ国からの輸入品に対する関税については、交渉（   ）{あった・入った・持った} ばかりなので、どのような結論がでるかはまだ不透明だ。

5．＿＿に当てはまる語を□から選び、適当な形に直して入れなさい。各語は1回しか使えない。

（1）| 出す　入れる　入る　上げる　上がる |
①Ａ博士は、ロボット開発の分野で大きな成果を＿＿＿＿＿＿いる。
②従来の薬物治療と今回開発された新しい治療法を併用すれば、より治療の効果が＿＿＿＿＿＿と見られている。
③「努力している」とただ口で言うだけではだめだ。社会では、目に見える結果を＿＿＿＿＿＿ことが必要なのだ。
④大地震発生から30分経ったころから、新聞社に詳しい被害の情報が＿＿＿＿＿＿くるようになった。
⑤わが社は、今、リサイクルできる食品容器の開発に力を＿＿＿＿＿＿いる。

（2）| 懸ける　得る　応える　高まる　収める |
①当店では、客の要望に＿＿＿＿＿＿、営業時間を延長することにした。
②3位の選手までが全国大会に出場する権利を＿＿＿＿＿＿ことになっている。
③サッカー選手として人気のあったＡさんは、引退後、会社の社長となり、ビジネスの方面でも成功を＿＿＿＿＿＿いる。
④警察官や消防士たちは、市民の生命を守るために、自らの命を＿＿＿＿＿＿日々働いている。
⑤面接試験の時間が近づいてくるにつれて、だんだん緊張が＿＿＿＿＿＿きた。

(3) 貸す　残す　犯す　差す　下す

①柔道のA選手は、オリンピック3大会連続で金メダルを獲得するという輝かしい記録を_____、現役を引退した。
②罪を_____人は法によって裁かれ、刑の執行を受けることになる。
③我が家では、どんなことでも最終的に判断を_____のは、父の役割だ。
④朝から曇っていたが、昼過ぎになって雲が晴れて、日が_____はじめた。
⑤「皆様、私たちは行方不明になった13歳の息子を探しています。どんな小さな情報でもかまいませんから、教えてください。どうか、皆様のお力を_____ください」

(4) 尽くす　ほぐす　はずす　もたらす　伸ばす

①A選手は、昨日の走り幅跳びの大会で、6m80cmから6m84cmに記録を_____。
②スピーチコンテストの前、友人がとても緊張して固くなっていたので、冗談を言って少し緊張を_____あげた。
③高速道路の建設は、その地方の経済に大きな効果を_____ことが期待される。
④首相は、記者会見で、経済の活性化に力を_____たいと語った。
⑤「もしもし、A食品会社営業部でしょうか。私はC産業のDと申しますが、Bさんはいらっしゃいますか」
「申し訳ありません。Bはただいまちょっと席を_____おりますが…」

(5) 昇る　譲る　定める　かける　掲げる

①今日、電車の中で赤ちゃんを抱いている女性に席を_____あげた。
②優勝への望みを_____重要な一戦が、まもなく始まる。
③東の空から日が_____きた。
④今度こそ優勝するという目標を_____、大会に臨んだ。
⑤彼は、的にじっくりと狙いを_____、ライフル銃を発射した。

(6) 見る　呼ぶ　集まる　寄せる　つく　つける

①AさんとBさんは、柔道を習い始めたときには実力があまり違わなかったが、今ではずいぶん差が_____しまった。
②知人に子どもたちの面倒を_____もらい、夫婦でコンサートに出かけた。
③両親は、私の留学を認めるにあたって、卒業後は帰国して自分の会社を継ぐという条件を_____。
④2009年ごろから次々にハリウッド制作の3D映画が公開され、反響を_____いる。
⑤他国の文化・歴史に関心を_____人は多いが、本格的に研究しようという人は多くない。

(7) かく　築く　結ぶ　漏らす　もたらす　発揮する

①A社は優れた技術力と経営力によって、短期間で自動車産業界で不動の地位を_____た。
②医薬品は適切な服用のしかたを守ってはじめて効力を_____。
③わが社は、このたびB社と技術提携に関する契約を_____ことになった。
④B社の社員の一人が会社の秘密を_____ことがきっかけとなって、B社はライバル社に新製品の発売で先を越されてしまった。
⑤新入社員研修のとき、会社の創業者の名前を正しい漢字で書くことができず、恥を_____しまった。

（8） かかる　与える　抱える　覚える　収める　取る

①繁殖能力の強い外来植物によって在来種が絶滅しないよう、保護対策を_____ことが必要である。
②ある作家の講演を聞き、その言葉にたいへん感銘を_____。
③家で料理するのは手間が_____から好きではない。
④貧困や地域格差等に関して共通認識を得ることができ、会議は大きな成果を_____。
⑤人類は今、地球温暖化という共通の問題を_____いる。

（9） 受ける　陥る　避ける　減らす　縮める　償う

①好きな人とのつきあいを親に反対されているので、人目を_____会っている。
②まだ元気な高齢者に育児のサポートをしてもらい、若い世代の子育ての負担を_____という試みが実施された。
③昨夜は、落雷により広い範囲で停電し、市内は混乱に_____。
④たとえ許しがたい犯罪者であれ、刑期を終え出所したら罪を_____のだから、社会で受け入れるべきだろう。
⑤昨年は冷夏で不作だったところに収穫間近な時期に台風が直撃し、りんご農家は大きな打撃を_____。

（10） 乗る　練る　寄せる　償う　狂う　払う

①初めての海外旅行なので、友人と資料を集め、時間をかけて旅行の計画を_____のに、出発当日の天候悪化で飛行機が飛ばなくなり、完全に計画が_____しまった。
②平安時代の遣唐使は多くの犠牲を_____が、日本にもたらした文物ははかりしれない。
③Ａ市は、高度経済成長の波に_____宅地造成が進められ、新興住宅地に発展した。
④国民は、新しく就任した首相に大きな期待を_____いる。

6． （　）には適当な助詞、＿＿には適当な動詞を□から選んで、文を完成しなさい。一つの問題には＿＿が２ヵ所あり、⇔で示した動詞のペアが入る。（この問題は練習１の７のヒントになる）

（１） しぼる⇔ぼける　合う⇔悪い　明るい⇔曇らせる　起こす⇔解決する　負う⇔課す　つく⇔絶する

①マスメディア論の中間レポートを書かなければならない。書きたいことがたくさんあるが、すべて書くと焦点（　）_____しまうので、インターネットの機能に焦点（　）_____書こうと思う。
②日本では憲法によって、国民に勤労や納税の義務のほかに、教育の義務（　）_____いる。つまり、すべての親は子どもに普通教育を受けさせる義務（　）_____ことを意味する。
③Ａさんは、おうし座の人とは相性（　）_____と言って、つきあおうとしなかった。ところが最近パーティーで知り合ったＢさんはふたご座の生まれということで、Ａさんと相性（　）_____らしく、交際が順調に進んでいる。
④このコンピュータ・ソフトはパソコンに問題（　）_____危険性があるらしい。私の周囲にITに詳しくてこの種の問題（　）_____くれる人がいないので、このソフトを使うのはやめたほうがいいと思う。
⑤地中海の国々は日本と同じように温帯に位置しているので、夏はどのような気候なのかだいたい想像（　）_____。でも、サハラ砂漠のような乾燥地帯の夏の日中の気温は高く、日本人には想像（　）_____ような暑さらしい。

⑥東南アジアへの長期出張から帰国したAさんは無事任務を果たした解放感からか表情（　　）＿＿＿＿＿＿。いろいろなみやげ話をしてくれたが、話題が最近の大津波による被害の話に移ると、急に表情（　　）＿＿＿＿＿＿、犠牲者を思い出して涙を浮かべた。

（２）

| 受ける⇔授ける　　もたらす⇔食い止める　　巻き起こす⇔小さい　　はめる⇔はみ出る |
| 解く⇔就く　　　　つく⇔忍ぶ |

①トットちゃんは、規則で縛って子どもたちを枠（　　）＿＿＿＿＿＿ようとするA小学校が窮屈でしかたがなかった。ところが、転校したB小学校は子どもに好きなことをさせてくれる学校だった。トットちゃんのように、勉強は嫌いだけれど、一日中絵を描いたり、本を読んだりするのが好きな、普通の枠（　　）＿＿＿＿＿＿子どもたちにとって天国のような学校だった。

②かつて、高校生の男女交際が禁止されていた時代があった。恋人たちはデートをしたくても、昼間に街中を散歩すると人目（　　）＿＿＿＿＿＿ので、夜、人目（　　）＿＿＿＿＿＿会っていたそうだ。

③A国支社駐在員の任務（　　）＿＿＿＿＿＿B氏は、帰国後、ひさしぶりの日本での生活を味わっていた。しかし、すぐれた営業手腕を買われて今度はC国の支社長に任命され、半年後にその任務（　　）＿＿＿＿＿＿。

④A社が発売した新しいケイタイはキー操作が不要ということで若い人たちの間に反響（　　）＿＿＿＿＿＿。しかし、若い人たちは飽きやすいのか、B社がより進化した類似の機能を持つケイタイを発表した時には、反響（　　）＿＿＿＿＿＿。

⑤もうすぐ収穫というさつまいもの畑にイノシシが襲来してかなりの被害（　　）＿＿＿＿＿＿。農家の人々はなんとか被害（　　）＿＿＿＿＿＿ようと、柵を作ったり、夜、畑を回ったりして警戒している。

⑥江戸時代が終わり明治時代になると、当時の政府は近代的な国家を作るためには教育が最重要だと考えた。そこで国民はみな平等に教育（　　）＿＿＿＿＿＿権利があるとして、1886年に義務教育令を出し、身分に関係なく国民すべてに普通教育（　　）＿＿＿＿＿＿ようとした。

練習3　動詞・形容詞を中心に連語を覚える

1．各文の【　】に当てはまる名詞を▢から選びなさい。各語は1回しか使えない。

（1）持つ　　｜夢　　興味　　印象　　機能　　イメージ｜
①イスラム圏の人たちは、緑色に「神聖な色」という【　　　】を持っている。
②Ａさんを最初に見たときは、ちょっと派手な人だという【　　　】を持ったが、付き合ってみると、とても素朴で純粋な人だとわかった。
③社会が不安定になると、将来に【　　　】を持って生きることが難しく感じられる。
④私は最近、東アジアの古代史に【　　　】を持っている。
⑤人間の体はもともと、自分の体を正常に保つ【　　　】を持っている。

（2）果たす　　｜約束　　役割　　念願　　義務　　任務｜
①権利を主張するためには、まず【　　　】を果たさなければならない。
②国際宇宙ステーションに滞在していた宇宙飛行士のＡさんが３ヶ月の【　　　】を果たして帰還した。
③司法試験に合格し、弁護士になるという【　　　】を果たすことができた。
④この図書館は、図書を収集し提供するだけではなく、行政や地域生活に関する情報を集めて市民に提供する「地域情報センター」としての【　　　】も果たしている。
⑤結婚したころ、いつか必ずヨーロッパ一周旅行に連れて行くと妻と約束した。退職した今年ようやくその【　　　】を果たすことができた。

（3）得る　　｜信頼　　確信　　資格　　評価　　理解｜
①Ａ監督の映画は、日本国内よりも、海外で高い【　　　】を得ている。
②マンション建設にあたって、地域住民の【　　　】を得るために、建設会社は何度も説明会を開いた。
③刑事は、目撃者の証言によって、容疑者Ａが真犯人だという【　　　】を得た。
④医師の【　　　】を得るためには、国家試験に合格しなければならない。
⑤Ａ病院の医師たちは、患者から全幅の【　　　】を得ている。

（4）覚える　　｜不安　　感動　　反発　　興味　　怒り｜
①子供は思春期になると、親の言うことすべてに【　　　】を覚えるようになるものだ。
②不況が続いているため、自分の将来に【　　　】を覚えている人が多いようだ。
③不正や失言、公約破りなど政治家にあるまじき言動には【　　　】を覚える。
④けがに苦しみながらも最後まで力の限り戦った選手の姿に、【　　　】を覚えた。
⑤家具職人の祖父をもつＡさんは、祖父の仕事を見ているうちに家具作りに【　　　】を覚え、自分も祖父と同じ道を歩むことを決心したそうだ。

（5）かける　　疑い　負担　手間　圧力　期待　声

①ファッションモデルのＡさんは、学生のころ学園祭でスカウトの人に【　　　】をかけられて、この道に進んだそうだ。
②成人してからも生活費や身の回りのことなどで親に【　　　】をかける「パラサイト・シングル」と呼ばれる人々がいる。
③政治家が学校の校長に【　　　】をかけて、自分の子どもを無理やりその学校に入れさせるという事件があった。
④ほんとうに自分自身で書いたのに、インターネットからコピーしたのではないかという【　　　】をかけられて悲しかった。
⑤子供の将来に親が【　　　】をかけすぎると、子どもの成長にとってよくないことが多い。
⑥母は私の誕生日には、いつもより時間と【　　　】をかけて料理を作ってくれた。

（6）つく／つける　　狙い　力　話　条件　注文　自信　想像

①Ａ選手は、自分より実力が高い選手に勝ってから、【　　　】をつけたようで堂々としてきた。
②両親にお小遣いの値上げを頼んだら承知してはくれたが、試験の成績が前回よりよかったらという【　　　】をつけられた。
③Ａチームは連勝を続けている。攻撃的な試合運びをする監督の起用と選手の強化でチームに【　　　】がついてきたようだ。
④Ａさんとは仕事上のトラブルがあったが、弁護士に間に入ってもらってようやく【　　　】がついた。
⑤前々から【　　　】をつけていたマンションに空き部屋が出たという情報が入ったので、早速見に行った。
⑥このドラマは、１回目を見ただけで、話の展開がどうなりそうか、大体【　　　】がついた。
⑦映画監督は、そのシーンで使用する部屋の家具の形やカーテンの色や柄にまで細かい【　　　】をつけた。

（7）重い　　負担　責任　処分　罪

①会社の資金を私的に流用した社員Ａへの【　　　】は重いものとなった。
②正社員はアルバイトに比べて給料が高い分、仕事上の【　　　】も重い。
③法律が改正され、運転者に酒類を提供した人も【　　　】が重いとして、罰金が科されることになった。
④一般的に、男性より女性のほうが家事の【　　　】が重いようだ。

（8）強い　　印象　抵抗　関心　意識　懸念

①現在の不景気では、ますます雇用が悪化するのではないかという【　　　】が強い。
②北海道は雪が多く、スキー観光の町という【　　　】が強いが、観光客数を見ると意外にも８月が飛び抜けて多いそうだ。
③「和」を尊ぶ日本では、まわりに合わせようという【　　　】が強く、個性が発揮しにくい。
④赤ちゃんは、動くものや色のはっきりしたものに強い【　　　】を示す。
⑤日本では、男女の言葉遣いの違いを無視することには、まだまだ人々の【　　　】が強い。

2．各文の【　】に当てはまる名詞を□から選びなさい。各語は１回しか使えない。

（1）| 見通し　可能性　傷　影　品 |

①彼女は派手ではないが、洋服やアクセサリーなどいつも【　品　】がいいものを身につけている。
②交通事故の被害者は、【　傷　】が浅く、意識もはっきりしていた。
③同じクラスだったAさんは子供のころからなんとなく【　影　】が薄い人だった。
④今度の台風は四国地方に上陸する【　可能性　】が高まってきた。
⑤昨年のヒット商品の連続により、わが社の将来は【　見通し　】が明るくなった。

（2）| 足並み　秩序　評判　値　ヒット |

①Aさんは独創的なアイディアの持ち主だが、自分の言動がチームの【　秩序　】を乱しているとは思っていないようだ。
②今回のプロジェクトでは、関係部署の【　足並み　】が揃っているので、きわめてスムーズに仕事が進んでいる。
③A社のテレビコマーシャルはいつも非常にユニークで、それが商品の【　ヒット　】を生むと言われている。
④去年新たに発見されたピカソの絵がオークションにかけられ、予想以上の【　値　】がついた。
⑤A社の新しいビデオカメラは操作が簡単で使いやすいと【　評判　】がいい。

（3）| 決着　結論　主導権　存在感　違和感 |

①空港建設問題で、近隣住民と国との間で長い間話し合いが行われてきたが、先月、ようやく【　決着　】がついた。
②自分の部屋に戻ったとき何となく【　違和感　】があったので、机の引き出しを調べてみたら、しまっておいた通帳が盗まれていた。
③試合は、前半から相手チームに【　主導権　】を握られ苦しい展開だった。
④歌手のAは初めて出演した映画で新人賞を受賞し、俳優としての【　存在感　】も示した。
⑤A博士は、綿密な実験を繰り返し、従来の説とは異なる【　結論　】を導いた。

（4）| 意　信頼　信用　信念　気迫 |

①行員の不注意から顧客情報が漏洩したA銀行は取引先の【　信用　】を落としてしまった。
②試合前のA選手は、今回は絶対に負けないという【　気迫　】に満ちていた。
③Aさんは他人の言葉に惑わされず自分の【　信念　】を貫いて事業を展開していった。
④いかなる研究でも、【　信頼　】の置けるデータに基づいたものでなければならない。
⑤実験結果に自信がなかったが、文献にも同じことが述べられていたので【　意　】を強くした。

（5）| 資格　立場　責任　地位　使命 |

①A氏は政府高官という【　地位　】についたとたんに、権力を振るい始めた。
②何事も自分中心ではなく、相手の【　立場　】に立って考えてみるべきだ。
③地球環境の悪化が叫ばれている現在、私たちは持続可能な世界を築いていく【　責任　】を負っている。
④この会員制のスポーツクラブには正式指導員の【　資格　】を持ったインストラクターがいる。
⑤Aさんは両国友好の促進という【　使命　】を帯びて、B国へ派遣された。

(6) | 疑問　抵抗　不信　不安　不満 |

①A国のこの幼児死亡率の資料の数字はあまりにも極端すぎる。正しいのかどうか【　　　】が湧いてきた。
②このまま温暖化が進めば、地球の将来がどうなるのか【　　　】を覚える。
③労働環境が厳しいのに給料が安いこの会社の待遇には多くの社員が【　　　】を募らせている。
④会社側が提示したベースアップ案に組合側は安すぎるといって【　　　】を示している。
⑤消費者は相次いでリコールを出したＡ社に【　　　】を抱いている。

(7) | 批判　判断　判決　反発　処分 |

①歌舞伎役者のＡは古典芸能の世界の古いしきたりに【　　　】を覚え、ロック歌手に転向した。
②野党側は政府の打ち出した福祉対策に【　　　】を浴びせた。
③麻薬所持の容疑者Ａに裁判所は懲役２年執行猶予３年という【　　　】を下した。
④正義感あふれる少年たちは大人の【　　　】がいつも正しいとは限らないと思っている。
⑤タバコを吸っていた中学生のＡ君に対して学校は厳しい【　　　】を科した。

(8) | 評判　評価　面目　名　能力 |

①伝統ある老舗の【　　　】にかかわるような、利益ばかりを追うあくどい商売はできない。
②ありきたりのことを述べているだけで、独創性のないレポートに教師は低い【　　　】を下した。
③Ａ旅館はおいしい料理と温かいサービスが売りもので、利用客の【　　　】は良い。
④国際市場で鍛えられたＡさんはビジネスチャンスを捉える【　　　】に優れている。
⑤Ａさんは今まで地味な活動をしてきたが、今回の功績で一挙に【　　　】を上げた。

練習4　文章の中で連語を使う

1．左の意味に合うような連語を選び、下の文の＿＿に適当な形に直して入れなさい。

（1）
1．声や意見を表に出す	声をかける
2．意見が目立つようになる	声が高まる
3．手紙などで意見を知らせる	声を寄せる
4．誘う	声がかかる
5．誘われる	声をあげる

①大きなクリスマスツリーが点灯された瞬間、人々は一斉に感嘆の＿＿＿＿＿＿。
②旧友に久しぶりに会ったら昔のことが懐かしく思い出され、同級生に＿＿＿＿＿＿集まることにした。
③私がピアノが弾けることが知られているようで、コーラスの伴奏をしてほしいと＿＿＿＿＿＿。
④世界のあちこちで、最初は小さかったが徐々にＡ国のＢ国攻撃に反対する＿＿＿＿＿＿きた。
⑤新聞の投書欄に、若い人の公共の乗り物におけるマナーが悪いという＿＿＿＿＿＿。

（2）
1．（驚きなどで）何も言えなくなる	言葉を尽くす
2．相手と反対の意見を言う	言葉を失う
3．いろいろな言い方をする	言葉を返す
4．親切な申し出を受ける	言葉が悪い
5．乱暴な表現をする	言葉を濁す
6．あいまいな言い方をする	言葉に甘える

①竜巻が通過した後のあまりにひどい状況を見て、みんな＿＿＿＿＿＿。
②「先生、＿＿＿＿＿＿ようですが、直接実験に携わった私は先生のお考えとは反対の見方をしております」
③こう言うと＿＿＿＿＿＿が、あんな経営の仕方ではＡ社には将来がないと思う。
④医療ミスがあったのではないかという指摘に対して、担当医は＿＿＿＿＿＿はっきり答えなかった。
⑤こちらの不注意による事故だったので、＿＿＿＿＿＿謝ったのに、聞き入れてもらえなかった。
⑥社長からおいしいと評判のレストランに招待された。＿＿＿＿＿＿ごちそうになることにした。

（3）
1．生き返る	息をのむ
2．緊張で息をとめている	息が合う
3．気持ちがぴったり合う	息を引き取る
4．呼吸するのを忘れるほど驚く	息を凝らす
5．死ぬ	息を吹き返す

①おじいさんは家族に見守られながら、静かに＿＿＿＿＿＿。
②荒れていた森林もボランティアたちの植林活動のおかげで＿＿＿＿＿＿、若木が育っている。
③次の瞬間、何が起こるだろうかと＿＿＿＿＿＿見つめていたのだが、何も起こらなかった。
④フィギュアスケートのペアの選手たちは＿＿＿＿＿＿すばらしい演技を見せてくれた。
⑤急な山道を登り切ると、目の前には＿＿＿＿＿＿ほど美しい展望が広がっていた。

(4)
1．過去の好ましくないことをなかったことにする　・	・水を差す
2．相手との間に差をつけてリードする　・	・水を向ける
3．よい関係に邪魔をして不調にする　・	・水をあける
4．ほのめかして様子をさぐる　・	・水に流す

①先日、入社試験を受けたAさんに、結果はどうだったと＿＿＿＿＿＿みたが、別の話題に変えられてしまった。
②Bさんは我々チームのメンバーに相談することなく、勝手に企画を変更してしまったが、深く反省した様子なので今回は＿＿＿＿＿＿ことにした。
③宇宙開発の技術に関しては、アメリカやロシアは伝統があり、他の国々とは＿＿＿＿＿＿いる。
④みんなでカラオケをして楽しんでいたのに、隣の人に「うるさい」と怒鳴られた。せっかくの楽しい気分に＿＿＿＿＿＿、しらけてしまった。

(5)
1．将来の展望が見えてくる　・	・道を歩む
2．それを仕事として生きる　・	・道を志す
3．新しい方法を探す　・	・道を探る
4．先駆者になる　・	・道が開ける
5．人としての生き方、倫理からはずれる　・	・道をつける
6．専門の分野を目指す　・	・道を踏み外す

①Aさんは小さいころに母親が病気がちで苦しんでいるのを見て、医者の＿＿＿＿＿＿そうだ。
②難しいとされていた真珠の養殖も先人が＿＿＿＿＿＿くれたので普及し、今ではこの地方の特産となっている。
③伝統工芸を守って、生涯、手漉き和紙製造の＿＿＿＿＿＿きた人に対して、国から勲章が贈られた。
④Aさんは心の迷いからつい麻薬に手を出して、聖職者の＿＿＿＿＿＿しまった。
⑤小さな町の商店街は、大手スーパーの進出によって経営が苦しくなってきたため、なんとか顧客の心を取り戻そうと＿＿＿＿＿＿いる。
⑥留学試験に失敗したことにこだわっていてもしかたがない。発想を変えてみたら別の＿＿＿＿＿＿かもしれないよ。

2．次の文章の【　】に当てはまる語を□から選びなさい。各語は1回しか使えない。

(1) 興味　情報　話題　機　火　熱　ブーム

私の国の国民性は「熱しやすく冷めやすい」と言われている。マスコミが宣伝するもの、人の①【　　】にのぼったものに、すぐに②【　　】を示して飛びつく。例えば、数年前にXというデザート菓子の人気に③【　　】がつき、④【　　】が起こった。大勢の人が夏の炎天下、長蛇の列を作って買い求めた。商人たちは、この⑤【　　】に乗じて金儲けをしようとし、たくさんの店をオープンしたが、1年も経たないうちに人々の⑥【　　】は冷めてしまった。

（2） 注文　注意　注目　スポットライト　人気　手間　裾野

最近、ネット上の日記とも言えるブログが特に若い世代の①【　　　】を集めている。ブログ人口は1600万人に上り、書き手の中心は30代だと言われているが、これからはより広い年代層にも②【　　　】が広がると予想されている。ブログの種類は、日記の代用、自己発信、仲間内の情報交換などさまざまである。それにしても不特定の読者が読むのであるから個人情報には③【　　　】を払わないといけないが、普通には会うことのない同好の志と交流できる利点がある。またファンが多く④【　　　】を博しているブログが本として出版されることも多いらしい。先日も、あるブロガーが、普通の料理本には書かれていない事柄に⑤【　　　】を当て、自分の経験を加えて料理の手順を写真つきで詳しく説明したものが本として出版された。既成の料理本に飽きた⑥【　　　】のうるさい読者には好評だった。出版社としては、執筆者探しに⑦【　　　】がかからない上、これまで以上に読者を満足させることができるので、大いに注目しているとのことである。

3．次の文章の＿＿に当てはまる語を□から選び、適当な形に直して入れなさい。（　）には適当な助詞を入れなさい。各語は1回しか使えない。

（1） 高い　呼ぶ　寄せる　のぼる　はらむ　発揮する

あらゆる体の組織に順応するという万能細胞が発見されたというニュースが今、話題に①＿＿＿＿＿いる。というのは、この細胞を臓器に移植するとその臓器の健康な細胞となって増えることがマウスの実験で証明されたからである。世界の医学界はもちろんこの新発見に大きな関心を②＿＿＿＿＿いるが、医学関係者だけでなく、一般の人々の関心も③＿＿＿＿＿。将来、この細胞が病気治療に応用されるようになれば、その増殖能力が患者自身の回復力を高めるのに効果を④＿＿＿＿＿だろうと期待されるからである。しかし一方、この新細胞はガンを誘発するかもしれないという危険を⑤＿＿＿＿＿いることもわかった。現在、世界の研究機関で危険性を除去する研究が進められている。

（2） 揃う　集まる　大きい　崩す　溜まる　見せる

日本人の平均寿命はさらに伸びる傾向を①＿＿＿＿＿、世界の注目が②＿＿＿＿＿いる。日本は比較的温暖な気候に恵まれ自然は穏やかであるが、国土は狭く、環境汚染も無視できない。また、多くの日本人の有する勤勉な性格は、日常生活でストレスが③＿＿＿＿＿やすく、心身のバランスを④＿＿＿＿＿やすいはずである。それなのに、どうしてこのように人々は長生きなのか。やはり、野菜や魚を中心とした食生活の影響は⑤＿＿＿＿＿だろう。また、医療技術や薬学も高度に発達しており、世界のトップクラスである。そして、ほとんどの国民が健康保険に加入していることが、高度な医療の恩恵を受けることを可能にしている。こうした条件が⑥＿＿＿＿＿いることが一番の原因かもしれない。

（3）省く　　求める　　高まる　　設定する　　軽減する

　　Ａ国は、国民の経済的①負担（　）_____ことを目指して、さまざまな政策を打ち出した。高速道路の無料化、高校の授業料無償化、子育て支援策などである。しかし、財政上の支出の②無駄（　）_____、さまざまな予算の見直しをしたにもかかわらず、大幅に財源が不足していることがわかった。そこで、今年度は、税収による財政再建という③目標（　）_____、増税に対する国民の④理解（　）_____いるが、不況に苦しむ国民からは不満の⑤声（　）_____いる。

4．【　】の名詞、□の動詞・形容詞を組み合わせて連語表現を作り、＿＿に適当な形に直して入れなさい。同じ言葉を何回使ってもよい。

（A）【相性　　興味　　距離　　誤解　　しこり　　視線　　話】
　　　弾む　　合う　　抱く　　残る　　そらす　　縮まる　　解ける

（1）高校時代の同級生と偶然出会って食事をした。懐かしくてつい話しこんでしまったのだが、それを見ていた友人がガールフレンドに何か言ったらしい。きちんと説明したので彼女の①_____と思ったが、まだ何となく②_____いるのか、僕が話しかけても彼女が③_____ことがある。

（2）これまであまり話したこともなかったクラスメートのＡ君と飲み会で隣の席になった。お互いに日本の①歴史に_____いることがわかって、②_____、急に③彼との_____ような気がした。帰宅して星占いの本を見ると、私たちはとても④_____と出ていたので、それ以来、彼のことを意識するようになった。

（B）【感銘　　区別　　信頼　　時間　　相談　　成功　　転機　　夢　　メール　　コミュニケーション】
　　　抱く　受ける　打つ　置く　収める　訪れる　割く　つく　返す　とる　乗る　得る

（1）デパートに就職し、紳士服売り場に配属された。最初は種類の多い紳士服ブランドの①_____ず、まごつくことが多かったが、だいぶ慣れてきた。売り場では顧客と②_____ながら、顧客の希望にそった商品を選ばなければならないので、まだまだもっと勉強が必要だ。

（2）日系企業に就職した先輩に、進路のことで①_____ほしいと②_____ところ、先輩は長文の③_____くれたばかりでなく、出張の際、わざわざ④_____、直接話を聞いてくれた。こんな面倒見のよい先輩なので、職場でもみんなに慕われ、上司からも⑤_____いるようだ。

（3）いつ、どのようにして人生の①_____かはわからない。貧しい農村に育ち、経済的に恵まれない子ども時代を送ったＡさんは、ビジネスで②_____、大金持ちになるという③_____いた。そんなＡさんが、難民キャンプでボランティア活動に携わっている人の話を聞いて④_____、軌道に乗りつつあった仕事を捨てて、難民救済活動に立ち上がったのだ。

(C)【意地　期待　議論　力　反省　水　面目】
　　　　　　ある　失う　促す　応える　流す　入る　張る　沸騰する

（1）授業でディベートを行ったところ、一部の学生の間で①_____、ある学生が興奮のあまり、相手に向かって暴言を吐いたため、収拾がつかなくなってしまった。担当教師は言った学生に②_____、相手に謝罪させた。それで、言われた学生もそのことは③_____、仲直りをすることになった。

（2）クラスメートとチームを結成し、大学のバレーボール大会に参加した。高校時代はバレー部でキャプテンとして活躍したというA君はベテランとしての①_____ので張り切っていたが、準決勝で、②_____すぎたのか、サービスミスを連発し、結局、僕たちのチームは負けてしまった。みんなからの③_____ことができなかったA君は④_____、元気がない。

5．次の文章の＿＿＿に当てはまる連語を□から選び、適当な形に直して入れなさい。

（1）　実績を上げる　経験を積む　知恵を借りる　自信を失う　信頼を築く

「働く」ことの意味は何だろうか。最近の若者は「働くこと」自体にあまり関心がないと言われている。就職率は低く、また一旦就職してもすぐに辞める率が高い。しかし、せっかく就職したのだから、初めは修行期間だと思って、先輩から①_____、いろいろな②_____とよい。失敗して③_____ことがあるかもしれない。だが、若いうちは大目に見てもらえるだろうし、誠実に働けば、責任のある仕事を任せられることもあるだろう。良い仕事をたくさんして、④_____れば、上司や同僚の⑤_____ことができる。このように「働くこと」は自己実現でもあるので、しばらく辛抱して働いてみたらどうだろうか。

（2）　バランスがとれる　支障をきたす　根拠がない　負担が増す　リスクがある

日本では今、「メタボ」という言葉が知られている。メタボとは、メタボリックシンドローム（代謝異常症候群）の略称であり、高血圧、高血糖に内臓肥満が合併した状態をいい、最近、その危険性が指摘されている。高血圧や高血糖はこれまでにもいろいろな病気の誘因とされてきたが、それに内臓肥満が加わったのである。その目安として、男性ではおなか周り85cm以上を基準にするようになったため、おなかばかりを気にする人が増えてきた。しかし、おなか周り85cmの体型は堂々とした体格で格好がよく、それに当てはまっても健康な人はたくさんいる。またメタボ自体、他の国では問題にされていないので、厚生労働省が定めたこの基準には①_____と反論する医者も多い。ただ、太りすぎると心臓への②_____、生活に③_____上、心臓病や他の病気になる④_____。そのため、厚労省は国民の健康のために⑤_____食事や適度な運動を奨励している。

(3) | 怒りを爆発させる　　伝統の灯を守る　　力を尽くす　　足並みが乱れる　　期待を裏切る
　　　相手になる　　　　気迫に圧倒される

　娯楽の一種であるスポーツもオリンピックやワールドカップのような国際試合となると、それぞれの国の国民性があらわになる。選手たちは国の名誉のため、①_____闘う。しかし、自国チームが国民の②_____負けた場合、その反応に国民性が現れるようだ。例えば、先日のワールドカップサッカー大会では、強豪A国が新興B国に負けるというハプニングがあった。国技とも言えるサッカーの③_____きたA国が、ほとんど④_____ないような新興のB国チームに負けたのである。A国の選手たちは相手国の⑤_____のか、⑥_____てチームワークも悪く、ミスの連続で大敗を喫した。応援していたA国の人たちはA国チームのふがいなさに⑦_____、スタジアムにはブーイングの嵐が巻き起こった。翌日のA国のマスコミは一斉にA国チームを非難するばかりで、再起を促す言葉は一言もなかったそうだ。

(4) | 思いをはせる　　感覚を抱く　　感銘を受ける　　言葉にならない　　歴史を誇る　　機会を得る

　4千年の①_____中国には、万里の長城をはじめとする文化遺産が各地に残されている。先日、長年夢見ていた中国ツアーに参加し、歴史の舞台となった地で、昔の人々に②_____。楊貴妃も食したというメニューに舌鼓を打ち、楊貴妃ゆかりの温泉につかっていたら、あたかも楊貴妃の時代に戻ったかのような③_____。また広い国土には、詩に詠まれたり、水墨画に描かれたりした景色の美しい場所が点在している。その美しさを何とかして伝えたいと思ったが、④_____。この魅力あふれる国を再び訪れる⑤_____たいものだ。

(5)−1 | 枠からはみ出る　　知識を詰め込む　　知恵を絞る　　ペースが速い　　成績を収める
　　　　方針を固める　　ピントがはずれる　　理解を深める　　不満が噴き出す　　知識を得る

　かつて日本の子どもたちは、世界共通のテストにおいて良い①_____いた。とりわけ、理科や数学の成績は常に上位ランクを占めていた。しかし最近、その順位が落ちてきている。その理由としていわゆる「ゆとり教育」の影響が挙げられる。「ゆとり教育」とは何だろうか。

　日本は30年ぐらい前までは、②_____教育、いわゆる「詰め込み教育」を行っていた。機械的な暗記によって多量の知識を習得させる教育法である。「詰め込み教育」では勉強の③_____ため、理解の遅い子どもたちには大きな負担になっていた。また枠にはまらず自由な発想を好む子どもたちの力をどのように伸ばすかもあまり考えられていなかった。そのため、勉強についていけない子どもたちや④_____子どもたちの⑤_____、いじめや校内暴力といった形に発展した。そこで80年代に入ると当時の政府は、段階的にカリキュラムを改訂する⑥_____、2002年には本格的な「ゆとり教育」に踏み切ったのである。具体的には授業時間数が減少した。本を読んで⑦_____のではなく実際に体験することによって⑧_____ことができるという教育理論に基づいた経験重視の教育であった。

(5)-2 | 興味を持つ　　期待が外れる　　成果を収める　　批判の的になる　　格差が生じる
期待が高まる　　結果が出る

　しかし、学校での授業時間を減らして作り出した「ゆとりの時間」を、自然観察やスポーツなどに使ってほしいという政府の①＿＿＿＿＿のである。経済的に豊かな家庭の子どもたちは「ゆとりの時間」を使って、習い事をしたり、進学のために補習をする塾に通ったりしたが、余裕のない家庭の子どもたちは時間をもてあますだけであった。こうして次第に教育レベルに②＿＿＿＿＿いき、全体的には学力の低下を招いた。そして数年後、世界共通テストの結果を見て多くの日本人は衝撃を受けた。数学をはじめとしてほとんどの科目の順位が下がったが、中でも読解力が他の国より劣っているという③＿＿＿＿＿のである。そのため、学校は授業で何を教えてきたのだと、とりわけ国語教育が④＿＿＿＿＿。

　2010年現在、世間の風潮は「ゆとり教育」の反省という方向にある。国はまたカリキュラムの見直しを始めた。授業時間数も内容も大幅に増えるそうで、遊びに慣れた子どもたちが長時間の授業に耐えられるか、難しい内容に⑤＿＿＿＿＿かどうかが懸念されている。

練習5　連語を使って文章を書き替える

1. 〔A〕の文章は、〔B〕の文章をやさしい表現を使って要約したものである。〔A〕を参考にしながら、〔B〕の＿＿＿に□から当てはまる語を選び、適当な形に直して入れなさい。また（　）には適当な助詞を入れなさい。

（1）　ドラマ大好き　ストーリー

〔A〕昨年ヒットしたAというドラマは、ある会社の二代目経営者である息子の物語である。彼は、父親の汚いやり方に怒り、正直なやり方でビジネスを行った。そのため会社がつぶれそうになるけれども、会社と社員のために必死に努力するという話であり、見ていた多くの人は感動した。

〔B〕| 与える　陥る　懸（か）ける　覚える　負う |

昨年ヒットしたAというドラマは、若い二代目経営者の苦悩を描いたものである。彼は、会長である父親の卑劣な商売のやり方に①反発（　）＿＿＿＿＿、正直なビジネスを貫き通した。そのため資金繰りがうまくいかなくなり、倒産の②危機（　）＿＿＿＿＿。しかし、社長として会社再建という③責任（　）＿＿＿＿＿、社員のために④命（　）＿＿＿＿＿戦う姿は多くの人に⑤感銘（　）＿＿＿＿＿。

（2）　ドラマ大好き　俳優

〔A〕毎回、いろいろなことが起こって面白かったが、特に、父親が主人公に、「お前は自分の本当の息子ではない」という秘密を話す場面では、見る人はテレビの前から動けないほどだった。内容もそうだが、主人公役をやったのが人気歌手のKだったことも評判になった。Kの演技はびっくりするほど上手だった。これで彼も今までのイメージとは違って、もっといろいろな役ができる俳優になるだろう。

〔B〕| 高い　演じる　広げる　明かす　のむ　払拭（ふっしょく）する　取る |

毎回、波乱に富んだ⑥息（　）＿＿＿＿＿シーンの連続だったが、特に、主人公が父親から自分が父の本当の子ではないという出生の⑦秘密（　）＿＿＿＿＿場面では、主人公に同情が集まり、視聴者はテレビの前に釘付けになった。内容もさることながら、若者に⑧人気（　）＿＿＿＿＿歌手のKが⑨主人公（　）＿＿＿＿＿、⑩評判（　）＿＿＿＿＿。Kの演技はすばらしく、これによって彼は歌って踊れるアイドル歌手という⑪イメージ（　）＿＿＿＿＿、俳優として演技の⑫幅（　）＿＿＿＿＿と思う。

2．〔A〕の文章を連語を用いて書き換えたい。〔B〕の文章の＿＿＿に当てはまる連語を□から選び、適当な形に直して入れなさい。

（1）　人口問題

〔A〕日本の人口は 2005 年に大きく変化した。人口が自然に減り始めたのである。戦争直後のベビーブームが終わってからは、生まれる赤ちゃんの数も減ってきていた。しかし、それと同時に、寿命も伸びて老人の数も増えてきた。そして 2007 年になると 65 歳以上の人がなんと 21％以上も占める国になった。このままでは老人の数は多いが働く人が少なくなり、税金や年金などいろいろな難しい問題が起こる。そうなると社会を支える働く人々は大きな負担を抱えることになる。若い人たちが将来のことを明るく考えられるように、早く何とかする必要がある。

〔B〕　負担がかかる　　傾向を見せる　　希望を抱く　　対策を講じる　　危機に陥る

　　　日本の人口は 2005 年に大きな変化があった。この年に、統計を取り始めて以来初めて、人口が自然減となったのである。第一次ベビーブームの去った 1950 年以降、日本の「合計特殊出生率」つまり、一人の女性が一生に産む子どもの平均数は、減少の①＿＿＿＿＿始めていた。少子化が始まったのである。それと同時に、高齢化も進行し、2007 年には、65 歳以上の高齢者が総人口の 21％を越す、いわゆる「超高齢社会」へと突入した。少子高齢化が進んだ社会では、15 歳〜64 歳までの生産年齢人口、いわゆる労働人口の割合が低くなる。税金や社会保障を支える人口が保障を受ける人口より少なくなるため、働く人々に大きな②＿＿＿＿＿ことになり、税収入や年金制度が③＿＿＿＿＿と懸念されている。若い人々が将来に④＿＿＿＿＿ことができるよう、早急に⑤＿＿＿＿＿必要性が叫ばれている。

（2）　日本経済の復興

〔A〕第二次世界大戦が終った後、日本は荒れ果てて、ひどいありさまで食べるものも十分になかった。しかし 1950 年にアメリカと朝鮮の間に戦争が起こると、日本には戦争に必要な飛行機や機械などの注文が来るようになった。それをきっかけとして日本経済は力を取り戻し、その後、急速に大きく発展することとなった。この時代の産業を引っ張っていたのが自動車産業であった。昔の飛行機を作る技術が自動車を作るために使われ、より良いものを作る工夫もされた。また、新聞・雑誌やテレビを通じて、アメリカの文化や人々の生活が伝えられるようになった。便利な道具に囲まれて豊かに暮らすアメリカ人の生活は当時の日本人にとってあこがれの的であった。その結果、洗濯機や炊飯器を始めとして、日本人の生活にあった電化製品がどんどん作り出されていった。

〔B〕　波に乗る　　主導権を握る　　影響を与える　　目標に掲げる　　伝統を受け継ぐ　　機を捉える

　　　戦後の日本経済は、荒れ果てて廃墟と化した街からの出発であった。しかし、朝鮮戦争（1950 年）による軍需ブームで発展の①＿＿＿＿＿、一気に復興の②＿＿＿＿＿、未曾有の成長を遂げたのである。この時代に産業発展を牽引し、③＿＿＿＿＿のが自動車産業であった。戦前の軍用飛行機製造の④＿＿＿＿＿、その技術を自動車製造に応用したことで、性能のよい商品が開発されたためであった。電機産業もまた飛躍的に発展した。同時に、マスコミを通じてアメリカ文化が伝わってくるようになり、それが当時の日本人に大きな⑤＿＿＿＿＿。便利な電化製品に囲まれた豊かなアメリカ家庭の生活スタイルは実に魅力的なものであったからだ。そこで、アメリカに追いつくことを⑥＿＿＿＿＿、日本の生活に合うよう工夫を重ねて次々と新しい製品を生み出していった。

（3） 隠された才能

〔A〕外国語がよくできるので海外企業との連絡をまかされているA課長が、ほかの場所に行っていてその場にいない間に、フランスの取引先から緊急の連絡が入った。私を含めて課員は、どうしたらいいか困ってしまっておろおろしていたところ、日頃、無口でいるのかいないのかわからないようなBさんが、上手なフランス語で話をして、問題は解決した。この事件で、みんなはBさんのことをよく思うようになった。

〔B〕| 影が薄い　席を外す　役を務める　義務を負う　評価が高まる　パニックに陥る |

外国語に堪能で、海外企業との連絡①＿＿＿＿＿いるA課長が②＿＿＿＿＿いる間に、フランスの取引先から緊急の連絡が入った。私を含めて課員は、③＿＿＿＿＿いたところ、日頃、無口で④＿＿＿＿＿Bさんが、流暢なフランス語で応対し、問題は解決した。この事件をきっかけに、Bさんに対する⑤＿＿＿＿＿。

（4） 社会人の心構え

〔A〕学生時代には、授業に出たり、自分で本を読んだりしてできるだけたくさんのことを知っておくことはもちろんだが、様々な体験を通して、ものの見方を大きくすることが大切だ。それと同時に、学生時代に大人の常識ときちんとした日本語を身につけておかないと、仕事上の問題が起こるかもしれない。学生時代なら、ちょっと間違ったくらいならそれほど問題にならないが、仕事の上ではミスは許されず、だれのせいでそうなったのかが問題になることもある。

〔B〕| 視野を広げる　支障を来たす　責任を問う　知識を得る　問題を抱える　ミスを犯す |

学生時代には、授業に参加する、読書に励むなどして、できる限り多くの①＿＿＿＿＿おくことはもとより、様々な体験を通して、②＿＿＿＿＿ことが大切だ。それと同時に、学生時代に大人の常識ときちんとした日本語を身につけておかないと、仕事に③＿＿＿＿＿ことになりかねない。学生時代なら、ちょっと④＿＿＿＿＿くらいでは、それほど問題にならないが、仕事の上ではミスは許されず、⑤＿＿＿＿＿こともある。

（5） 新しい仕事の決意

〔A〕営業部の主任になり、これまで関係を持つことのなかったA社と取引きするという大きな仕事を担当することになった。A社との取引をまとめるまでには、大変なことがたくさんあることが予想されるが、ここでよい結果を出して自分をアピールできたら、次へのステップアップになるので、自分の持っているすべての力を使ってがんばりたいと思う。

〔B〕| 契約を結ぶ　交渉を持つ　困難が伴う　問題を解決する　全力を尽くす　存在感を示す　任務を担う |

営業部の主任に任命され、これまで①＿＿＿＿＿ことのなかったA社との取引をまとめるという重大な②＿＿＿＿＿ことになった。③A社と＿＿＿＿＿までには、多くの④＿＿＿＿＿ことが予想される。ここで自分の⑤＿＿＿＿＿ことができれば、次へのステップアップにつながるので、⑥＿＿＿＿＿たいと思う。

（6）党首討論

〔A〕国会で与党と野党の党首による討論が行われた。不正に金を受け取った疑いで国民から批判されている首相は、この党首討論で最近の政府による経済政策がよい成果をもたらしていて、景気の動きを示す指数が上がっていることをアピールし、国民の支持をもう一度得たいと考えていた。しかし、野党の党首から、政府の景気対策には問題があると厳しく質問をされ、完全に相手に議論の行方をコントロールされてしまった。首相は、野党に対してやり返すチャンスを探していたが、結局、ほとんど野党側からの質問に応えるだけで、党首討論は終わってしまった。首相には、不正な金を受け取った問題に対してしなければならない説明をし、もう一度、きちんとした態度で、首相としてするべきことをしてほしい。

〔B〕
| 主導権を奪う　　非難の的になる　　責任を果たす　　使命を帯びる　　効果を上げる |
| 機会を窺（うかが）う　　姿勢を正す |

与野党の党首討論が行われた。不正献金疑惑で国民の①＿＿＿＿＿＿いる首相は、この党首討論で新しい経済政策が②＿＿＿＿＿＿、景気動向指数が上昇していることをアピールし、国民の支持を取り戻したいと考えていた。しかし、野党党首に、政府の景気対策の不備を突く鋭い質問を浴びせられ、完全に③＿＿＿＿＿＿しまった。首相は、野党に対する反撃の④＿＿＿＿＿＿いたが、結局、ほとんど野党側からの質問に応えるだけで、党首討論は終わってしまった。首相には、不正献金問題に対する⑤説明＿＿＿＿＿＿、今一度、⑥＿＿＿＿＿＿、首相としての使命を全うしてほしい。

3．〔B〕の文章は、〔A〕のインタビューや対談記事の内容をやさしい表現を使ってまとめたものである。〔B〕を参考にしながら、〔A〕の下線部にどのような連語表現が用いられているのかを考えなさい。各設問の後に、ヒントとなる選択肢を示したが、最初は見ないで考えてみること。【　】と□□の語は2回使ってもよい。

（1）スポーツ中継

〔A〕「こちら、決勝戦の行われる会場は、朝から大勢の応援団が詰めかけ、試合開始前から①【　　　】（　　）＿＿＿＿＿＿います。何と言いましても、オリンピックは国を代表しての戦いですから、選手たちは、国民の②【　　　】（　　）＿＿＿＿＿＿と、最後の練習に余念がありません。先ほど、日本チームの監督にお話をうかがったところ、「日本の勝利を確信している」との③【　　　】（　　）＿＿＿＿＿＿お答えが返ってきました…」

〔B〕決勝戦の行われる会場は、朝から大勢の応援団が入って、試合開始前から①興奮でその場が熱くなっている。選手たちも②期待してくれたとおりの結果を出そうと、最後の練習をしている。日本チームの監督は、「勝利を確信している」と③自信たっぷりに言っていた。

【熱　自信　期待　希望】　　満ちる　帯びる　応える　高い

(2) 対談「時の人」 ＭＤＣ新社長松下氏に聞く

《４月から社会に出て働く人へのメッセージ》

〔Ａ〕

松下「上司に対して、必要以上に自分に①【　　　】が＿＿＿＿＿＿ところを見せようとする人がいますが、仕事っていうのは、ある程度は経験ですからね。②【　　　】が＿＿＿＿＿＿うちは、失敗してもしかたがない。失敗を恐れず、③【　　　】を＿＿＿＿＿＿覚悟で、若い人には積極的に行動してほしいですね。そして、もし、わからないことがあったら、どんどん先輩に質問したらいいんです。社会人になったからには人を当てにせず、何とか自分ひとりで問題の解決を図ろうという姿勢はいいんですけれど、自分の手に余ることは自分で④勝手な【　　　】を＿＿＿＿＿＿ず、先輩なり上司なりに⑤【　　　】を＿＿＿＿＿＿ことが大切ですね」

〔Ｂ〕上司に自分が①優れているところを見せようとする人がいるが、②仕事の経験が少ないうちは、わからないことがあって当然なので、③恥ずかしい思いをしても、先輩に質問したらよい。社会人になったのだから、人に頼らず、自分ひとりで問題を解決しようとするのはよいが、自分の能力では解決できないことは自分④勝手に判断せず、先輩や上司に⑤指示してもらうことが大切だ。

【判断　経験　能力　指示　恥】　　仰ぐ　上げる　下す　さらす　ある　浅い　高い

《―ビジネスで成功する秘訣(ひけつ)は》

〔Ａ〕

松下「仕事で⑥【　　　】を＿＿＿＿＿＿ためには、とにかくまじめに働けばよいと思っている人が多いですが、大切なのは、⑦【　　　】を＿＿＿＿＿＿ことだと思います。⑧【　　　】を＿＿＿＿＿＿ことを焦る余り、自分の周りに敵を作ってしまったら、後々、それが悪い結果となって跳ね返ってくるものです。周りにいる人たちへの⑨【　　　】を＿＿＿＿＿＿ず、会社内外で、⑩良好な人間【　　　】を＿＿＿＿＿＿ことが何よりです」

〔Ｂ〕仕事で⑥成功するためには、まじめに働けばよいと思っている人が多いが、大切なのは、⑦人とのつながりを作っていくことだ。⑧仕事の成果をたくさん残そうとして、周りに敵を作ると、悪い結果となってはね返ってくる。周りの人たちへの⑨心遣いを忘れず、会社の中でも外でも、⑩人とのよい関係を保つことが何よりである。

【人脈　配慮　関係　成功　実績】　　築く　怠る　収める　上げる　維持する

（3）エコ対談「森野守と歩く日本の山野」 エッセイスト・ハンナさん

〔A〕

森　野「今日は、エッセイストで自然愛好家としても知られるハンナさんをゲストにお招きしています。ハンナさんのように日本に定住している外国の方は多いですが、日本の森林保護活動をしている方というのは少ないんじゃないでしょうか」

ハンナ「私が日本に来たのは、もう20年以上も前ですけれど、お恥ずかしい話ですが、当事は梅と桜の①【　　　】も＿＿＿＿＿んです。ですから、20年後にこんなことをしているなんて、思いもよらなかったんです」

森　野「それがどうして、こういう②【　　　】を＿＿＿＿＿ようになったんですか」

ハンナ「当時の私には、日本といったら、科学技術の国という③【　　　】しか＿＿＿＿＿んですけれど、夏休みに、友人に誘われてトレッキングに参加しましてね、こんなに科学技術の発達した国に、こんなに美しい自然が残されているということにほんとうに驚きました。そのときの④【　　　】は＿＿＿＿＿です。それで、この美しい自然を守るために自分にできることはないか、⑤【　　　】を＿＿＿＿＿いたんですよ。私のような、言わば余所者(よそ)が何か言っても、日本の人が耳を傾けてくれるとは思わなかったんですが、日本の自然について書いたエッセイを出版したら、みなさんの⑥【　　　】を＿＿＿＿＿しまいまして…」

森　野「ハンナさんの最初のエッセイにありますように、たしかに、私たち日本人は、自分たちの国を自分たちの手で守ろうという⑦【　　　】が＿＿＿＿＿ですよね」

ハンナ「はい。自然や人間の生活を第一に考えて生産を行おうとしたら⑧【　　　】が＿＿＿＿＿と考える企業はまだ多数を占めていると思います。でも、私たちには、美しい自然を美しいままに残し、未来に伝えていく⑨【　　　】が＿＿＿＿＿はずです。今、私は、エッセイストとして、日本の美しい自然を守っていくという⑩【　　　】を＿＿＿＿＿いると考えています」

〔B〕ハンナさんは、日本に来た当事、梅と松の①違いもわからないほどだったので、20年後に森林保護活動をすることなど考えもしなかった。なぜ、こういう②活動をするようになったのか。当事は、日本は科学技術の国という③イメージしかなかったが、トレッキングに参加し、科学技術の発達した国に、美しい自然が残されていることに驚いた。そのときの④衝撃がすごかったので、美しい自然を守るために自分にできることはないか、⑤ちょうどいい時期を探していた。それで、日本の自然について書いたエッセイを出版したら、⑥みんなが関心をもって見るようになった。ハンナさんのエッセイにあるように、日本人は、自分たちの国を自分たちの手で守ろうという⑦気持ちが少ない。自然や人間の生活を第一に考えて生産を行うと⑧十分な利益が得られないと考える企業が多い。だが、私たちは、⑨美しい自然を未来に伝えて⑨いかなければならない。ハンナさんは、エッセイストして、自分が日本の自然を守るという⑩与えられた重大な仕事をもっていると考えている。

【道　区別　印象　意識　想像　機会　採算　使命　注目　インパクト】

| 大きい　高い　希薄だ　つく　歩む　探る　合う　ある　浴びる　とれる　負う　ない |

4. ___の文章は、次のページの新聞記事を全体的にやさしい表現を使って書き直したものである。下線部にどのような連語表現が用いられているのかを考え、下の【　】と___から適当な語を選んで連語表現を作りなさい。（　）には助詞を入れること。また、＿＿＿は、本書の連語リストでは取り上げていないが、新聞記事によく用いられる重要な表現なので、特に注意すること。

（1）中小企業支援策の見直し
　　Ａ首相は、①中小企業を助けるために政府が行うことにした優遇金利制度のせいで②景気が悪くなる心配が大きくなってきたということで、関係省庁に金利制度を見直すように言った。Ａ首相は、③自分が行う政策の基本は景気対策だと言っていて、この優遇金利制度をやり始めることは、Ａ政権の経済政策の中心で注目される点となっていた。優遇金利制度によって、それまで増えていた企業の倒産が減り、④経済的にはよかったと見られていたが、ここ数ヶ月は、⑤原油の値段が急に高くなったせいで、製造業などで資金を用意することができない会社が増え、倒産件数も、前の月の２倍近くまで上がった。

①政府が中小企業を助ける政策を示す　→　政府が中小企業支援【　　　　】（　）＿＿＿＿＿
②景気が悪くなる心配が大きくなる　→　景気後退の【　　　　】（　）＿＿＿＿＿
③景気対策が基本であることを示す　→　景気対策を政策の基本【　　　　】（　）＿＿＿＿＿
④経済的によい結果になる　→　経済【　　　　】（　）＿＿＿＿＿
⑤原油価格が高くなったせいで～なる　→　原油価格高騰の【　　　　】（　）＿＿＿＿＿
【懸念　影響　効果　方針　策】　強まる　受ける　上がる　掲げる　打ち出す

（2）東京モーターショーが始まる
　　明日から１週間、東京でモーターショーが行われる。①環境問題について考える人が増えているので、電気自動車など、公害が出にくい車の出品も多い。今、新車販売がうまくいっていないので、その状態をとめるため、どうしたら②消費者に興味を持ってもらえるかが大きなテーマとなっている。
　　最近の若者は、一世代前に比べて、車に③お金をかけないようになってきている。車は維持管理にお金がかかるし、渋滞になったらどうしようもないので、若者ばかりでなく、ファミリー世代でも、車に乗らない、車を使わないという人が急に増えている。こうした④状況のせいなのか、今年度上半期の新車販売台数は、前年の同じ時期に比べて8.1％も減った。そういう状況の中で開かれるショーなので、関係者はこれをきっかけに⑤売り上げが伸びてほしいと強く思っている。

①環境問題について考える人が増える　→　環境問題に対する【　　　　】（　）＿＿＿＿＿
②消費者に興味を持たせる　→　消費者の【　　　　】（　）＿＿＿＿＿
③お金をかけないようになってきている　→　お金をかけない【　　　　】（　）＿＿＿＿＿
④こうした状況のせいでか　→　こうした【　　　　】（　）＿＿＿＿＿か
⑤関係者は成功することを強く思っている。→　関係者の【　　　　】（　）＿＿＿＿＿
【影響　期待　傾向　関心】　大きい　高まる　呼ぶ　ある

（3）宇宙探査機「飛翔（はばたき）」に応援メッセージ

　　日本の優れた科学技術を集めて造られた宇宙探査機「飛翔」は、小惑星帯を抜け、火星への軌道に近づいたとき、隕石と接触して側面の①エネルギーパネルが傷むという予想もしなかったアクシデントが起こった。だが、何とかその②非常に危険な状態から抜け出し、宇宙での活動を続けている。「飛翔」からの映像がインターネットで実況中継されたために、③世間の人々がみんな注意して見るようになり、宇宙航空機構には、「飛翔」を④応援するメッセージなどが送られてきているそうだ。

①機械や装置などが傷む → エネルギーパネルに【　　】（　）＿＿＿＿＿＿

②非常に危険な状態から抜け出す → 【　　】（　）＿＿＿＿＿＿

③世間の人々が注意して見る → 世間の【　　】（　）＿＿＿＿＿＿

④応援するメッセージなどが送られてくる → 応援する【　　】（　）＿＿＿＿＿＿

【声　傷　注意　注目　危機】　つく　集める　寄せる　脱する

（4）新国際空港建設にA市議会反対決議

　　A市、B市、C市の3市にまたがって建設される予定の新国際空港について、開発するべきか自然を保護するべきか①意見が分かれて活発に話し合われている中、空港建設予定地に含まれるA市北部の自然林に、絶滅するかもしれない植物の自生地があることがわかった。A市長は②自生地を保護するべきだという意見を周囲に言っていて、これを受け、A市議会では、空港建設反対の決議案が、今週中に採決される予定だ。これまで、③3市はそろって、空港建設を推進してきたが、一部の市民団体は、空港を建設すると植生が破壊されるといって、④ずっと強く反対してきた。そんな中で、A市議会で反対決議が可決されれば、建設反対の動きが⑤ますます活発になるだろう。

①開発するべきか、自然を保護するべきか、【　　　】（　）＿＿＿＿＿中

②A市長は自生地を保護するべきだという【　　　】（　）＿＿＿＿＿おり

③3市は【　　　】（　）＿＿＿＿＿、空港建設を推進してきた。

④一部の市民団体は、＿＿＿＿＿【　　　】を続けてきたが

⑤可決されれば、反対の動きがこれまで以上に活発になる【　　　】（　）＿＿＿＿＿。

【意識　意向　足並み　声　議論　可能性　抵抗】　激しい　高い　示す　沸騰する　揃える

（1）見直しを迫られる中小企業支援策

A首相は、①中小企業支援【策】として打ち出した優遇金利制度の影響で、②景気後退の【懸念】が強まってきたとして、金利制度の見直しを関係省庁に指示した。A首相は、景気対策を政策の③基本【方針】（に）掲げており、この優遇金利制度の導入は、A政権の経済政策の目玉となっていた。優遇金利制度導入後、企業の倒産件数が減少に転じ、④経済【効果】が上がったと見なされていたが、ここ数ヶ月は、⑤原油価格高騰の【影響】（を）受け、製造業を中心に、資金繰りに行き詰まる会社が増え、倒産件数も一気に前月の2倍近くに上昇した。

（2）東京モーターショー開幕

明日から1週間にわたり、東京でモーターショーが開催される。①環境問題への【関心】（の）高まりを受け、電気自動車など低公害車の出品も多い。新車販売の低迷に歯止めをかけるため、いかにして②消費者の【関心】（を）呼ぶかが大きなテーマとなっている。

最近の若者は、一世代前に比べ、車に③お金をかけない【傾向】（に）ある。車は維持管理にお金がかかる上、渋滞に巻き込まれると身動きがとれなくなるため、若者ばかりでなく、ファミリー世代でも車離れが加速化している。こうした④【影響】（も）あってか、今年度上半期の新車販売台数は前年同期比8.1％減と落ち込んだ。その中で開かれるショーだけに、⑤関係者の【期待】（は）大きい。

（3）宇宙探査機「飛翔」に応援メッセージ

日本の科学技術の粋を結集させた宇宙探査機「飛翔」は、小惑星帯を抜け、火星への軌道にさしかかった段階で、隕石との接触により側面の①エネルギーパネルに【傷】（が）つくという予期せぬアクシデントに見舞われた。だが、何とかその②【危機】（を）脱し、宇宙での活動を続けている。「飛翔」からの映像がインターネット上で実況中継されたこともあって、③世間の【注目】（を）集め、宇宙航空機構には「飛翔」を④応援する【声】（が）次々に寄せられている。

③「関心を集める／呼ぶ」も使える。④「声が届けられる」も使える。

（4）新国際空港建設にA市議会反対決議

A市、B市、C市の3市にまたがって建設される予定の新国際空港をめぐり、開発か自然保護かで①【議論】が沸騰する中、空港建設予定地に含まれるA市北部の自然林に絶滅危惧種とされる植物の自生地があることが判明した。A市長は②自生地保護の【意向】を示しており、これを受け、A市議会では、空港建設反対の決議案が、今週中に採決される公算となった。これまで、③3市は【足並み】をそろえて、空港建設を推進してきたが、一部の市民団体は、空港建設による植生破壊を訴え、④激しい【抵抗】を続けてきた。そんな中で、A市議会で反対決議が可決されれば、建設反対の動きが⑤加速化する【可能性】が高い。

練習6　名詞と動詞・形容詞の組み合わせを確かめる

1. ①〜⑤の動詞グループと組み合わせて連語を作ることができる名詞を＿＿＿から選びなさい。
   （　）に入る助詞は、同じ名詞でも動詞によって異なるので注意すること。

① | 人気
疑い
涙
命
夢 | （　） | ①縮む・賭ける・奪う・捨てる・絶つ・失う・落とす
②集める・高まる・上がる・呼ぶ・落ちる・衰える
③持つ・抱く・かかる・晴れる・消える・強まる
④出る・流す・ためる・こみ上げる・こらえる
⑤覚める・かなう・抱く・膨らむ・奪う

② | 興味
声
噂
信頼
記録 | （　） | ①ある・持つ・引く・示す・覚える・失う
②出る／出す・残す・伸ばす・持つ・更新する・塗り替える
③なる・流れる／流す・のぼる・広まる／広める・飛び交う
④出す・かける・発する・ひそめる・あがる／あげる・高まる
⑤得る・裏切る・寄せる・薄れる・揺らぐ・厚い

③ | 日
情報
思い
注文
資格 | （　） | ①かなう・募る・遂げる・めぐらす・寄せる・胸に秘める
②得る・入る・溢れる・漏らす・入手する・把握する
③昇る・沈む・暮れる・傾く・差す・落ちる
④とる・つける・受ける・うるさい・応じる
⑤持つ・取る・得る・与える・失う・有する

④ | 道
利益
調子
表情
旗 | （　） | ①振る・立てる・揚げる・降ろす・翻る／翻す
②暗い・明るい・硬い・柔らかい・険しい・曇る
③出る／出す・上がる／上げる・生む・追求する
④いい・悪い・合わせる・乗る・とる・狂う
⑤開く／開ける・歩む・進む・踏み出す・見失う

2. ①〜⑤の名詞グループと結びつく動詞を＿＿＿から選びなさい。

（1） ①【時間・距離・責任・対策・注文・手間・姿勢・立場・バランス・コミュニケーション】
　　 ②【確信・情報・信頼・信用・評価・納得・成果】
　　 ③【義務・任務・役割・使命・約束・機能・念願】
　　 ④【責任・義務・任務・罪・けが・リスク】
　　 ⑤【話題・関心・議論・人気・感動・反響】　　| 果たす　　負う　　呼ぶ　　とる　　得る |

（2）① 【関心・興味・意向・懸念・抵抗・存在感・見通し】
　　② 【涙・気迫・自信・活気・情報・意欲】
　　③ 【疑問・損失・矛盾・混乱・支障・ズレ】
　　④ 【注目・批判・光・スポットライト・言葉】
　　⑤ 【相談・調子・波・ブーム】

溢れる　浴びる　生じる　示す　乗る

（3）① 【評判・信用・ペース・命・影】
　　② 【汗・涙・情報・うわさ・水】
　　③ 【成績・利益・効果・人気・熱】
　　④ 【手間・期待・負担・面倒・圧力】
　　⑤ 【関心・興味・人目・注意】

あがる　かける　引く　流す　落とす

（4）① 【力・火・傷・値・話・区別・条件・想像・知恵・地位・任務・判断・注文】
　　② 【波・旗・席・計画・対策・立場・評判・方針・前提・見通し・目標・トップ】
　　③ 【力・涙・熱・火・記録・結果・結論・指示・損失・利益・ヒット】
　　④ 【熱・名・歓声・効果・実績・成果・成績・人気・利益・ペース】
　　⑤ 【関心・期待・注目・人気・話題】

立つ／立てる　出る／出す　集まる／集める　つく（付・就）／つける　あがる（上・挙）／あげる

＊自動詞・他動詞どちらかしか使えないものがあるので気をつけること。

3．【　】の名詞すべてと組み合わせて連語を作ることができる形容詞を下の＿＿から選びなさい。また、それぞれ、反対の意味を表すときに用いる形容詞は何か考えなさい。名詞によって反対の意味をあらわすときに用いる形容詞は異なるので注意すること。

① 【感覚】
② 【表情・見通し】
③ 【関係・傷・理解・罪】
④ 【責任・罪・処分・負担】
⑤ 【効果・信頼・存在感・印象・影】
⑥ 【不安・期待・望み・犠牲・ズレ】
⑦ 【印象・意識・関心・懸念・抵抗・ストレス】
⑧ 【関心・期待・地位・信頼・可能性・望み・コスト】

大きい　高い　薄い　明るい　鋭い　深い　強い　重い

4．次の名詞と結びつく動詞・形容詞はどれか。結びつかないものに○をつけなさい。答えが二つ以上ある場合もある。

（１）　①問題　｛を抱く・を抱える・が起こる・が片付く・に直面する｝
　　　　②関心　｛が集まる・を浴びる・を示す・を失う・が高い｝
　　　　③影響　｛をもらう・がかかる・が来る・が出る・が強い｝
　　　　④声　　｛があがる・をかける・を呼ぶ・を寄せる・を発する｝
　　　　⑤人気　｛が上がる・が落ちる・が減る・を集める・を浴びる｝

（２）　①対策　｛を取る・を持つ・を練る・を打ち出す・に打ち込む｝
　　　　②結論　｛を上げる・を下す・が出る・が着く・に達する｝
　　　　③印象　｛を持つ・が出る・に残る・をあげる・が薄い｝
　　　　④注意　｛を払う・を呼ぶ・を受ける・を浴びる・をはずす｝
　　　　⑤興味　｛を出す・を覚える・を失う・を呼ぶ・を引く｝

（３）　①効果　｛が上がる・が出る・が増える・が疑わしい・が濃い｝
　　　　②役割　｛を果たす・を演じる・を務める・を抱える・を担う｝
　　　　③思い　｛がかなう・が実現する・を巡る・を寄せる・が募る｝
　　　　④意識　｛を失う・を向ける・を回復する・を取り返す・が薄い｝
　　　　⑤目標　｛を立てる・に達する・を抱える・を掲げる・をクリアする｝

（４）　①話　　｛をかける・が分かる・が合う・が早い・をつける｝
　　　　②関係　｛を保つ・を維持する・を切る・を取る・が深い｝
　　　　③成績　｛が高まる・が下がる・を出す・を挙げる・を収める｝
　　　　④責任　｛を持つ・を抱える・を負う・を逃れる・が重い｝
　　　　⑤期待　｛を抱く・が膨らむ・が拡大する・が外れる・に応える｝

（５）　①処分　｛を下す・が下がる・が厳しい・が重大だ・を科す｝
　　　　②焦点　｛を当てる・がずれる・がぼける・をごまかす・を絞る｝
　　　　③歴史　｛を戻る・をさかのぼる・をたどる・がある・を誇る｝
　　　　④危機　｛が迫る・を脱する・に瀕する・に見舞われる・が高い｝
　　　　⑤機　　｛が熟す・に乗る・を逸する・を免れる・を逃がさない｝

5．次の名詞について「～する」と言える場合は「する」に、「～がある」と言える場合は「ある」に、両方言える場合は両方に○をつけなさい。どちらも言えない名詞もある。

（1）　①傾向　　{する・がある}　　　⑥不満　　{する・がある}
　　　②けが　　{する・がある}　　　⑦目標　　{する・がある}
　　　③効果　　{する・がある}　　　⑧イメージ{する・がある}
　　　④条件　　{する・がある}　　　⑨関心　　{する・がある}
　　　⑤評価　　{する・がある}　　　⑩声　　　{する・がある}

（2）　①表情　　{する・がある}　　　⑥息　　　{する・がある}
　　　②意識　　{する・がある}　　　⑦損失　　{する・がある}
　　　③信用　　{する・がある}　　　⑧反発　　{する・がある}
　　　④評判　　{する・がある}　　　⑨緊張　　{する・がある}
　　　⑤リスク　{する・がある}　　　⑩結論　　{する・がある}

（3）　①損害　　{する・がある}　　　⑥意向　　{する・がある}
　　　②懸念　　{する・がある}　　　⑦不信　　{する・がある}
　　　③気配　　{する・がある}　　　⑧決着　　{する・がある}
　　　④犠牲　　{する・がある}　　　⑨支障　　{する・がある}
　　　⑤疑問　　{する・がある}　　　⑩配慮　　{する・がある}

6．次の名詞について「与える」と言える場合は「与える」に、「受ける」と言える場合は「受ける」に、両方言える場合は両方に○をつけなさい。どちらも言えない名詞もある。

（1）　①愛情を　　{与える・受ける}　　（2）　①損失を　{与える・受ける}
　　　②印象を　　{与える・受ける}　　　　　②反発を　{与える・受ける}
　　　③影響を　　{与える・受ける}　　　　　③機会を　{与える・受ける}
　　　④違和感を　{与える・受ける}　　　　　④感銘を　{与える・受ける}
　　　⑤不安を　　{与える・受ける}　　　　　⑤罪　を　{与える・受ける}
　　　⑥役割を　　{与える・受ける}　　　　　⑥誤解を　{与える・受ける}
　　　⑦指示を　　{与える・受ける}　　　　　⑦教育を　{与える・受ける}
　　　⑧相談を　　{与える・受ける}　　　　　⑧非難を　{与える・受ける}
　　　⑨注文を　　{与える・受ける}　　　　　⑨抵抗を　{与える・受ける}
　　　⑩被害を　　{与える・受ける}　　　　　⑩批判を　{与える・受ける}

7．次の名詞について「〜する」と言える場合は「する」に、「〜をかける」と言える場合は「をかける」に○をつけなさい。また、「〜する」とほとんど同じ意味で「〜をかける」が使えるものは、「する」と「をかける」を＝で結びなさい。どちらも言えない名詞もある。

①圧力　　｛する・をかける｝
②期待　　｛する・をかける｝
③負担　　｛する・をかける｝
④面倒　　｛する・をかける｝
⑤世話　　｛する・をかける｝
⑥無理　　｛する・をかける｝
⑦攻撃　　｛する・をかける｝
⑧相談　　｛する・をかける｝
⑨損害　　｛する・をかける｝
⑩抵抗　　｛する・をかける｝

8．次の名詞について「〜がある」「〜を持つ」「〜を抱く」のどれが言えるか。言えるものに○をつけなさい。また、「〜がある」とほとんど同じ意味で「〜を持つ」「〜を抱く」が使えるものは、「がある」と「を持つ／抱く」を＝で結びなさい。

①印象　　｛がある・を持つ・を抱く｝
②意欲　　｛がある・を持つ・を抱く｝
③関係　　｛がある・を持つ・を抱く｝
④関心　　｛がある・を持つ・を抱く｝
⑤感動　　｛がある・を持つ・を抱く｝
⑥機能　　｛がある・を持つ・を抱く｝
⑦不安　　　｛がある・を持つ・を抱く｝
⑧希望　　　｛がある・を持つ・を抱く｝
⑨記録　　　｛がある・を持つ・を抱く｝
⑩緊張　　　｛がある・を持つ・を抱く｝
⑪インパクト｛がある・を持つ・を抱く｝
⑫イメージ　｛がある・を持つ・を抱く｝

9．次の名詞について「〜を抱く」と言える場合は「を抱く」に、「〜を抱える」と言える場合は「を抱える」に、両方言える場合は両方に○をつけなさい。

①興味を　　｛抱く・抱える｝
②確信を　　｛抱く・抱える｝
③問題を　　｛抱く・抱える｝
④矛盾を　　｛抱く・抱える｝
⑤信念を　　｛抱く・抱える｝
⑥不信を　　｛抱く・抱える｝
⑦期待を　　｛抱く・抱える｝
⑧秘密を　　｛抱く・抱える｝
⑨イメージを｛抱く・抱える｝
⑩希望を　　｛抱く・抱える｝
⑪感覚を　　｛抱く・抱える｝
⑫困難を　　｛抱く・抱える｝
⑬懸念を　　｛抱く・抱える｝
⑭不安を　　｛抱く・抱える｝
⑮疑いを　　｛抱く・抱える｝
⑯リスクを　｛抱く・抱える｝
⑰不満を　　｛抱く・抱える｝
⑱疑問を　　｛抱く・抱える｝

１０．次の左の連語と右の連語が、「ＸがＹに影響を与える」「Ｙが影響を受ける」と同じような関係になるように、＿＿に適当な動詞を入れなさい。

Ｘが　Ｙに～		Ｙが～
①教育を ＿＿＿＿	⇔	教育を　受ける
②攻撃を ＿＿＿＿	⇔	攻撃を　受ける
③指示を ＿＿＿＿	⇔	指示を　受ける
④処分を ＿＿＿＿	⇔	処分を　受ける
⑤批判を ＿＿＿＿	⇔	批判を　受ける
⑥義務を ＿＿＿＿	⇔	義務を　果たす
⑦印象を　与える	⇔	印象を　＿＿＿＿
⑧感銘を　与える	⇔	感銘を　＿＿＿＿
⑨不安を　与える	⇔	不安を　＿＿＿＿
⑩資格を　与える	⇔	資格を　＿＿＿＿

１１．次の連語は「なくなる／なくす」という意味の連語である。反対の意味を持つ連語を書きなさい。

①資格を失う ⇔ 資格を ＿＿＿＿　　⑥自信を失う ⇔ 自信を ＿＿＿＿
②意識を失う ⇔ 意識を ＿＿＿＿　　⑦効力を失う ⇔ 効力を ＿＿＿＿
③関心を失う ⇔ 関心を ＿＿＿＿　　⑧権利を失う ⇔ 権利を ＿＿＿＿
④興味を失う ⇔ 興味を ＿＿＿＿　　⑨活気を失う ⇔ 活気に ＿＿＿＿
⑤希望を失う ⇔ 希望を ＿＿＿＿　　⑩面目を失う ⇔ 面目が ＿＿＿＿

〈解答〉

練習1　名詞と動詞・形容詞の組み合わせを覚える

1．（1）①かなえる　②狂う　③交わす　④立てる　⑤高まる　（2）①冷める　②害する　③のむ　④消える　⑤つける　（3）①積む　②果たす　③湧く　④固い　⑤立てる　（4）①出る　②鈍い　③得る　④応じる　⑤正す（5）①磨く　②果たす　③出す　④流す　⑤かける　（6）①狭い　②立つ　③あげる　④なる　⑤稼ぐ　（7）①抱く　②深まる　③薄い　④立つ　⑤奪う　（8）①差す　②降ろす　③守る　④軽い　⑤飛ばす　（9）①落とす　②つく　③大きい　④もらす　⑤延ばす（10）①励む　②低い　③誤る　④立てる　⑤抱く

2．（1）①演じる　②浮かべる　③及ぼす　④クリアする　⑤遭う　（2）①与える　②寄せる　③生じる　④更新する　⑤交わす　（3）①負う　②食う　③合う　④打つ　⑤収める　（4）①呼ぶ　②喚起する　③覚える　④練る　⑤さらす　（5）①出る　②かきたてる　③追及する　④解放される　⑤招く

3．（1）①落ちる　②吹き返す　③破る　④つく　⑤築く　（2）①漏らす　②覚える　③省く　④失う　⑤保つ　（3）①狂う　②晴れる　③破棄する　④得る　⑤縮まる　（4）①欠く　②曲げる　③収まる　④免れる　⑤はずれる　（5）①負う　②浅い　③絶つ　④裏切る　⑤消す

4．（1）①を注ぐ　②を設定する　③を賭ける　④を回復する　⑤を挙げる　⑥を招く　（2）①に入れる　②を呼ぶ　③が決裂する　④を利かせる　⑤を講じる　⑥に躍り出る　（3）①を樹立する　②につく　③をそらす　④を負う　⑤をとる　⑥をつぶす　（4）①を乱す　②を満たす　③に立つ　④に溢れる　⑤がいく　⑥を生む　（5）①をぬぐう　②をつける　③を盗む　④を明かす　⑤をかける　⑥を硬くする　（6）①に欠ける　②を掻き立てる　③をにごす　④が生じる　⑤が見られる　⑥にのぼる　（7）①が噴き出す　②を連ねる　③を省く　④を固める　⑤を失う　⑥にくる　（8）①に押される　②を是正する　③に引けない　④をほぐす　⑤が鈍い　⑥が入る　（9）①に則る　②を通す　③を促す　④に乗る　⑤が張る　⑥に新しい　（10）①を払う　②を酌む　③を知る　④を築く　⑤をおこす　⑥がきく

5．（1）①が麻痺する　②を寄せる　③が揺らぐ　④に達する　⑤が訪れる　（2）①に乗る　②をはらむ　③を移す　④をあらわにする　⑤を当てる　（3）①が通る　②を促す　③をたどる　④を見る　⑤を怠る　（4）①を来たす　②を張る　③を取る　④に乗じる　⑤に迫る　（5）①に躍り出る　②を膨らむ　③を損なう　④を解消する　⑤を飛ばす

6．（1）①になる　②を失う　③を破る　④が解決する　⑤に欠ける　（2）①をそらす　②を乱す　③を打開する　④を軽減する　⑤が漂う　（3）①に直面する　②を脱する　③が立つ　④を逸する　⑤に反する　（4）①を発散する　②がずれる　③をかわす　④を回復する　⑤がきく

7．（1）①をしぼる　②を曇らせる　③が合う　④を解決する　⑤を課す　⑥を絶する　（2）①をはみ出す　②を解く　③を食い止める　④を巻き起こす　⑤を受ける　⑥を忍ぶ

8．（1）①意識を回復する　②興味を引く　③感動を呼ぶ　④水をあける　⑤頂点を極める　⑥世話を焼く　（2）①不信が募る　②利益が出る　③役割を担う　④情報を流す　⑤念願を果たす　⑥噂になる

9．（1）①注意を怠る　②影が薄い　③水に流す　④人気が落ちる　⑤損失が生じる　⑥交渉が決裂する　（2）①興味を失う　②任務を全うする　③ピントが合う　④希望をかなえる　⑤展望が開ける　⑥距離を置く

練習2　名詞を中心に連語を覚える

1．（1）①持った　②強かった　③与える　④残っている　⑤ない　（2）①かかっている　②出てきた　③かけられて　晴らしたい　④強い　（3）①受けて　②与える　大きい　③出た　④ない　⑤及ぼす　（4）①呼んで　②高い　③あった　衰えた　④博した　（5）①出し　②上がったら　③落ちた　④収めた　（6）①ある　②狙って　ない　③ものにして　（7）①激しい　②屈する　③遭い　④示して　（8）①ない　②を受けた　③相談に乗って　④まとまった　⑤乗り　⑥相談に乗って　（9）①掲げて　②達成した　③立てて　④クリアして　（10）①挙がって　②飛んだ　③ひそめて　④挙げる　⑤寄せられて　⑥する

2．（1）①貫き　②正し（て）③とって　（2）①かけて　②交わす　③失った　④甘え（て）⑤返す　（3）①積んで　②いかす　③浅い　④あり（あって）⑤豊かな　（4）①ついた　②込め（て）③注いで　④抜いた　⑤出す　⑥合わせれ　（5）①あった　②負い　③取り（取って）④持って　⑤問う　（6）①裏切られて　②反し（て）③応え（て）④集めて　⑤抱いて　（7）①かけた　②通して　③ついた　④出て　⑤おこして　（8）①切れる　②絶えて　③吹き返した　④のむ　⑤合った　⑥引き取った　（9）①わかる　②合う　③ついた　④早い　⑤なら　（10）①ある　②絶つ　③深い　保って　④持って

3．①乗って　②いかなく　③得る　④つかない　あおぐ　⑤かなって　⑥呼んだ　⑦注いで　⑧立てた　⑨浮かべて　⑩生じて　⑪振ろう　⑫促す　⑬上げた

4．①が合って　②が広がった　③を受けた　④に立つ　⑤が入った　⑥を浴びた　⑦に沿って　⑧を与える　⑨に来ている　⑩に入った

5．（1）①上げて　②上がる　③出す　④入って　⑤入れて　（2）①応え（て）②得る　③収めて　④懸けて　⑤高まって　（3）①残し（て）②犯した　③下す　④差し　⑤お貸し（貸して）（4）①伸ばした　②ほぐして　③もたらす　④尽くし　⑤はずして　（5）①譲って　②かけた　③昇って　④掲げ（て）⑤定め（て）（6）①ついた　②見て　③つけた　④呼んで　⑤寄せる　（7）①築いた　②発揮する　③結んだ　④漏らした　⑤かいて　（8）①取らなければ　②覚えた　③かかる　④収めた　⑤抱えて　（9）①避けて　②減らす　③陥った　④償った　⑤受けた　（10）①練った　②狂って　③払った　④乗って　⑤寄せて

6．（1）①がぼやけて　をしぼって　②を課して　を負う（負わなければならない）③が悪い　が合う　④を起こす　を解決して　⑤がつく　を絶する　⑥が明るい　を曇らせ（て）（2）①にはめ　をはみ出た　②につく　を忍んで　③を解かれた　に就いた　④を巻き起こした　が小さかった　⑤をもたらした　を食い止め　⑥を受ける　⑦を授け

練習3　動詞・形容詞を中心に連語を覚える

1．（1）①イメージ　②印象　③夢　④興味　⑤機能　（2）①義務　②任務　③念願　④役割　⑤約束　（3）①評価　②理解　③確信　④資格　⑤信頼　（4）①反発　②不安　③怒り　④感動　⑤興味　（5）①声　②負担　③圧力　④疑い　⑤期待　⑥手間　（6）①自信　②条件　③力　④話　⑤狙い　⑤想像　⑥注文　（7）①処分　②責任　③罰　④負担　（8）①懸念　②印象　③意識　④　関心　⑤抵抗

2．（1）①品　②傷　③影　④可能性　⑤見通し　（2）①秩序　②足並み　③ヒット　④値　⑤評判　（3）①決着　②違和感　③主導権　④存在感　⑤結論　（4）①信用　②気迫　③信念　④信頼　⑤意　（5）①地位　②立場　③責任　④資格　⑤使命　（6）①疑問　②不安　③不満　④抵抗　⑤不信　（7）①反発　②批判　③判決　④判断　⑤処分　（8）①面目　②評価　③評判　④能力　⑤名

練習4　文章の中で連語を使う

1．（1）1.声をあげる　2.声が高まる　3.声を寄せる　4.声をかける　5.声がかかる　①声をあげた　②声をかけて　③声がかかった　④声が高まって　⑤声が寄せられた　**（2）**1.言葉を失う　2.言葉を返す　3.言葉を尽くす　4.言葉に甘える　5.言葉が悪い　6.言葉を濁す　①言葉を失った　②お言葉を返す　③言葉は／が悪い　④言葉を濁し（て）　⑤言葉を尽くし　て　⑥お言葉に甘え（て）　**（3）**1.息を吹き返す　2.息を凝らす　3.息が合う　4.息をのむ　5.息を引き取る　①息を引き取った　②息を吹き返し（て）　③息を凝らして　④息が／の合った　⑤息をのむ　**（4）**1.水に流す　2.水をあける　3.水を差す　4.水を向ける　①水を向けて　②水に流す　③水をあけて　④水を差され（て）　**（5）**1.道が開ける　2.道を歩む　3.道を探る　4.道をつける　5.道を踏み外す　6.道を志す　①道を志した　②道をつけて　③道を歩んで　④道を踏み外して　⑤道を探って　⑥道が開けて

2．（1）①話題　②興味　③火　④ブーム　⑤機　⑥熱　**（2）**①注目　②裾野　③注意　④人気　⑤スポットライト　⑥注文　⑦手間

3．（1）①のぼって　②寄せて　③高い　④発揮する　⑤はらんで　**（2）**①見せ　②集まって　③溜まり　④崩し　⑤大きい　⑥揃っている　**（3）**①を 軽減する　②を 省き／省いて　③を 設定し（て）　④を 求めて　⑤が 高まって

4．（A）（1）①誤解は解けた　②しこりが残って　③視線をそらす　**（2）**①興味を抱いて　②話が弾み　③距離が縮まった　④相性が合う
（B）（1）①区別がつかず　②コミュニケーションをとり　**（2）**①相談に乗って　②メールを打った　③メールを返して　④時間を割き／割いて　⑤信頼を置か　**（3）**①転機が訪れる　②成功を収め　③夢を抱いて
（C）（1）①議論が沸騰し（て）　②反省を促し（て）　③水に流し（て）　**（2）**①意地がある　②力が入り　③期待に応えられなかった　④面目を失い／失って

5．（1）①知恵を借り（て）　②経験を積む　③自信を失う　④実績を上げれば　⑤信頼を築く　**（2）**①根拠がない　②負担が増し（て）　③支障をきたす　④リスクがある　⑤バランスの／がとれた　**（3）**①力を尽くして　②期待を裏切って　③伝統の灯を守って　④相手にならない　⑤気迫に圧倒された　⑥足並みが乱れ　⑦怒りを爆発させ（て）　**（4）**①歴史を誇る　②思いをはせた　③感覚を抱いた　④言葉にならなかった　⑤機会を得　**（5）−1**　①成績を収めて　②知識を詰め込む　③ペースが速い　④枠からはみ出た　⑤不満が噴き出し（て）　⑥方針を固め（て）　⑦知識を得る　⑧理解を深める　**（5）−2**　①期待は外れた　②格差が生じて　③結果が出た　④批判の的になった　⑤興味を持つ

練習5　連語を使って文章を書き替える

1．（1）①を 覚え（て）　②に 陥った　③を 負い／負って　④を 懸け（て）　⑤を 与えた
（2）⑥をのむ　⑦を 明かされる　⑧の／が 高い　⑨を 演じ（て）　⑩を 取った　⑪を 払拭し（て）　⑫を 広げた

2．（1）①傾向を見せ　②負担がかかる　③危機に陥る　④希望を抱く　⑤対策を講じる　**（2）**①機を捉え　②波に乗り　③主導権を握った　④伝統を受け継ぎ　⑤影響を与えた　⑥目標に掲げ　**（3）**①役を務めて　②席を外して　③パニックに陥って　④影が薄い　⑤評価が高まった　**（4）**①知識を得て　②視野を広げる　③支障を来たす　④ミスを犯した　⑤責任を問われる　**（5）**①交渉を持った　②任務を担う　③契約を結ぶ　④困難が伴う　⑤存在感を示す　⑥全力を尽くし　**（6）**①非難の的になって　②効果を上げており　③主導権を奪われて　④機会を窺って　⑤責任を果たし　⑥姿勢を正し（て）

3.（1）①【熱】(を) 帯びて　②【期待】(に) 応えよう　③【自信】(に) 満ちた　（2）①【能力】ある　②【経験】浅い　③【恥】さらす　④【判断】下さ　⑤【指示】仰ぐ　⑥【成功】収める　⑦【人脈】築く　⑧【実績】上げる　⑨【配慮】怠ら　⑩【関係】保つ　（3）①【区別】つかなかった　②【道】歩む　③【印象】なかった　④【インパクト】大きかった　⑤【機会】うかがって　⑥【注目】浴びて　⑦【意識】希薄　⑧【採算】とれない　⑨【義務】ある　⑩【使命】負って

4.（1）①【策】(を) 打ち出す　②【懸念】(が) 強まる　③【方針】(に) 掲げる　④【効果】(が) 上がる　⑤【影響】(を) 受ける　（2）①【関心】(が) 高まる　②【関心】(を) 呼ぶ　③【傾向】(に) ある　④【影響】(が) あって　⑤【期待】(が) 大きい　（3）①【傷】(が) つく　②【危機】(を) 脱する　③【注目】(を) 集める　④【声】(が) 寄せられる　（4）①【議論】(が) 沸騰する　②【意向】(を) 示して　③【足並み】(を) そろえて　④激しい【抵抗】　⑤【可能性】(が) 高い

練習6　名詞と動詞・形容詞の組み合わせを確かめる

1.（1）

人気	を集める　が高まる　が上がる　を呼ぶ　が落ちる　が衰える
疑い	を持つ　を抱く　がかかる　が晴れる　が消える　が強まる
涙	が出る　を流す　をためる　がこみ上げる　をこらえる
命	が縮む　を賭ける　を奪う　を捨てる　を絶つ　を失う　を落とす
夢	が覚める　がかなう　を抱く　が膨らむ　を奪う

（2）

興味	がある　を持つ　を引く　を示す　を覚える　を失う
声	を出す　をかける　を発する　をひそめる　があがる　をあげる　が高まる
噂(うわさ)	になる　が流れる　を流す　にのぼる　が広まる　を広める　が飛び交う
信頼	を得る　を裏切る　を寄せる　が薄れる　が揺らぐ　が厚い
記録	が出る　を出す　を残す　を伸ばす　を持つ　を更新する　を塗り替える

（3）

日	が昇る　が沈む　が暮れる　が傾く　が差す　が落ちる
情報	を得る　が入る　が溢れる　を漏らす　を入手する　を把握する
思い	がかなう　が募る　を遂げる　をめぐらす　を寄せる　を胸に秘める
注文	をとる　をつける　を受ける　がうるさい　に応じる
資格	を持つ　を取る　を得る　を与える　を失う　を有する

（4）

道	を開く　が開ける　を歩む　を進む　に踏み出す　を見失う
利益	が出る　を出す　が上がる　を上げる　を生む　を追求する
調子	がいい　が悪い　を合わせる　に乗る　をとる　が狂う
表情	が暗い　が明るい　が硬い　が柔らかい　が険しい　が曇る
旗	を振る　を立てる　を揚げる　を降ろす　が翻る　を翻す

2.（1）①とる　②得る　③果たす　④負う　⑤呼ぶ　（2）①示す　②溢れる　③生じる　④浴びる　⑤乗る　（3）①落とす　②流す　③あがる　④かける　⑤引く　（4）①つく (力・火・傷・値・話・区別・条件・想像・知恵・地位・任務・判断・注文) ／つける (力・火・傷・値・話・区別・条件・知恵・地位・任務・注文)　②立つ (波・旗・席・計画・対策・立場・評判・方針・前提・見通し・目標・トップ) ／立てる (波・旗・

計画・対策・評判・方針・見通し・目標） ③出る（力・涙・熱・火・記録・結果・結論・指示・損失・利益・ヒット）／出す（力・涙・熱・火・記録・結果・結論・指示・損失・利益・ヒット） ④あがる（熱・名・歓声・効果・実績・成果・成績・人気・利益・ペース）／あげる（熱・名・歓声・効果・実績・成果・成績・人気・利益・ペース） ⑤集まる（関心・期待・注目・人気・話題）／集める（関心・期待・注目・人気・話題）

３．①鋭い ②明るい ③深い ④重い ⑤薄い ⑥大きい ⑦強い ⑧高い

４．（１）①を抱く ②を浴びる ③をもらう・がかかる・が来る ④を呼ぶ ⑤が減る・を浴びる （２）①を持つ・に打ち込む ②を上げる・が着く ③が出る・をあげる ④を呼ぶ・を浴びる・をはずす ⑤を出す・を呼ぶ （３）①が増える・が濃い ②を抱える ③が実現する・を巡る ④を取り返す ⑤を抱える （４）①をかける ②を取る ③が高まる ④を抱える ⑤が拡大する （５）①が下がる・が重大だ ②をごまかす ③を戻る ④が高い ⑤に乗る・を免れる

５．（１）①がある ②する ③がある ④がある ⑤する・がある ⑥がある ⑦がある ⑧する・がある ⑨がある ⑩がある （２）①がある ②する ③する・がある ④がある ⑤がある ⑥がある ⑦がある ⑧する・がある ⑨する ⑩する （３）①がある ②する・がある ③がある ④がある ⑤がある ⑥がある ⑦がある ⑧する ⑨がある ⑩する・がある

６．（１）①受ける ②与える・受ける ③与える・受ける ④与える ⑤与える ⑥与える ⑦与える・受ける ⑧受ける ⑨受ける ⑩与える・受ける （２）①与える ②受ける ③与える ④与える・受ける ⑤どちらも言えない ⑥与える・受ける ⑦受ける ⑧受ける ⑨受ける ⑩受ける

７．①をかける ②する＝をかける ③する・をかける ④をかける ⑤する・をかける ⑥どちらも言えない ⑦する＝をかける ⑧する ⑨どちらも言えない ⑩する

８．①ある＝持つ＝抱く ②ある ③ある＝持つ ④ある＝持つ＝抱く ⑤ある ⑥ある＝持つ ⑦ある＝持つ＝抱く ⑧ある＝持つ ⑨ある＝持つ ⑩どれも言えない ⑪ある＝持つ ⑫ある＝持つ＝抱く

９．①抱く ②抱く ③抱える ④抱える ⑤抱く ⑥抱く ⑦抱く ⑧抱える ⑨抱く ⑩抱く ⑪抱く ⑫抱える ⑬抱く ⑭抱く・抱える ⑮抱く ⑯抱える ⑰抱く・抱える ⑱抱く

１０．①授ける／施す ②かける ③与える／出す ④与える／科す／下す ⑤浴びせる ⑥課す ⑦受ける／持つ／抱く ⑧受ける／覚える ⑨抱く／覚える ⑩得る／取る

１１．①得る／取る／持つ／有する ②回復する ③持つ／抱く ④持つ／抱く／覚える ⑤持つ／抱く ⑥つける／強める／深める ⑦高める／発揮する ⑧得る ⑨溢れる／満ちる ⑩立つ

編著者紹介（五十音順）

神田　靖子　かんだ　やすこ
　　　大阪学院大学国際学部教授
佐尾ちとせ　さお　ちとせ
　　　同志社大学日本語・日本文化教育センター嘱託講師
佐藤由紀子　さとう　ゆきこ
　　　国際基督教大学日本語教育課程非常勤講師
　　　東京大学教養学部非常勤講師
山田あき子　やまだ　あきこ
　　　東京国際大学教授

執筆協力者

松本　秀輔　まつもと　しゅうすけ
　　　同志社大学日本語・日本文化教育センター嘱託講師
　　　同志社女子大学表象文化学部嘱託講師
米澤　昌子　よねざわ　まさこ
　　　同志社大学日本語・日本文化教育センター嘱託講師

書　名	連語を使おう―文型・例文付き連語リストと練習問題―
コード	ISBN978-4-7722-9003-6　C3081
発行日	2011年2月18日　初版第1刷発行
編著者	神田靖子・佐尾ちとせ・佐藤由紀子・山田あき子 Copyright ©2011 Kanda Yasuko, Sao Chitose, Sato Yukiko, & Yamada Akiko
発行者	株式会社古今書院　橋本寿資
印刷所	三美印刷株式会社
製本所	三美印刷株式会社
発行所	古今書院 〒101-0062　東京都千代田区神田駿河台2-10
WEB	http://www.kokon.co.jp
電　話	03-3291-2757
FAX	03-3233-0303
振　替	00100-8-35340

　　　　　検印省略・Printed in Japan

古今書院発行の関連図書一覧 価格は5%税込み表示

ご注文はお近くの書店か、ホームページで。
www.kokon.co.jp/ 電話は03-3291-2757
fax注文は03-3233-0303 order@kokon.co.jp

日本語を磨こう 神田靖子・佐藤由紀子・山田あき子編著 菊判 定価2730円
名詞・動詞から学ぶ連語練習帳　ISBN978-4-7722-6008-4　C1081

★日本語らしい表現を求める留学生向け練習帳
　新聞の社説やコラムから題材を得て、1000以上の連語を具体的に解説。たくさんの練習問題を掲載。本文には読み仮名、言葉の解説には英語を添え、充実した索引を活用することで、独自に学べる工夫をした。話題は5ユニット4課で構成。
［おもな内容］目に入る、脚光を浴びる、横やりが入る、手直しを加える、証言に立つ、確信を持つ、しびれを切らす、軌道に乗せる、折り合いがつく、道筋がつく、カギを握る、足並みを揃える、先頭に立つ、反響を巻き起こす、決断を下す、知恵を絞る、展望を描く、かげりを見せる、影が薄い、期待を込める、融通がきかない、お株を奪う、力を注ぐ、責任を課す、岐路に立つ、……

日本語の作文技術　中・上級　倉八順子著 B5判 定価2625円
ISBN978-4-7722-1354-7 C3081

★留学生の作文実例で学ぶ画期的なテキスト
　作文が上達するために必要なのは、よい文章、身近で興味深い文章、内容との対話、文章構成技術、表現技術だ。作文の達人となった留学生とその実例を教材にしたテキスト。本書で必ず上達する。韓国、サウジアラビア、台湾、中国、マレーシア、からの留学生が実際に書いた作文31例を収録し、学生の作文例への添削とコメントを添えた。日本語を300時間くらい学習した人向き。

日本語の表現技術　読解と作文 上級 倉八順子著 B5判 定価2625円
ISBN978-4-7722-1342-4 C3081

★要約して意見を述べる技術を習得するために
1997年以来好評に版を重ねている要約文を書くテキスト。魅力的な題材は、12課に取り上げた人物、松下幸之助、湯川秀樹、緒方貞子、森英恵、伊達公子、井深大、本田宗一郎、信長・秀吉・家康、坂本龍馬、向井千秋、夏目漱石、福沢諭吉。
　14名の日本人の生き方をテーマにした本文、その単語、理解問題、文章構成、作文技術、表現技]術、作文を書こうの7つで構成。

日本語表現の教室　中級　倉八順子著 B5判 定価2730円
ISBN978-4-7722-6023-7 C3081

12課構成で、本文、単語、資料、理解問題、漢字語彙練習、表現練習、学習漢字、作文を書こうで構成。英語、中国語、韓国語の単語リストも用意。漢字にも親しめる工夫をこらした。
［12課のテーマ］1日本人のみょう字、2日本語の語彙、3日本語の音、4日本語の漢字、5日本人の一生、6日本人と動物、7日本の四季、8日本の文化—茶、9日本の共通感覚、10樋口一葉、11津田梅子、12小泉八雲